Bescherelle

La conjugaison pour tous

Dictionnaire de 12 000 verbes

Édition entièrement revue sous la responsabilité

scientifique de Michel ARRIVÉ

HATIER

AVANT-PROPOS

Qu'est-ce que la *conjugaison* ?

La conjugaison est la liste des différentes formes qui, pour chaque verbe, donnent les indications de personne, de nombre, de temps et d'aspect, de mode et de voix. Conjuguer un verbe, c'est énumérer ces formes.

La mauvaise réputation de la conjugaison du français est largement imméritée. Il est vrai que le nombre des formes du verbe est important : 96 formes, simplement pour l'actif. Mais il en va de même dans bien des langues.

En outre, la plupart de ces formes sont immédiatement prévisibles. Ainsi, pour l'ensemble des formes composées, il suffit, pour les former correctement, de disposer des trois informations suivantes : la forme de participe passé du verbe, l'auxiliaire utilisé et la conjugaison des deux auxiliaires.

Comme on le verra dans la suite de cet ouvrage, les formes simples (c'est-à-dire sans auxiliaire) présentent, paradoxalement, un peu plus de difficultés. Mais ces difficultés n'ont rien d'insurmontable.

Quelle est la structure du *Bescherelle* ?

Le *Bescherelle Conjugaison* donne les indications nécessaires pour trouver rapidement les formes de tous les verbes utilisés en français.

- 88 tableaux (numérotés de 1 à 88)

  Ils donnent, pour les 88 verbes retenus comme modèles, l'ensemble des formes simples et composées. L'existence des formes surcomposées est rappelée dans chaque tableau.

  Leur formation est décrite dans la *Grammaire du verbe*.

- La Grammaire du verbe (paragraphes 89 à 167)

  Elle donne toutes les indications nécessaires sur la *morphologie* du verbe (c'est-à-dire la description des formes), sur sa *syntaxe* (c'est-à-dire ses relations avec les autres mots de la phrase, notamment les phénomènes d'*accord*), enfin sur les *valeurs* des formes verbales. Il est en effet indispensable de savoir en quoi les formes verbales se distinguent les unes des autres par le sens : en quoi les indications données par un passé simple sont-elles différentes de celles d'un imparfait ou d'un passé composé ? C'est peut-être là que se situent les véritables « difficultés » de la conjugaison du français.

Un index permet de se référer commodément aux notions expliquées dans la grammaire.

- La liste alphabétique des verbes de la langue française
Pour chacun des verbes énumérés à l'infinitif et classés par ordre alphabétique, figurent des indications sur leur construction et la manière dont ils s'accordent. Un renvoi à l'un des 88 tableaux permet de résoudre immédiatement les éventuels problèmes de conjugaison.

Quels verbes trouve-t-on dans le *Bescherelle* ?

L'inventaire des verbes français évolue de jour en jour, sous l'effet d'un double mouvement : la disparition des verbes qui ont cessé d'être utiles et la création de nouveaux verbes.

- Les verbes néologiques
La nouvelle édition du *Bescherelle* 97 inclut tous les verbes néologiques : formes appartenant à des vocabulaires plus ou moins techniques (*désamianter, sponsoriser*...) ou à des usages familiers, voire argotiques (*bastonner, tchatcher*...).

- Les verbes de la francophonie
Pour la première fois dans un manuel de conjugaison, figurent également des verbes spécifiques à la Belgique, au Québec, à l'Afrique francophone.

TABLEAUX DE CONJUGAISON

GRAMMAIRE DU VERBE

LISTE ALPHABÉTIQUE DES VERBES

Les numéros de 1 à 88 renvoient aux tableaux de conjugaison,
les numéros suivants renvoient aux paragraphes.

TABLEAUX DE CONJUGAISON

19

envoyer 1er groupe

INDICATIF

Présent		Passé composé		
j'	envoie	j'	ai	envoyé
tu	envoies	tu	as	envoyé
il	envoie	il	a	envoyé
nous	envoyons	nous	avons	envoyé
vous	envoyez	vous	avez	envoyé
ils	envoient	ils	ont	envoyé

Imparfait		Plus-que-parfait		
j'	envoyais	j'	avais	envoyé
tu	envoyais	tu	avais	envoyé
il	envoyait	il	avait	envoyé
nous	envoyions	nous	avions	envoyé
vous	envoyiez	vous	aviez	envoyé
ils	envoyaient	ils	avaient	envoyé

Passé simple		Passé antérieur		
j'	envoyai	j'	eus	envoyé
tu	envoyas	tu	eus	envoyé
il	envoya	il	eut	envoyé
nous	envoyâmes	nous	eûmes	envoyé
vous	envoyâtes	vous	eûtes	envoyé
ils	envoyèrent	ils	eurent	envoyé

Futur simple		Futur antérieur		
j'	enverrai	j'	aurai	envoyé
tu	enverras	tu	auras	envoyé
il	enverra	il	aura	envoyé
nous	enverrons	nous	aurons	envoyé
vous	enverrez	vous	aurez	envoyé
ils	enverront	ils	auront	envoyé

CONDITIONNEL

Présent		Passé		
j'	enverrais	j'	aurais	envoyé
tu	enverrais	tu	aurais	envoyé
il	enverrait	il	aurait	envoyé
nous	enverrions	nous	aurions	envoyé
vous	enverriez	vous	auriez	envoyé
ils	enverraient	ils	auraient	envoyé

SUBJONCTIF

Présent		Passé		
que j'	envoie	que j'	aie	envoyé
que tu	envoies	que tu	aies	envoyé
qu' il	envoie	qu' il	ait	envoyé
que n.	envoyions	que n.	ayons	envoyé
que v.	envoyiez	que v.	ayez	envoyé
qu' ils	envoient	qu' ils	aient	envoyé

Imparfait		Plus-que-parfait		
que j'	envoyasse	que j'	eusse	envoyé
que tu	envoyasses	que tu	eusses	envoyé
qu' il	envoyât	qu' il	eût	envoyé
que n.	envoyassions	que n.	eussions	envoyé
que v.	envoyassiez	que v.	eussiez	envoyé
qu' ils	envoyassent	qu' ils	eussent	envoyé

IMPÉRATIF

Présent	Passé	
envoie	aie	envoyé
envoyons	ayons	envoyé
envoyez	ayez	envoyé

INFINITIF

Présent	Passé
envoyer	avoir envoyé

PARTICIPE

Présent	Passé
envoyant	envoyé
	ayant envoyé

GÉRONDIF

Présent	Passé
en envoyant	en ayant envoyé

Conditionnel passé 2e forme : mêmes formes que le plus-que-parfait du subjonctif

Forme surcomposée : *j'ai eu envoyé* (→ Grammaire du verbe, paragraphes 92, 141, 154).
· **Renvoyer** se conjugue sur ce modèle.

MODE D'EMPLOI

❶ Un regroupement des temps simples, d'une part, et composés d'autre part. Leur regroupement permet de mettre en évidence les correspondances entre les différents temps, et de lever certaines ambiguïtés : ainsi, *ayant dit* apparaît bien comme une forme composée du participe présent.

❷ De la couleur pour mémoriser.
Sont notées en rouge :
– les I^{res} personnes du singulier et du pluriel,
   pour mettre en évidence les changements de radicaux ;
– les difficultés orthographiques particulières.

❸ Conditionnel passé 2e forme. Ce passé du conditionnel n'étant en réalité que le plus-que-parfait du subjonctif, une simple mention au bas de chaque tableau renvoie à ce temps.

❹ Forme surcomposée. L'évolution de la langue nous a conduit à mentionner la Ire personne de ces nouveaux temps.

❺ Que. Cette présentation rappelle que, sans être un élément de morphologie verbale, « que » permet de distinguer les formes, souvent semblables, du subjonctif et de l'indicatif.

❻ Un regroupement des modes impersonnels. L'infinitif, le participe passé et le gérondif sont regroupés et signalés par un fond jaune.

❼ Participe passé. Les tableaux ne donnant que des éléments de morphologie verbale, le participe est donné au masculin singulier. Pour résoudre les problèmes d'accord, voir la *Liste alphabétique* et la *Grammaire du verbe*.

❽ La présence du gérondif. C'est un des modes impersonnels du verbe. Il apparaît dans tous les tableaux de cette nouvelle édition, au même titre que l'infinitif et le participe passé.

1   être

INDICATIF

Présent		Passé composé		
je	suis	j'	ai	été
tu	es	tu	as	été
il	est	il	a	été
nous	sommes	nous	avons	été
vous	êtes	vous	avez	été
ils	sont	ils	ont	été

Imparfait		Plus-que-parfait		
j'	étais	j'	avais	été
tu	étais	tu	avais	été
il	était	il	avait	été
nous	étions	nous	avions	été
vous	étiez	vous	aviez	été
ils	étaient	ils	avaient	été

Passé simple		Passé antérieur		
je	fus	j'	eus	été
tu	fus	tu	eus	été
il	fut	il	eut	été
nous	fûmes	nous	eûmes	été
vous	fûtes	vous	eûtes	été
ils	furent	ils	eurent	été

Futur simple		Futur antérieur		
je	serai	j'	aurai	été
tu	seras	tu	auras	été
il	sera	il	aura	été
nous	serons	nous	aurons	été
vous	serez	vous	aurez	été
ils	seront	ils	auront	été

CONDITIONNEL

Présent		Passé		
je	serais	j'	aurais	été
tu	serais	tu	aurais	été
il	serait	il	aurait	été
nous	serions	nous	aurions	été
vous	seriez	vous	auriez	été
ils	seraient	ils	auraient	été

SUBJONCTIF

Présent		Passé		
que je	sois	que j'	aie	été
que tu	sois	que tu	aies	été
qu' il	soit	qu' il	ait	été
que n.	soyons	que n.	ayons	été
que v.	soyez	que v.	ayez	été
qu' ils	soient	qu' ils	aient	été

Imparfait		Plus-que-parfait		
que je	fusse	que j'	eusse	été
que tu	fusses	que tu	eusses	été
qu' il	fût	qu' il	eût	été
que n.	fussions	que n.	eussions	été
que v.	fussiez	que v.	eussiez	été
qu' ils	fussent	qu' ils	eussent	été

IMPÉRATIF

Présent	Passé	
sois	aie	été
soyons	ayons	été
soyez	ayez	été

INFINITIF

Présent	Passé
être	avoir été

PARTICIPE

Présent	Passé
étant	été
	ayant été

GÉRONDIF

Présent	Passé
en étant	en ayant été

Conditionnel passé 2e forme : mêmes formes que le plus-que-parfait du subjonctif

- **Être** sert d'auxiliaire :
  1. pour les temps simples de la voix passive : *il est aimé* ;
  2. pour les temps composés des verbes pronominaux : *il s'est blessé* ;
  3. à quelques verbes intransitifs qui, dans la liste alphabétique des verbes, sont suivis de la mention *être*.
- Certains verbes se conjuguent tantôt avec **être**, tantôt avec **avoir** :
  ils sont signalés, dans la liste alphabétique, par *être ou avoir*. → tableau 3
- Le participe été est toujours invariable.

have, get, feel, be

INDICATIF

Présent		Passé composé		
j'	ai	j'	ai	eu
tu	as	tu	as	eu
il	a	il	a	eu
nous	avons	nous	avons	eu
vous	avez	vous	avez	eu
ils	ont	ils	ont	eu

Imparfait		Plus-que-parfait		
j'	avais	j'	avais	eu
tu	avais	tu	avais	eu
il	avait	il	avait	eu
nous	avions	nous	avions	eu
vous	aviez	vous	aviez	eu
ils	avaient	ils	avaient	eu

Passé simple		Passé antérieur		
j'	eus	j'	eus	eu
tu	eus	tu	eus	eu
il	eut	il	eut	eu
nous	eûmes	nous	eûmes	eu
vous	eûtes	vous	eûtes	eu
ils	eurent	ils	eurent	eu

Futur simple		Futur antérieur		
j'	aurai	j'	aurai	eu
tu	auras	tu	auras	eu
il	aura	il	aura	eu
nous	aurons	nous	aurons	eu
vous	aurez	vous	aurez	eu
ils	auront	ils	auront	eu

CONDITIONNEL

Présent		Passé		
j'	aurais	j'	aurais	eu
tu	aurais	tu	aurais	eu
il	aurait	il	aurait	eu
nous	aurions	nous	aurions	eu
vous	auriez	vous	auriez	eu
ils	auraient	ils	auraient	eu

SUBJONCTIF

Présent		Passé		
que j'	aie	que j'	aie	eu
que tu	aies	que tu	aies	eu
qu' il	ait	qu' il	ait	eu
que n.	ayons	que n.	ayons	eu
que v.	ayez	que v.	ayez	eu
qu' ils	aient	qu' ils	aient	eu

Imparfait		Plus-que-parfait		
que j'	eusse	que j'	eusse	eu
que tu	eusses	que tu	eusses	eu
qu' il	eût	qu' il	eût	eu
que n.	eussions	que n.	eussions	eu
que v.	eussiez	que v.	eussiez	eu
qu' ils	eussent	qu' ils	eussent	eu

IMPÉRATIF

Présent	Passé	
aie	aie	eu
ayons	ayons	eu
ayez	ayez	eu

INFINITIF

Présent	Passé
avoir	avoir eu

PARTICIPE

Présent	Passé
ayant	eu
	ayant eu

GÉRONDIF

Présent	Passé
en ayant	en ayant eu

Conditionnel passé 2e forme : mêmes formes que le plus-que-parfait du subjonctif

Avoir est un verbe transitif quand il a un complément d'objet direct : *J'ai un beau livre.*
Il sert d'auxiliaire pour les temps composés de tous les verbes transitifs et d'un grand nombre d'intransitifs. Les quelques verbes intransitifs qui utilisent l'auxiliaire *être* sont signalés dans la liste alphabétique des verbes.

Le problème du choix de l'auxiliaire se pose rarement. En effet, la plupart des verbes utilisent, pour leurs formes composées, un seul auxiliaire : **être** ou **avoir**. Il existe cependant un petit nombre de verbes qui utilisent alternativement les deux auxiliaires **avoir** et **être**.

aborder	*décroître*	*expirer*
aboutir	*dégénérer*	*faillir*
accoucher	*déménager*	*grandir*
accourir	*dénicher*	*grossir*
accroître	*descendre* et *redescendre*	*jaillir*
alunir	*diminuer*	*maigrir*
amerrir	*disconvenir*	*monter* et *remonter*
apparaître	*disparaître*	*paraître*
atterrir	*divorcer*	*passer* et *repasser*
augmenter	*échapper*	*ressusciter*
avorter	*échouer*	*résulter*
baisser	*éclater*	*retourner*
changer	*éclore*	*sortir* et *ressortir*
commencer	*embellir*	*tomber*
crever	*empirer*	*trépasser*
croître	*enchérir*	*vieillir*
déborder	*enlaidir*	
déchoir	*entrer* et *rentrer*	

A Des verbes tantôt transitifs, tantôt intransitifs

Certains de ces verbes peuvent s'employer alternativement de façon transitive et intransitive (= avec ou sans complément d'objet).
Ils utilisent l'auxiliaire **avoir** quand ils sont transitifs (*il a sorti son revolver*), l'auxiliaire **être** quand ils sont intransitifs (*il est sorti*).

Il a sorti <u>son revolver</u> <u>de sa poche</u>.
COD — CC

Il est sorti <u>de la salle à reculons</u>.
CC

B Des verbes intransitifs employés avec *être* et *avoir*

Certains verbes intransitifs peuvent, selon le cas, faire apparaître
l'auxiliaire **avoir** ou l'auxiliaire **être**. Le premier insiste sur l'action
en train de se faire ; le second la présente comme accomplie.

J'ai divorcé. (on insiste sur le fait de divorcer)

Je suis divorcé. (on considère le résultat de l'action de divorcer)

C Un double choix

La question du choix de l'auxiliaire se pose doublement
pour les verbes suivants :

aborder	*changer*	*enlaidir*
accoucher	*déménager*	*expirer*
accroître	*descendre* et *redescendre*	*monter* et *remonter*
augmenter	*échouer*	*passer* et *repasser*
avorter	*embellir*	*ressusciter*
baisser	*empirer*	

En effet, ils relèvent simultanément des deux cas expliqués dans les
paragraphes A et B.
Transitifs, ils s'utilisent toujours avec l'auxiliaire **avoir** :

Nous avons changé la roue.
<u>COD</u>

Intransitifs, ils font alterner les deux auxiliaires :

Elle a bien changé en deux ans. Elle est bien changée aujourd'hui.

REM   Les verbes susceptibles d'employer tour à tour les deux auxiliaires sont suivis de la
mention *être ou avoir* dans la liste alphabétique des verbes qui figure à la fin de cet
ouvrage.

INDICATIF

Présent

je	suis	aimé
tu	es	aimé
il	est	aimé
nous	sommes	aimés
vous	êtes	aimés
ils	sont	aimés

Passé composé

j'	ai	été aimé
tu	as	été aimé
il	a	été aimé
nous	avons	été aimés
vous	avez	été aimés
ils	ont	été aimés

Imparfait

j'	étais	aimé
tu	étais	aimé
il	était	aimé
nous	étions	aimés
vous	étiez	aimés
ils	étaient	aimés

Plus-que-parfait

j'	avais	été aimé
tu	avais	été aimé
il	avait	été aimé
nous	avions	été aimés
vous	aviez	été aimés
ils	avaient	été aimés

Passé simple

je	fus	aimé
tu	fus	aimé
il	fut	aimé
nous	fûmes	aimés
vous	fûtes	aimés
ils	furent	aimés

Passé antérieur

j'	eus	été aimé
tu	eus	été aimé
il	eut	été aimé
nous	eûmes	été aimés
vous	eûtes	été aimés
ils	eurent	été aimés

Futur simple

je	serai	aimé
tu	seras	aimé
il	sera	aimé
nous	serons	aimés
vous	serez	aimés
ils	seront	aimés

Futur antérieur

j'	aurai	été aimé
tu	auras	été aimé
il	aura	été aimé
nous	aurons	été aimés
vous	aurez	été aimés
ils	auront	été aimés

CONDITIONNEL

Présent

je	serais	aimé
tu	serais	aimé
il	serait	aimé
nous	serions	aimés
vous	seriez	aimés
ils	seraient	aimés

Passé

j'	aurais	été aimé
tu	aurais	été aimé
il	aurait	été aimé
nous	aurions	été aimés
vous	auriez	été aimés
ils	auraient	été aimés

SUBJONCTIF

Présent

que je	sois	aimé
que tu	sois	aimé
qu' il	soit	aimé
que n.	soyons	aimés
que v.	soyez	aimés
qu' ils	soient	aimés

Passé

que j'	aie	été aimé
que tu	aies	été aimé
qu' il	ait	été aimé
que n.	ayons	été aimés
que v.	ayez	été aimés
qu' ils	aient	été aimés

Imparfait

que je	fusse	aimé
que tu	fusses	aimé
qu' il	fût	aimé
que n.	fussions	aimés
que v.	fussiez	aimés
qu' ils	fussent	aimés

Plus-que-parfait

que j'	eusse	été aimé
que tu	eusses	été aimé
qu' il	eût	été aimé
que n.	eussions	été aimés
que v.	eussiez	été aimés
qu' ils	eussent	été aimés

IMPÉRATIF

Présent

sois	aimé
soyons	aimés
soyez	aimés

Passé

.
.
.

INFINITIF

Présent	Passé
être aimé	avoir été aimé

PARTICIPE

Présent	Passé
étant aimé	aimé
	ayant été aimé

GÉRONDIF

Présent	Passé
en étant aimé	en ayant été aimé

Conditionnel passé 2ᵉ forme : mêmes formes que le plus-que-parfait du subjonctif

Le participe passé du verbe à la forme passive s'accorde toujours avec le sujet : *Elle est aimée*.

INDICATIF

Présent			Passé composé			
je	me	méfie	je	me	suis	méfié
tu	te	méfies	tu	t'	es	méfié
il	se	méfie	il	s'	est	méfié
n.	nous	méfions	n.	nous	sommes	méfiés
v.	vous	méfiez	v.	vous	êtes	méfiés
ils	se	méfient	ils	se	sont	méfiés

Imparfait			Plus-que-parfait			
je	me	méfiais	je	m'	étais	méfié
tu	te	méfiais	tu	t'	étais	méfié
il	se	méfiait	il	s'	était	méfié
n.	nous	méfiions	n.	nous	étions	méfiés
v.	vous	méfiiez	v.	vous	étiez	méfiés
ils	se	méfiaient	ils	s'	étaient	méfiés

Passé simple			Passé antérieur			
je	me	méfiai	je	me	fus	méfié
tu	te	méfias	tu	te	fus	méfié
il	se	méfia	il	se	fut	méfié
n.	nous	méfiâmes	n.	nous	fûmes	méfiés
v.	vous	méfiâtes	v.	vous	fûtes	méfiés
ils	se	méfièrent	ils	se	furent	méfiés

Futur simple			Futur antérieur			
je	me	méfierai	je	me	serai	méfié
tu	te	méfieras	tu	te	seras	méfié
il	se	méfiera	il	se	sera	méfié
n.	nous	méfierons	n.	nous	serons	méfiés
v.	vous	méfierez	v.	vous	serez	méfiés
ils	se	méfieront	ils	se	seront	méfiés

CONDITIONNEL

Présent			Passé			
je	me	méfierais	je	me	serais	méfié
tu	te	méfierais	tu	te	serais	méfié
il	se	méfierait	il	se	serait	méfié
n.	nous	méfierions	n.	nous	serions	méfiés
v.	vous	méfieriez	v.	vous	seriez	méfiés
ils	se	méfieraient	ils	se	seraient	méfiés

SUBJONCTIF

Présent			Passé			
que je	me	méfie	que je	me	sois	méfié
que tu	te	méfies	que tu	te	sois	méfié
qu' il	se	méfie	qu' il	se	soit	méfié
que n.	n.	méfiions	que n.	n.	soyons	méfiés
que v.	v.	méfiiez	que v.	v.	soyez	méfiés
qu' ils	se	méfient	qu' ils	se	soient	méfiés

Imparfait			Plus-que-parfait			
que je	me	méfiasse	que je	me	fusse	méfié
que tu	te	méfiasses	que tu	te	fusses	méfié
qu' il	se	méfiât	qu' il	se	fût	méfié
que n.	n.	méfiassions	que n.	n.	fussions	méfiés
que v.	v.	méfiassiez	que v.	v.	fussiez	méfiés
qu' ils	se	méfiassent	qu' ils	se	fussent	méfiés

IMPÉRATIF

Présent	Passé
méfie-toi	
méfions-nous	
méfiez-vous	

INFINITIF

Présent	Passé
se méfier	s'être méfié

PARTICIPE

Présent	Passé
se méfiant	
	s'étant méfié

GÉRONDIF

Présent	Passé
en se méfiant	en s'étant méfié

Conditionnel passé 2ᵉ forme : mêmes formes que le plus-que-parfait du subjonctif

Dans la liste des verbes qui figure à la fin de l'ouvrage, les verbes pronominaux sont suivis de la lettre P.
Un petit nombre de ces verbes ont un participe passé invariable *(ils se sont nui)*.
Ils sont signalés par : *p.p. invariable*.
Les verbes réciproques ne s'emploient qu'au pluriel *(ils s'entretuèrent au lieu de s'entraider)*.

les affixes
des trois groupes de verbes

Qu'est-ce qu'un affixe ?

Toute forme verbale peut se décomposer en différents éléments variables :
les radicaux (en noir) et les affixes (en rouge).

À partir de verbes modèles, le tableau suivant présente, pour chaque groupe
de verbes, l'ensemble des affixes qui apparaissent dans la conjugaison.
Certains affixes n'apparaissent jamais en position finale et indiquent le temps
auquel est conjugué le verbe (-ai, pour l'imparfait, -r- pour le futur...).
D'autres affixes apparaissent en position finale : ils indiquent la personne
et le nombre du verbe (-ons pour la première personne du pluriel...),
et parfois même le temps.

Tableau récapitulatif

1er groupe	2e groupe	3e groupe			
INDICATIF présent					
aim-e	fini-s	ouvr-e	dor-s	met-s	veu-x
aim-es	fini-s	ouvr-es	dor-s	met-s	veu-x
aim-e	fini-t	ouvr-e	dor-t	met	veu-t
aim-ons	fini-ss-ons	ouvr-ons	dorm-ons	mett-ons	voul-ons
aim-ez	fini-ss-ez	ouvr-ez	dorm-ez	mett-ez	voul-ez
aim-ent	fini-ss-ent	ouvr-ent	dorm-ent	mett-ent	veul-ent
imparfait					
aim-ai-s	fini-ss-ai-s	ouvr-ai-s			
aim-ai-s	fini-ss-ai-s	ouvr-ai-s			
aim-ai-t	fini-ss-ai-t	ouvr-ai-t			
aim-i-ons	fini-ss-i-ons	ouvr-i-ons			
aim-i-ez	fini-ss-i-ez	ouvr-i-ez			
aim-ai-ent	fini-ss-ai-ent	ouvr-ai-ent			
passé simple					
aim-ai	fin-is	ouvr-is	voul-us	t-ins	
aim-as	fin-is	ouvr-is	voul-us	t-ins	
aim-a	fin-it	ouvr-it	voul-ut	t-int	
aim-âmes	fin-îmes	ouvr-îmes	voul-ûmes	t-înmes	
aim-âtes	fin-îtes	ouvr-îtes	voul-ûtes	t-întes	
aim-èrent	fin-irent	ouvr-irent	voul-urent	t-inrent	
futur simple					
aim-er-ai	fini-r-ai	ouvri-r-ai			
aim-er-as	fini-r-as	ouvri-r-as			
aim-er-a	fini-r-a	ouvri-r-a			
aim-er-ons	fini-r-ons	ouvri-r-ons			
aim-er-ez	fini-r-ez	ouvri-r-ez			
aim-er-ont	fini-r-ont	ouvri-r-ont			

1er groupe	2e groupe	3e groupe		

CONDITIONNEL
présent

aim-er-ai-s	fini-r-ai-s	ouvri-r-ai-s		
aim-er-ai-s	fini-r-ai-s	ouvri-r-ai-s		
aim-er-ai-t	fini-r-ai-t	ouvri-r-ai-t		
aim-er-i-ons	fini-r-i-ons	ouvri-r-i-ons		
aim-er-i-ez	fini-r-i-ez	ouvri-r-i-ez		
aim-er-ai-ent	fini-r-ai-ent	ouvri-r-ai-ent		

SUBJONCTIF
présent

aim-e	fini-ss-e	ouvr-e		
aim-es	fini-ss-es	ouvr-es		
aim-e	fini-ss-e	ouvr-e		
aim-i-ons	fini-ss-i-ons	ouvr-i-ons		
aim-i-ez	fini-ss-i-ez	ouvr-i-ez		
aim-ent	fini-ss-ent	ouvr-ent		

imparfait

aim-a-ss-e	fini-ss-e	ouvr-i-ss-e	t-in-ss-e	voul-u-ss-e
aim-a-ss-es	fini-ss-es	ouvr-i-ss-es	t-in-ss-es	voul-u-ss-es
aim-â-t	finî-t	ouvr-î-t	t-în-t	voul-û-t
aim-a-ss-i-ons	fini-ss-i-ons	ouvr-i-ss-i-ons	t-in-ss-i-ons	voul-u-ss-i-ons
aim-a-ss-i-ez	fini-ss-i-ez	ouvr-i-ss-i-ez	t-in-ss-i-ez	voul-u-ss-i-ez
aim-a-ss-ent	fini-ss-ent	ouvr-i-ss-ent	t-in-ss-ent	voul-u-ss-ent

IMPÉRATIF
présent

aim-e	fini-s	ouvr-e	dor-s	
aim-ons	fini-ss-ons	ouvr-ons	dorm-ons	
aim-ez	fini-ss-ez	ouvr-ez	dorm-ez	

PARTICIPE
présent

aim-ant	fini-ss-ant	ouvr-ant		

passé

aim-é	fin-i	dorm-i	ten-u	pri-s	écri-t
				clo-s	ouver-t
				absou-s	mor-t

INFINITIF
présent

aim-e-r	fin-i-r	ouvr-i-r	voul-oi-r	croi-r-e

aimer 1er groupe

INDICATIF

Présent		Passé composé		
j'	aime	j'	ai	aimé
tu	aimes	tu	as	aimé
il	aime	il	a	aimé
nous	aimons	nous	avons	aimé
vous	aimez	vous	avez	aimé
ils	aiment	ils	ont	aimé

Imparfait		Plus-que-parfait		
j'	aimais	j'	avais	aimé
tu	aimais	tu	avais	aimé
il	aimait	il	avait	aimé
nous	aimions	nous	avions	aimé
vous	aimiez	vous	aviez	aimé
ils	aimaient	ils	avaient	aimé

Passé simple		Passé antérieur		
j'	aimai	j'	eus	aimé
tu	aimas	tu	eus	aimé
il	aima	il	eut	aimé
nous	aimâmes	nous	eûmes	aimé
vous	aimâtes	vous	eûtes	aimé
ils	aimèrent	ils	eurent	aimé

Futur simple		Futur antérieur		
j'	aimerai	j'	aurai	aimé
tu	aimeras	tu	auras	aimé
il	aimera	il	aura	aimé
nous	aimerons	nous	aurons	aimé
vous	aimerez	vous	aurez	aimé
ils	aimeront	ils	auront	aimé

CONDITIONNEL

Présent		Passé		
j'	aimerais	j'	aurais	aimé
tu	aimerais	tu	aurais	aimé
il	aimerait	il	aurait	aimé
nous	aimerions	nous	aurions	aimé
vous	aimeriez	vous	auriez	aimé
ils	aimeraient	ils	auraient	aimé

SUBJONCTIF

Présent		Passé		
que j'	aime	que j'	aie	aimé
que tu	aimes	que tu	aies	aimé
qu' il	aime	qu' il	ait	aimé
que n.	aimions	que n.	ayons	aimé
que v.	aimiez	que v.	ayez	aimé
qu' ils	aiment	qu' ils	aient	aimé

Imparfait		Plus-que-parfait		
que j'	aimasse	que j'	eusse	aimé
que tu	aimasses	que tu	eusses	aimé
qu' il	aimât	qu' il	eût	aimé
que n.	aimassions	que n.	eussions	aimé
que v.	aimassiez	que v.	eussiez	aimé
qu' ils	aimassent	qu' ils	eussent	aimé

IMPÉRATIF

Présent	Passé	
aime	aie	aimé
aimons	ayons	aimé
aimez	ayez	aimé

INFINITIF

Présent	Passé
aimer	avoir aimé

PARTICIPE

Présent	Passé
aimant	aimé
	ayant aimé

GÉRONDIF

Présent	Passé
en aimant	en ayant aimé

Conditionnel passé 2ᵉ forme : mêmes formes que le plus-que-parfait du subjonctif

- Forme surcomposée : *j'ai eu aimé* (→ Grammaire du verbe, paragraphes 92, 141, 154).
- Pour les verbes qui forment leurs temps composés avec l'auxiliaire **être**
  → la conjugaison du verbe **aller** (tableau 23) ou celle du verbe **mourir** (tableau 35).

INDICATIF

Présent		Passé composé		
je	place	j'	ai	placé
tu	places	tu	as	placé
il	place	il	a	placé
nous	plaçons	nous	avons	placé
vous	placez	vous	avez	placé
ils	placent	ils	ont	placé

Imparfait		Plus-que-parfait		
je	plaçais	j'	avais	placé
tu	plaçais	tu	avais	placé
il	plaçait	il	avait	placé
nous	placions	nous	avions	placé
vous	placiez	vous	aviez	placé
ils	plaçaient	ils	avaient	placé

Passé simple		Passé antérieur		
je	plaçai	j'	eus	placé
tu	plaças	tu	eus	placé
il	plaça	il	eut	placé
nous	plaçâmes	nous	eûmes	placé
vous	plaçâtes	vous	eûtes	placé
ils	placèrent	ils	eurent	placé

Futur simple		Futur antérieur		
je	placerai	j'	aurai	placé
tu	placeras	tu	auras	placé
il	placera	il	aura	placé
nous	placerons	nous	aurons	placé
vous	placerez	vous	aurez	placé
ils	placeront	ils	auront	placé

CONDITIONNEL

Présent		Passé		
je	placerais	j'	aurais	placé
tu	placerais	tu	aurais	placé
il	placerait	il	aurait	placé
nous	placerions	nous	aurions	placé
vous	placeriez	vous	auriez	placé
ils	placeraient	ils	auraient	placé

SUBJONCTIF

Présent		Passé		
que je	place	que j'	aie	placé
que tu	places	que tu	aies	placé
qu' il	place	qu' il	ait	placé
que n.	placions	que n.	ayons	placé
que v.	placiez	que v.	ayez	placé
qu' ils	placent	qu' ils	aient	placé

Imparfait		Plus-que-parfait		
que je	plaçasse	que j'	eusse	placé
que tu	plaçasses	que tu	eusses	placé
qu' il	plaçât	qu' il	eût	placé
que n.	plaçassions	que n.	eussions	placé
que v.	plaçassiez	que v.	eussiez	placé
qu' ils	plaçassent	qu' ils	eussent	placé

IMPÉRATIF

Présent	Passé	
place	aie	placé
plaçons	ayons	placé
placez	ayez	placé

INFINITIF

Présent	Passé
placer	avoir placé

PARTICIPE

Présent	Passé
plaçant	placé
	ayant placé

GÉRONDIF

Présent	Passé
en plaçant	en ayant placé

Conditionnel passé 2ᵉ forme : mêmes formes que le plus-que-parfait du subjonctif

- Forme surcomposée : *j'ai eu placé* (→ Grammaire du verbe, paragraphes 92, 141, 154).
- Les verbes en **-cer** prennent une cédille sous le **c** devant les voyelles **a** et **o** : *commençons, tu commenças*, pour conserver au **c** le son doux [s].
- Pour les verbes en **-écer** → aussi tableau 11.

| **manger** ¹ᵉʳ groupe

INDICATIF

Présent		Passé composé		
je	mange	j'	ai	mangé
tu	manges	tu	as	mangé
il	mange	il	a	mangé
nous	mangeons	nous	avons	mangé
vous	mangez	vous	avez	mangé
ils	mangent	ils	ont	mangé

Imparfait		Plus-que-parfait		
je	mangeais	j'	avais	mangé
tu	mangeais	tu	avais	mangé
il	mangeait	il	avait	mangé
nous	mangions	nous	avions	mangé
vous	mangiez	vous	aviez	mangé
ils	mangeaient	ils	avaient	mangé

Passé simple		Passé antérieur		
je	mangeai	j'	eus	mangé
tu	mangeas	tu	eus	mangé
il	mangea	il	eut	mangé
nous	mangeâmes	nous	eûmes	mangé
vous	mangeâtes	vous	eûtes	mangé
ils	mangèrent	ils	eurent	mangé

Futur simple		Futur antérieur		
je	mangerai	j'	aurai	mangé
tu	mangeras	tu	auras	mangé
il	mangera	il	aura	mangé
nous	mangerons	nous	aurons	mangé
vous	mangerez	vous	aurez	mangé
ils	mangeront	ils	auront	mangé

CONDITIONNEL

Présent		Passé		
je	mangerais	j'	aurais	mangé
tu	mangerais	tu	aurais	mangé
il	mangerait	il	aurait	mangé
nous	mangerions	nous	aurions	mangé
vous	mangeriez	vous	auriez	mangé
ils	mangeraient	ils	auraient	mangé

SUBJONCTIF

Présent		Passé		
que je	mange	que j'	aie	mangé
que tu	manges	que tu	aies	mangé
qu' il	mange	qu' il	ait	mangé
que n.	mangions	que n.	ayons	mangé
que v.	mangiez	que v.	ayez	mangé
qu' ils	mangent	qu' ils	aient	mangé

Imparfait		Plus-que-parfait		
que je	mangeasse	que j'	eusse	mangé
que tu	mangeasses	que tu	eusses	mangé
qu' il	mangeât	qu' il	eût	mangé
que n.	mangeassions	que n.	eussions	mangé
que v.	mangeassiez	que v.	eussiez	mangé
qu' ils	mangeassent	qu' ils	eussent	mangé

IMPÉRATIF

Présent	Passé	
mange	aie	mangé
mangeons	ayons	mangé
mangez	ayez	mangé

INFINITIF

Présent	Passé
manger	avoir mangé

PARTICIPE

Présent	Passé
mangeant	mangé
	ayant mangé

GÉRONDIF

Présent	Passé
en mangeant	en ayant mangé

Conditionnel passé 2ᵉ forme : mêmes formes que le plus-que-parfait du subjonctif

- Forme surcomposée : *j'ai eu mangé* (→ Grammaire du verbe, paragraphes 92, 141, 154).
- Les verbes en **-ger** conservent l'**e** après le **g** devant les voyelles **a** et **o** : *nous jugeons, tu jugeas*, pour maintenir partout le son du **g** doux [ʒ].
  (Bien entendu, les verbes en **-guer** conservent le **u** à toutes les formes.)

verbes ayant un e muet
à l'avant-dernière syllabe de l'infinitif :
verbes en e(.)er

peser | Ier groupe

10

INDICATIF

Présent

			Passé composé	
je	pèse	j'	ai	pesé
tu	pèses	tu	as	pesé
il	pèse	il	a	pesé
nous	pesons	nous	avons	pesé
vous	pesez	vous	avez	pesé
ils	pèsent	ils	ont	pesé

Imparfait / Plus-que-parfait

je	pesais	j'	avais	pesé
tu	pesais	tu	avais	pesé
il	pesait	il	avait	pesé
nous	pesions	nous	avions	pesé
vous	pesiez	vous	aviez	pesé
ils	pesaient	ils	avaient	pesé

Passé simple / Passé antérieur

je	pesai	j'	eus	pesé
tu	pesas	tu	eus	pesé
il	pesa	il	eut	pesé
nous	pesâmes	nous	eûmes	pesé
vous	pesâtes	vous	eûtes	pesé
ils	pesèrent	ils	eurent	pesé

Futur simple / Futur antérieur

je	pèserai	j'	aurai	pesé
tu	pèseras	tu	auras	pesé
il	pèsera	il	aura	pesé
nous	pèserons	nous	aurons	pesé
vous	pèserez	vous	aurez	pesé
ils	pèseront	ils	auront	pesé

CONDITIONNEL

Présent / Passé

je	pèserais	j'	aurais	pesé
tu	pèserais	tu	aurais	pesé
il	pèserait	il	aurait	pesé
nous	pèserions	nous	aurions	pesé
vous	pèseriez	vous	auriez	pesé
ils	pèseraient	ils	auraient	pesé

SUBJONCTIF

Présent / Passé

que je	pèse	que j'	aie	pesé
que tu	pèses	que tu	aies	pesé
qu' il	pèse	qu' il	ait	pesé
que n.	pesions	que n.	ayons	pesé
que v.	pesiez	que v.	ayez	pesé
qu' ils	pèsent	qu' ils	aient	pesé

Imparfait / Plus-que-parfait

que je	pesasse	que j'	eusse	pesé
que tu	pesasses	que tu	eusses	pesé
qu' il	pesât	qu' il	eût	pesé
que n.	pesassions	que n.	eussions	pesé
que v.	pesassiez	que v.	eussiez	pesé
qu' ils	pesassent	qu' ils	eussent	pesé

IMPÉRATIF

Présent / Passé

pèse	aie	pesé
pesons	ayons	pesé
pesez	ayez	pesé

INFINITIF

Présent / Passé

peser — avoir pesé

PARTICIPE

Présent / Passé

pesant — pesé / ayant pesé

GÉRONDIF

Présent / Passé

en pesant — en ayant pesé

Conditionnel passé 2ᵉ forme : mêmes formes que le plus-que-parfait du subjonctif

- Forme surcomposée : *j'ai eu pesé* (→ Grammaire du verbe, paragraphes 92, 141, 154).
- Verbes en **-ecer, -emer, -ener, -eper, -erer, -ever, -evrer**.
  Ces verbes, qui ont un **e** muet à l'avant-dernière syllabe de l'infinitif, comme **lever**, changent l'**e muet** en **è ouvert** devant une syllabe muette, y compris devant les terminaisons *-erai…, -erais…* du futur et du conditionnel : *je lève, je lèverai, je lèverais.*
  Nota. Pour les verbes en **-eler, -eter** → tableaux 12 et 13.

11 verbes ayant un é fermé
à l'avant-dernière syllabe de l'infinitif :
verbes en é(.)er

céder 1er. groupe

INDICATIF

Présent		Passé composé		
je	cède	j'	ai	cédé
tu	cèdes	tu	as	cédé
il	cède	il	a	cédé
nous	cédons	nous	avons	cédé
vous	cédez	vous	avez	cédé
ils	cèdent	ils	ont	cédé

Imparfait		Plus-que-parfait		
je	cédais	j'	avais	cédé
tu	cédais	tu	avais	cédé
il	cédait	il	avait	cédé
nous	cédions	nous	avions	cédé
vous	cédiez	vous	aviez	cédé
ils	cédaient	ils	avaient	cédé

Passé simple		Passé antérieur		
je	cédai	j'	eus	cédé
tu	cédas	tu	eus	cédé
il	céda	il	eut	cédé
nous	cédâmes	nous	eûmes	cédé
vous	cédâtes	vous	eûtes	cédé
ils	cédèrent	ils	eurent	cédé

Futur simple		Futur antérieur		
je	céderai	j'	aurai	cédé
tu	céderas	tu	auras	cédé
il	cédera	il	aura	cédé
nous	céderons	nous	aurons	cédé
vous	céderez	vous	aurez	cédé
ils	céderont	ils	auront	cédé

CONDITIONNEL

Présent		Passé		
je	céderais	j'	aurais	cédé
tu	céderais	tu	aurais	cédé
il	céderait	il	aurait	cédé
nous	céderions	nous	aurions	cédé
vous	céderiez	vous	auriez	cédé
ils	céderaient	ils	auraient	cédé

SUBJONCTIF

Présent		Passé		
que je	cède	que j'	aie	cédé
que tu	cèdes	que tu	aies	cédé
qu' il	cède	qu' il	ait	cédé
que n.	cédions	que n.	ayons	cédé
que v.	cédiez	que v.	ayez	cédé
qu' ils	cèdent	qu' ils	aient	cédé

Imparfait		Plus-que-parfait		
que je	cédasse	que j'	eusse	cédé
que tu	cédasses	que tu	eusses	cédé
qu' il	cédât	qu' il	eût	cédé
que n.	cédassions	que n.	eussions	cédé
que v.	cédassiez	que v.	eussiez	cédé
qu' ils	cédassent	qu' ils	eussent	cédé

IMPÉRATIF

Présent	Passé	
cède	aie	cédé
cédons	ayons	cédé
cédez	ayez	cédé

INFINITIF

Présent	Passé
céder	avoir cédé

PARTICIPE

Présent	Passé
cédant	cédé
	ayant cédé

GÉRONDIF

Présent	Passé
en cédant	en ayant cédé

Conditionnel passé 2e forme : mêmes formes que le plus-que-parfait du subjonctif

- Forme surcomposée : *j'ai eu cédé* (→ Grammaire du verbe, paragraphes 92, 141, 154).
- Verbes en **-ébrer, -écer, -écher, -écrer, -éder, -égler, -égner, -égrer, -éguer, -éler, -émer, -éner, -éper, -équer, -érer, -éser, -éter, -étrer, -évrer, -éyer**, etc. Ces verbes, qui ont un **é fermé** à l'avant-dernière syllabe de l'infinitif, changent l'**é fermé** en **è ouvert** devant une syllabe muette finale : *je cède*. Au futur et au conditionnel, ces verbes conservent l'**é fermé**, malgré la tendance à prononcer cet **é** de plus en plus ouvert.
- **Avérer** (signifiant *reconnaître pour vrai, vérifier*) ne s'emploie guère qu'à l'infinitif et au participe passé.

INDICATIF

Présent		Passé composé		
je	jette	j'	ai	jeté
tu	jettes	tu	as	jeté
il	jette	il	a	jeté
nous	jetons	nous	avons	jeté
vous	jetez	vous	avez	jeté
ils	jettent	ils	ont	jeté

Imparfait		Plus-que-parfait		
je	jetais	j'	avais	jeté
tu	jetais	tu	avais	jeté
il	jetait	il	avait	jeté
nous	jetions	nous	avions	jeté
vous	jetiez	vous	aviez	jeté
ils	jetaient	ils	avaient	jeté

Passé simple		Passé antérieur		
je	jetai	j'	eus	jeté
tu	jetas	tu	eus	jeté
il	jeta	il	eut	jeté
nous	jetâmes	nous	eûmes	jeté
vous	jetâtes	vous	eûtes	jeté
ils	jetèrent	ils	eurent	jeté

Futur simple		Futur antérieur		
je	jetterai	j'	aurai	jeté
tu	jetteras	tu	auras	jeté
il	jettera	il	aura	jeté
nous	jetterons	nous	aurons	jeté
vous	jetterez	vous	aurez	jeté
ils	jetteront	ils	auront	jeté

CONDITIONNEL

Présent		Passé		
je	jetterais	j'	aurais	jeté
tu	jetterais	tu	aurais	jeté
il	jetterait	il	aurait	jeté
nous	jetterions	nous	aurions	jeté
vous	jetteriez	vous	auriez	jeté
ils	jetteraient	ils	auraient	jeté

SUBJONCTIF

Présent		Passé		
que je	jette	que j'	aie	jeté
que tu	jettes	que tu	aies	jeté
qu' il	jette	qu' il	ait	jeté
que n.	jetions	que n.	ayons	jeté
que v.	jetiez	que v.	ayez	jeté
qu' ils	jettent	qu' ils	aient	jeté

Imparfait		Plus-que-parfait		
que je	jetasse	que j'	eusse	jeté
que tu	jetasses	que tu	eusses	jeté
qu' il	jetât	qu' il	eût	jeté
que n.	jetassions	que n.	eussions	jeté
que v.	jetassiez	que v.	eussiez	jeté
qu' ils	jetassent	qu' ils	eussent	jeté

IMPÉRATIF

Présent	Passé	
jette	aie	jeté
jetons	ayons	jeté
jetez	ayez	jeté

INFINITIF

Présent	Passé
jeter	avoir jeté

PARTICIPE

Présent	Passé
jetant	jeté
	ayant jeté

GÉRONDIF

Présent	Passé
en jetant	en ayant jeté

Conditionnel passé 2ᵉ forme : mêmes formes que le plus-que-parfait du subjonctif

- Forme surcomposée : *j'ai eu jeté* (→ Grammaire du verbe, paragraphes 92, 141, 154).
- En règle générale, les verbes en **-eler** ou en **-eter** doublent la consonne **l** ou **t** devant un **e muet** : *je jette, j'appelle*. Un petit nombre ne double pas la consonne **l** ou **t** devant l'**e muet**, mais prend un accent grave sur le **e** qui précède le **l** ou le **t** : *j'achète, je modèle* (→ la liste de ces exceptions, note du tableau 13). Toutefois, les rectifications orthographiques du 6 décembre 1990 autorisent l'emploi du **è** (accent grave) pour les verbes en **-eler** et en **-eter**, sauf pour **appeler** (et **rappeler**) ainsi que **jeter** (et les verbes de la même famille) : *elle ruisselle*.

INDICATIF

Présent		Passé composé		
je	modèle	j'	ai	modelé
tu	modèles	tu	as	modelé
il	modèle	il	a	modelé
nous	modelons	nous	avons	modelé
vous	modelez	vous	avez	modelé
ils	modèlent	ils	ont	modelé

Imparfait		Plus-que-parfait		
je	modelais	j'	avais	modelé
tu	modelais	tu	avais	modelé
il	modelait	il	avait	modelé
nous	modelions	nous	avions	modelé
vous	modeliez	vous	aviez	modelé
ils	modelaient	ils	avaient	modelé

Passé simple		Passé antérieur		
je	modelai	j'	eus	modelé
tu	modelas	tu	eus	modelé
il	modela	il	eut	modelé
nous	modelâmes	nous	eûmes	modelé
vous	modelâtes	vous	eûtes	modelé
ils	modelèrent	ils	eurent	modelé

Futur simple		Futur antérieur		
je	modèlerai	j'	aurai	modelé
tu	modèleras	tu	auras	modelé
il	modèlera	il	aura	modelé
nous	modèlerons	nous	aurons	modelé
vous	modèlerez	vous	aurez	modelé
ils	modèleront	ils	auront	modelé

CONDITIONNEL

Présent		Passé		
je	modèlerais	j'	aurais	modelé
tu	modèlerais	tu	aurais	modelé
il	modèlerait	il	aurait	modelé
nous	modèlerions	nous	aurions	modelé
vous	modèleriez	vous	auriez	modelé
ils	modèleraient	ils	auraient	modelé

SUBJONCTIF

Présent		Passé		
que je	modèle	que j'	aie	modelé
que tu	modèles	que tu	aies	modelé
qu' il	modèle	qu' il	ait	modelé
que n.	modelions	que n.	ayons	modelé
que v.	modeliez	que v.	ayez	modelé
qu' ils	modèlent	qu' ils	aient	modelé

Imparfait		Plus-que-parfait		
que je	modelasse	que j'	eusse	modelé
que tu	modelasses	que tu	eusses	modelé
qu' il	modelât	qu' il	eût	modelé
que n.	modelassions	que n.	eussions	modelé
que v.	modelassiez	que v.	eussiez	modelé
qu' ils	modelassent	qu' ils	eussent	modelé

IMPÉRATIF

Présent	Passé	
modèle	aie	modelé
modelons	ayons	modelé
modelez	ayez	modelé

INFINITIF

Présent	Passé
modeler	avoir modelé

PARTICIPE

Présent	Passé
modelant	modelé
	ayant modelé

GÉRONDIF

Présent	Passé
en modelant	en ayant modelé

Conditionnel passé 2e forme : mêmes formes que le plus-que-parfait du subjonctif

- Forme surcomposée : *j'ai eu modelé* (→ Grammaire du verbe, paragraphes 92, 141, 154).
- Quelques verbes ne doublent pas le **l** ou le **t** devant un **e muet** :
  - Verbes en **-eler** se conjuguant comme **modeler** : celer (déceler, receler), ciseler, démanteler, écarteler, s'encasteler, geler (dégeler, congeler, surgeler), harceler, marteler, peler.
  - Verbes en **-eter** se conjuguant comme **acheter** : racheter, bégueter, corseter, crocheter, fileter, fureter, haleter.

INDICATIF

Présent		Passé composé		
je	crée	j'	ai	créé
tu	crées	tu	as	créé
il	crée	il	a	créé
nous	créons	nous	avons	créé
vous	créez	vous	avez	créé
ils	créent	ils	ont	créé

Imparfait		Plus-que-parfait		
je	créais	j'	avais	créé
tu	créais	tu	avais	créé
il	créait	il	avait	créé
nous	créions	nous	avions	créé
vous	créiez	vous	aviez	créé
ils	créaient	ils	avaient	créé

Passé simple		Passé antérieur		
je	créai	j'	eus	créé
tu	créas	tu	eus	créé
il	créa	il	eut	créé
nous	créâmes	nous	eûmes	créé
vous	créâtes	vous	eûtes	créé
ils	créèrent	ils	eurent	créé

Futur simple		Futur antérieur		
je	créerai	j'	aurai	créé
tu	créeras	tu	auras	créé
il	créera	il	aura	créé
nous	créerons	nous	aurons	créé
vous	créerez	vous	aurez	créé
ils	créeront	ils	auront	créé

CONDITIONNEL

Présent		Passé		
je	créerais	j'	aurais	créé
tu	créerais	tu	aurais	créé
il	créerait	il	aurait	créé
nous	créerions	nous	aurions	créé
vous	créeriez	vous	auriez	créé
ils	créeraient	ils	auraient	créé

SUBJONCTIF

Présent		Passé		
que je	crée	que j'	aie	créé
que tu	crées	que tu	aies	créé
qu' il	crée	qu' il	ait	créé
que n.	créions	que n.	ayons	créé
que v.	créiez	que v.	ayez	créé
qu' ils	créent	qu' ils	aient	créé

Imparfait		Plus-que-parfait		
que je	créasse	que j'	eusse	créé
que tu	créasses	que tu	eusses	créé
qu' il	créât	qu' il	eût	créé
que n.	créassions	que n.	eussions	créé
que v.	créassiez	que v.	eussiez	créé
qu' ils	créassent	qu' ils	eussent	créé

IMPÉRATIF

Présent	Passé	
crée	aie	créé
créons	ayons	créé
créez	ayez	créé

INFINITIF

Présent	Passé
créer	avoir créé

PARTICIPE

Présent	Passé
créant	créé
	ayant créé

GÉRONDIF

Présent	Passé
en créant	en ayant créé

Conditionnel passé 2e forme : mêmes formes que le plus-que-parfait du subjonctif

- Forme surcomposée : *j'ai eu créé* (→ Grammaire du verbe, paragraphes 92, 141, 154).
- Ces verbes n'offrent d'autre particularité que la présence très régulière de deux **e** à certaines personnes de l'indicatif présent, du passé simple, du futur, du conditionnel présent, de l'impératif, du subjonctif présent, du participe passé masculin, et celle de trois **e** au participe passé féminin : *créée*.
- Dans les verbes en **-éer**, l'**é** reste toujours fermé : *je crée, tu crées…*
- Noter la forme adjectivale du participe passé dans *bouche bée*.

INDICATIF

Présent		Passé composé		
j'	assiège	j'	ai	assiégé
tu	assièges	tu	as	assiégé
il	assiège	il	a	assiégé
nous	assiégeons	nous	avons	assiégé
vous	assiégez	vous	avez	assiégé
ils	assiègent	ils	ont	assiégé

Imparfait		Plus-que-parfait		
j'	assiégeais	j'	avais	assiégé
tu	assiégeais	tu	avais	assiégé
il	assiégeait	il	avait	assiégé
nous	assiégions	nous	avions	assiégé
vous	assiégiez	vous	aviez	assiégé
ils	assiégeaient	ils	avaient	assiégé

Passé simple		Passé antérieur		
j'	assiégeai	j'	eus	assiégé
tu	assiégeas	tu	eus	assiégé
il	assiégea	il	eut	assiégé
nous	assiégeâmes	nous	eûmes	assiégé
vous	assiégeâtes	vous	eûtes	assiégé
ils	assiégèrent	ils	eurent	assiégé

Futur simple		Futur antérieur		
j'	assiégerai	j'	aurai	assiégé
tu	assiégeras	tu	auras	assiégé
il	assiégera	il	aura	assiégé
nous	assiégerons	nous	aurons	assiégé
vous	assiégerez	vous	aurez	assiégé
ils	assiégeront	ils	auront	assiégé

CONDITIONNEL

Présent		Passé		
j'	assiégerais	j'	aurais	assiégé
tu	assiégerais	tu	aurais	assiégé
il	assiégerait	il	aurait	assiégé
nous	assiégerions	nous	aurions	assiégé
vous	assiégeriez	vous	auriez	assiégé
ils	assiégeraient	ils	auraient	assiégé

SUBJONCTIF

Présent		Passé		
que j'	assiège	que j'	aie	assiégé
que tu	assièges	que tu	aies	assiégé
qu' il	assiège	qu' il	ait	assiégé
que n.	assiégions	que n.	ayons	assiégé
que v.	assiégiez	que v.	ayez	assiégé
qu' ils	assiègent	qu' ils	aient	assiégé

Imparfait		Plus-que-parfait		
que j'	assiégeasse	que j'	eusse	assiégé
que tu	assiégeasses	que tu	eusses	assiégé
qu' il	assiégeât	qu' il	eût	assiégé
que n.	assiégeassions	que n.	eussions	assiégé
que v.	assiégeassiez	que v.	eussiez	assiégé
qu' ils	assiégeassent	qu' ils	eussent	assiégé

IMPÉRATIF

Présent	Passé	
assiège	aie	assiégé
assiégeons	ayons	assiégé
assiégez	ayez	assiégé

INFINITIF

Présent	Passé
assiéger	avoir assiégé

PARTICIPE

Présent	Passé
assiégeant	assiégé
	ayant assiégé

GÉRONDIF

Présent	Passé
en assiégeant	en ayant assiégé

Conditionnel passé 2e forme : mêmes formes que le plus-que-parfait du subjonctif

- Forme surcomposée : *j'ai eu assiégé* (→ Grammaire du verbe, paragraphes 92, 141, 154).
- Dans les verbes en **-éger** :
  – L'**é** du radical se change en **è** devant un **e muet** (sauf au futur et au conditionnel).
  – Pour conserver partout le son du **g** doux [ʒ], on maintient l'**e** après le **g** devant les voyelles **a** et **o**.

INDICATIF

Présent		Passé composé		
j'	apprécie	j'	ai	apprécié
tu	apprécies	tu	as	apprécié
il	apprécie	il	a	apprécié
nous	apprécions	nous	avons	apprécié
vous	appréciez	vous	avez	apprécié
ils	apprécient	ils	ont	apprécié

Imparfait		Plus-que-parfait		
j'	appréciais	j'	avais	apprécié
tu	appréciais	tu	avais	apprécié
il	appréciait	il	avait	apprécié
nous	appréciions	nous	avions	apprécié
vous	appréciiez	vous	aviez	apprécié
ils	appréciaient	ils	avaient	apprécié

Passé simple		Passé antérieur		
j'	appréciai	j'	eus	apprécié
tu	apprécias	tu	eus	apprécié
il	apprécia	il	eut	apprécié
nous	appréciâmes	nous	eûmes	apprécié
vous	appréciâtes	vous	eûtes	apprécié
ils	apprécièrent	ils	eurent	apprécié

Futur simple		Futur antérieur		
j'	apprécierai	j'	aurai	apprécié
tu	apprécieras	tu	auras	apprécié
il	appréciera	il	aura	apprécié
nous	apprécierons	nous	aurons	apprécié
vous	apprécierez	vous	aurez	apprécié
ils	apprécieront	ils	auront	apprécié

CONDITIONNEL

Présent		Passé		
j'	apprécierais	j'	aurais	apprécié
tu	apprécierais	tu	aurais	apprécié
il	apprécierait	il	aurait	apprécié
nous	apprécierions	nous	aurions	apprécié
vous	apprécieriez	vous	auriez	apprécié
ils	apprécieraient	ils	auraient	apprécié

SUBJONCTIF

Présent		Passé		
que j'	apprécie	que j'	aie	apprécié
que tu	apprécies	que tu	aies	apprécié
qu' il	apprécie	qu' il	ait	apprécié
que n.	appréciions	que n.	ayons	apprécié
que v.	appréciiez	que v.	ayez	apprécié
qu' ils	apprécient	qu' ils	aient	apprécié

Imparfait		Plus-que-parfait		
que j'	appréciasse	que j'	eusse	apprécié
que tu	appréciasses	que tu	eusses	apprécié
qu' il	appréciât	qu' il	eût	apprécié
que n.	appréciassions	que n.	eussions	apprécié
que v.	appréciassiez	que v.	eussiez	apprécié
qu' ils	appréciassent	qu' ils	eussent	apprécié

IMPÉRATIF

Présent	Passé		
apprécie	aie	apprécié
apprécions	ayons	apprécié
appréciez	ayez	apprécié

INFINITIF

Présent	Passé
apprécier	avoir apprécié

PARTICIPE

Présent	Passé
appréciant	apprécié
	ayant apprécié

GÉRONDIF

Présent	Passé
en appréciant	en ayant apprécié

Conditionnel passé 2ᵉ forme : mêmes formes que le plus-que-parfait du subjonctif

- Forme surcomposée : *j'ai eu apprécié* (→ Grammaire du verbe, paragraphes 92, 141, 154).
- Ces verbes n'offrent d'autre particularité que les deux **i** à la 1ʳᵉ et à la 2ᵉ personnes du pluriel de l'imparfait de l'indicatif et du présent du subjonctif : *appréciions, appréciiez*. Ces deux **i** proviennent de la rencontre de l'**i** final du radical, qui se maintient dans toute la conjugaison, avec l'**i** initial de la terminaison de l'imparfait de l'indicatif et du présent du subjonctif.

INDICATIF

Présent		Passé composé		
je	paie / paye	j'	ai	payé
tu	paies /payes	tu	as	payé
il	paie /paye	il	a	payé
nous	payons	nous	avons	payé
vous	payez	vous	avez	payé
ils	paient /payent	ils	ont	payé

Imparfait		Plus-que-parfait		
je	payais	j'	avais	payé
tu	payais	tu	avais	payé
il	payait	il	avait	payé
nous	payions	nous	avions	payé
vous	payiez	vous	aviez	payé
ils	payaient	ils	avaient	payé

Passé simple		Passé antérieur		
je	payai	j'	eus	payé
tu	payas	tu	eus	payé
il	paya	il	eut	payé
nous	payâmes	nous	eûmes	payé
vous	payâtes	vous	eûtes	payé
ils	payèrent	ils	eurent	payé

Futur simple		Futur antérieur		
je	paierai / payerai	j'	aurai	payé
tu	paieras /payeras	tu	auras	payé
il	paiera /payera	il	aura	payé
nous	paierons / payerons	nous	aurons	payé
vous	paierez /payerez	vous	aurez	payé
ils	paieront /payeront	ils	auront	payé

CONDITIONNEL

Présent		Passé		
je	paierais /payerais	j'	aurais	payé
tu	paierais /payerais	tu	aurais	payé
il	paierait /payerait	il	aurait	payé
nous	paierions /payerions	nous	aurions	payé
vous	paieriez /payeriez	vous	auriez	payé
ils	paieraient /payeraient	ils	auraient	payé

SUBJONCTIF

Présent		Passé		
que je	paie /paye	que j'	aie	payé
que tu	paies /payes	que tu	aies	payé
qu' il	paie /paye	qu' il	ait	payé
que n.	payions	que n.	ayons	payé
que v.	payiez	que v.	ayez	payé
qu' ils	paient /payent	qu' ils	aient	payé

Imparfait		Plus-que-parfait		
que je	payasse	que j'	eusse	payé
que tu	payasses	que tu	eusses	payé
qu' il	payât	qu' il	eût	payé
que n.	payassions	que n.	eussions	payé
que v.	payassiez	que v.	eussiez	payé
qu' ils	payassent	qu' ils	eussent	payé

IMPÉRATIF

Présent	Passé	
paye / paie	aie	payé
payons	ayons	payé
payez	ayez	payé

INFINITIF

Présent	Passé
payer	avoir payé

PARTICIPE

Présent	Passé
payant	payé
	ayant payé

GÉRONDIF

Présent	Passé
en payant	en ayant payé

Conditionnel passé 2ᵉ forme : mêmes formes que le plus-que-parfait du subjonctif

- Forme surcomposée : *j'ai eu payé* (→ Grammaire du verbe, paragraphes 92, 141, 154).
- Les verbes en **-ayer** peuvent : 1. conserver l'**y** dans toute la conjugaison ; 2. remplacer l'**y** par un **i** devant un **e muet**, c'est-à-dire devant les terminaisons : **e, es, ent, erai (eras**...**), erais (erais**...**)** : *je paye* (prononcer [pɛj] : *pey*) ou *je paie* (prononcer [pɛ] : *pè*). Remarquer la présence de l'i après **y** aux deux premières personnes du pluriel de l'imparfait de l'indicatif et du présent du subjonctif.
- Les verbes en **-eyer** (**grasseyer, faseyer, capeyer**) conservent l'**y** dans toute la conjugaison.

INDICATIF

Présent | Passé composé

	Présent		Passé composé	
je	broie	j'	ai	broyé
tu	broies	tu	as	broyé
il	broie	il	a	broyé
nous	broyons	nous	avons	broyé
vous	broyez	vous	avez	broyé
ils	broient	ils	ont	broyé

Imparfait | Plus-que-parfait

je	broyais	j'	avais	broyé
tu	broyais	tu	avais	broyé
il	broyait	il	avait	broyé
nous	broyions	nous	avions	broyé
vous	broyiez	vous	aviez	broyé
ils	broyaient	ils	avaient	broyé

Passé simple | Passé antérieur

je	broyai	j'	eus	broyé
tu	broyas	tu	eus	broyé
il	broya	il	eut	broyé
nous	broyâmes	nous	eûmes	broyé
vous	broyâtes	vous	eûtes	broyé
ils	broyèrent	ils	eurent	broyé

Futur simple | Futur antérieur

je	broierai	j'	aurai	broyé
tu	broieras	tu	auras	broyé
il	broiera	il	aura	broyé
nous	broierons	nous	aurons	broyé
vous	broierez	vous	aurez	broyé
ils	broieront	ils	auront	broyé

CONDITIONNEL

Présent | Passé

je	broierais	j'	aurais	broyé
tu	broierais	tu	aurais	broyé
il	broierait	il	aurait	broyé
nous	broierions	nous	aurions	broyé
vous	broieriez	vous	auriez	broyé
ils	broieraient	ils	auraient	broyé

SUBJONCTIF

Présent | Passé

que je	broie	que j'	aie	broyé
que tu	broies	que tu	aies	broyé
qu' il	broie	qu' il	ait	broyé
que n.	broyions	que n.	ayons	broyé
que v.	broyiez	que v.	ayez	broyé
qu' ils	broient	qu' ils	aient	broyé

Imparfait | Plus-que-parfait

que je	broyasse	que j'	eusse	broyé
que tu	broyasses	que tu	eusses	broyé
qu' il	broyât	qu' il	eût	broyé
que n.	broyassions	que n.	eussions	broyé
que v.	broyassiez	que v.	eussiez	broyé
qu' ils	broyassent	qu' ils	eussent	broyé

IMPÉRATIF

Présent | Passé

broie	aie	broyé
broyons	ayons	broyé
broyez	ayez	broyé

INFINITIF

Présent | Passé

broyer	avoir broyé

PARTICIPE

Présent | Passé

broyant	broyé
	ayant broyé

GÉRONDIF

Présent | Passé

en broyant	en ayant broyé

Conditionnel passé 2e forme : mêmes formes que le plus-que-parfait du subjonctif

- Forme surcomposée : *j'ai eu broyé* (→ Grammaire du verbe, paragraphes 92, 141, 154).
- Les verbes en **-oyer** et **-uyer** changent l'**y** du radical en **i** devant un **e muet** (terminaisons **e, es, ent, erai..., erais...**). Exceptions : **envoyer** et **renvoyer**, qui sont irréguliers au futur et au conditionnel présent (→ tableau 19). Remarquer la présence de l'**i** après **y** aux deux premières personnes du pluriel à l'imparfait de l'indicatif et au présent du subjonctif.

envoyer ^{1er} groupe

INDICATIF

Présent		Passé composé		
j'	envoie	j'	ai	envoyé
tu	envoies	tu	as	envoyé
il	envoie	il	a	envoyé
nous	envoyons	nous	avons	envoyé
vous	envoyez	vous	avez	envoyé
ils	envoient	ils	ont	envoyé

Imparfait		Plus-que-parfait		
j'	envoyais	j'	avais	envoyé
tu	envoyais	tu	avais	envoyé
il	envoyait	il	avait	envoyé
nous	envoyions	nous	avions	envoyé
vous	envoyiez	vous	aviez	envoyé
ils	envoyaient	ils	avaient	envoyé

Passé simple		Passé antérieur		
j'	envoyai	j'	eus	envoyé
tu	envoyas	tu	eus	envoyé
il	envoya	il	eut	envoyé
nous	envoyâmes	nous	eûmes	envoyé
vous	envoyâtes	vous	eûtes	envoyé
ils	envoyèrent	ils	eurent	envoyé

Futur simple		Futur antérieur		
j'	enverrai	j'	aurai	envoyé
tu	enverras	tu	auras	envoyé
il	enverra	il	aura	envoyé
nous	enverrons	nous	aurons	envoyé
vous	enverrez	vous	aurez	envoyé
ils	enverront	ils	auront	envoyé

CONDITIONNEL

Présent		Passé		
j'	enverrais	j'	aurais	envoyé
tu	enverrais	tu	aurais	envoyé
il	enverrait	il	aurait	envoyé
nous	enverrions	nous	aurions	envoyé
vous	enverriez	vous	auriez	envoyé
ils	enverraient	ils	auraient	envoyé

SUBJONCTIF

Présent		Passé		
que j'	envoie	que j'	aie	envoyé
que tu	envoies	que tu	aies	envoyé
qu' il	envoie	qu' il	ait	envoyé
que n.	envoyions	que n.	ayons	envoyé
que v.	envoyiez	que v.	ayez	envoyé
qu' ils	envoient	qu' ils	aient	envoyé

Imparfait		Plus-que-parfait		
que j'	envoyasse	que j'	eusse	envoyé
que tu	envoyasses	que tu	eusses	envoyé
qu' il	envoyât	qu' il	eût	envoyé
que n.	envoyassions	que n.	eussions	envoyé
que v.	envoyassiez	que v.	eussiez	envoyé
qu' ils	envoyassent	qu' ils	eussent	envoyé

IMPÉRATIF

Présent	Passé	
envoie	aie	envoyé
envoyons	ayons	envoyé
envoyez	ayez	envoyé

INFINITIF

Présent	Passé
envoyer	avoir envoyé

PARTICIPE

Présent	Passé
envoyant	envoyé
	ayant envoyé

GÉRONDIF

Présent	Passé
en envoyant	en ayant envoyé

Conditionnel passé 2e forme : mêmes formes que le plus-que-parfait du subjonctif

- Forme surcomposée : *j'ai eu envoyé* (→ Grammaire du verbe, paragraphes 92, 141, 154).
- **Renvoyer** se conjugue sur ce modèle.

INDICATIF

Présent

je	finis	j'	ai	fini
tu	finis	tu	as	fini
il	finit	il	a	fini
nous	finissons	nous	avons	fini
vous	finissez	vous	avez	fini
ils	finissent	ils	ont	fini

Passé composé

Imparfait

je	finissais	j'	avais	fini
tu	finissais	tu	avais	fini
il	finissait	il	avait	fini
nous	finissions	nous	avions	fini
vous	finissiez	vous	aviez	fini
ils	finissaient	ils	avaient	fini

Plus-que-parfait

Passé simple

je	finis	j'	eus	fini
tu	finis	tu	eus	fini
il	finit	il	eut	fini
nous	finîmes	nous	eûmes	fini
vous	finîtes	vous	eûtes	fini
ils	finirent	ils	eurent	fini

Passé antérieur

Futur simple

je	finirai	j'	aurai	fini
tu	finiras	tu	auras	fini
il	finira	il	aura	fini
nous	finirons	nous	aurons	fini
vous	finirez	vous	aurez	fini
ils	finiront	ils	auront	fini

Futur antérieur

CONDITIONNEL

Présent

je	finirais	j'	aurais	fini
tu	finirais	tu	aurais	fini
il	finirait	il	aurait	fini
nous	finirions	nous	aurions	fini
vous	finiriez	vous	auriez	fini
ils	finiraient	ils	auraient	fini

Passé

SUBJONCTIF

Présent

que je	finisse	que j'	aie	fini
que tu	finisses	que tu	aies	fini
qu' il	finisse	qu' il	ait	fini
que n.	finissions	que n.	ayons	fini
que v.	finissiez	que v.	ayez	fini
qu' ils	finissent	qu' ils	aient	fini

Passé

Imparfait

que je	finisse	que j'	eusse	fini
que tu	finisses	que tu	eusses	fini
qu' il	finît	qu' il	eût	fini
que n.	finissions	que n.	eussions	fini
que v.	finissiez	que v.	eussiez	fini
qu' ils	finissent	qu' ils	eussent	fini

Plus-que-parfait

IMPÉRATIF

Présent

finis	
finissons	
finissez	

Passé

aie	fini
ayons	fini
ayez	fini

INFINITIF

Présent	Passé
finir	avoir fini

PARTICIPE

Présent	Passé
finissant	fini
	ayant fini

GÉRONDIF

Présent	Passé
en finissant	en ayant fini

Conditionnel passé 2ᵉ forme : mêmes formes que le plus-que-parfait du subjonctif

- Forme surcomposée : *j'ai eu fini* (→ Grammaire du verbe, paragraphes 92, 141, 154).
- Ainsi se conjuguent environ 300 verbes en **-ir, -issant**, qui, avec les verbes en **-er**, forment la conjugaison vivante.
- Les verbes **obéir** et **désobéir** (intransitifs à l'actif) ont gardé, d'une ancienne construction transitive, un passif : « *Sera-t-elle obéie ?* »
- Le verbe **maudire** se conjugue sur ce modèle, bien que son infinitif s'achève en **-ire** (comme un verbe du 3ᵉ groupe) et que son participe passé se termine par **-t** : maudi**t**, maudi**te**.

INDICATIF

Présent		Passé composé		
je	hais	j'	ai	haï
tu	hais	tu	as	haï
il	hait	il	a	haï
nous	haïssons	nous	avons	haï
vous	haïssez	vous	avez	haï
ils	haïssent	ils	ont	haï

Imparfait		Plus-que-parfait		
je	haïssais	j'	avais	haï
tu	haïssais	tu	avais	haï
il	haïssait	il	avait	haï
nous	haïssions	nous	avions	haï
vous	haïssiez	vous	aviez	haï
ils	haïssaient	ils	avaient	haï

Passé simple		Passé antérieur		
je	haïs	j'	eus	haï
tu	haïs	tu	eus	haï
il	haït	il	eut	haï
nous	haïmes	nous	eûmes	haï
vous	haïtes	vous	eûtes	haï
ils	haïrent	ils	eurent	haï

Futur simple		Futur antérieur		
je	haïrai	j'	aurai	haï
tu	haïras	tu	auras	haï
il	haïra	il	aura	haï
nous	haïrons	nous	aurons	haï
vous	haïrez	vous	aurez	haï
ils	haïront	ils	auront	haï

CONDITIONNEL

Présent		Passé		
je	haïrais	j'	aurais	haï
tu	haïrais	tu	aurais	haï
il	haïrait	il	aurait	haï
nous	haïrions	nous	aurions	haï
vous	haïriez	vous	auriez	haï
ils	haïraient	ils	auraient	haï

SUBJONCTIF

Présent		Passé		
que je	haïsse	que j'	aie	haï
que tu	haïsses	que tu	aies	haï
qu' il	haïsse	qu' il	ait	haï
que n.	haïssions	que n.	ayons	haï
que v.	haïssiez	que v.	ayez	haï
qu' ils	haïssent	qu' ils	aient	haï

Imparfait		Plus-que-parfait		
que je	haïsse	que j'	eusse	haï
que tu	haïsses	que tu	eusses	haï
qu' il	haït	qu' il	eût	haï
que n.	haïssions	que n.	eussions	haï
que v.	haïssiez	que v.	eussiez	haï
qu' ils	haïssent	qu' ils	eussent	haï

IMPÉRATIF

Présent	Passé	
hais	aie	haï
haïssons	ayons	haï
haïssez	ayez	haï

INFINITIF

Présent	Passé
haïr	avoir haï

PARTICIPE

Présent	Passé
haïssant	haï
	ayant haï

GÉRONDIF

Présent	Passé
en haïssant	en ayant haï

Conditionnel passé 2e forme : mêmes formes que le plus-que-parfait du subjonctif

- Forme surcomposée : *j'ai eu haï* (→ Grammaire du verbe, paragraphes 92, 141, 154).
- **Haïr** est le seul verbe de cette conjugaison ; il prend un tréma sur l'**i** dans toute sa conjugaison, excepté aux trois personnes du singulier du présent de l'indicatif, et à la deuxième personne du singulier de l'impératif. Le tréma exclut l'accent circonflexe au passé simple et au subjonctif imparfait.

Ces verbes sont classés dans l'ordre des tableaux de conjugaison
où se trouve entièrement conjugué soit le verbe lui-même,
soit le verbe type (en rouge) qui lui sert de modèle, à l'auxiliaire près.

23 aller	25 acquérir	29 cueillir	40 recevoir
24 tenir	conquérir	accueillir	apercevoir
abstenir (s')	enquérir (s')	recueillir	concevoir
appartenir	quérir	30 assaillir	décevoir
contenir	reconquérir	saillir	percevoir
détenir	requérir	tressaillir	41 voir
entretenir	26 sentir	défaillir	entrevoir
maintenir	consentir	31 faillir	prévoir
obtenir	pressentir	32 bouillir	revoir
retenir	ressentir	débouillir	42 pourvoir
soutenir	mentir	33 dormir	dépourvoir
venir	démentir	endormir	43 savoir
avenir	partir	rendormir	44 devoir
advenir	départir	34 courir	redevoir
bienvenir	repartir	accourir	45 pouvoir
circonvenir	repentir (se)	concourir	46 mouvoir
contrevenir	sortir	discourir	émouvoir
convenir	ressortir ¹	encourir	promouvoir
devenir	27 vêtir	parcourir	47 pleuvoir
disconvenir	dévêtir	recourir	repleuvoir
intervenir	revêtir	secourir	48 falloir
obvenir	survêtir	35 mourir	49 valoir
parvenir	28 couvrir	36 servir ²	équivaloir
prévenir	découvrir	desservir	prévaloir
provenir	redécouvrir	resservir	revaloir
redevenir	recouvrir	37 fuir	50 vouloir
ressouvenir (se)	ouvrir	enfuir (s')	51 asseoir
revenir	entrouvrir	38 ouïr	rasseoir
souvenir (se)	rentrouvrir	39 gésir	52 seoir
subvenir	rouvrir		53 messeoir
survenir	offrir		54 surseoir
	souffrir		55 choir

---

1. Le verbe **ressortir**, dans le sens de : *être du ressort de*, se conjugue sur le modèle de **finir** (2ᵉ groupe).
2. **Asservir** se conjugue sur le modèle de **finir** (2ᵉ groupe).

		61	63
56 échoir	répondre	mettre	joindre
57 déchoir	correspondre	admettre	adjoindre
58 rendre	tondre	commettre	conjoindre
défendre	retondre	compromettre	disjoindre
descendre	perdre	démettre	enjoindre
condescendre	reperdre	émettre	rejoindre
redescendre	mordre	entremettre (s')	oindre
fendre	démordre	omettre	poindre
pourfendre	remordre	permettre	64 craindre
refendre	tordre	promettre	contraindre
pendre	détordre	réadmettre	plaindre
appendre	distordre	remettre	65 vaincre
dépendre	retordre	retransmettre	convaincre
repende	rompre	soumettre	66 traire
suspendre	corrompre	transmettre	abstraire
tendre	interrompre	62 peindre	distraire
attendre	foutre	dépeindre	extraire
détendre	contrefoutre (se)	repeindre	retraire
distendre	59 prendre	astreindre	raire
entendre	apprendre	étreindre	soustraire
étendre	comprendre	restreindre	braire
prétendre	déprendre	atteindre	67 faire
retendre	désapprendre	ceindre	contrefaire
sous-entendre	entreprendre	enceindre	défaire
sous-tendre	éprendre (s')	empreindre	forfaire
vendre	méprendre (se)	enfreindre	malfaire
mévendre	réapprendre	feindre	méfaire
revendre	reprendre	geindre	parfaire
épandre	surprendre	teindre	redéfaire
répandre	60 battre	déteindre	refaire
fondre	abattre	éteindre	satisfaire
confondre	combattre	reteindre	surfaire
morfondre (se)	contrebattre		68 plaire
parfondre	débattre		complaire
refondre	ébattre (s')		déplaire
pondre	embattre		taire
	rabattre		
	rebattre		

69 connaître	79 coudre	87 confire
méconnaître	découdre	déconfire
reconnaître	recoudre	circoncire
paraître	80 moudre	frire
apparaître	émoudre	suffire
comparaître	remoudre	88 cuire
disparaître	81 suivre	recuire
réapparaître	ensuivre (s')	conduire
recomparaître	poursuivre	déduire
reparaître	82 vivre	éconduire
transparaître	revivre	enduire
70 naître	survivre	induire
renaître	83 lire	introduire
71 paître	élire	produire
72 repaître	réélire	reconduire
73 croître	relire	réduire
accroître	84 dire ³	réintroduire
décroître	contredire	reproduire
recroître	dédire	retraduire
74 croire	interdire	séduire
accroire	médire	traduire
75 boire	prédire	construire
emboire	redire	détruire
76 clore	85 rire	instruire
déclore	sourire	reconstruire
éclore	86 écrire	luire
enclore	circonscrire	reluire
forclore	décrire	nuire
77 conclure	inscrire	entre-nuire (s')
exclure	prescrire	
inclure	proscrire	
occlure	récrire	
reclure	réinscrire	
78 absoudre	retranscrire	
dissoudre	souscrire	
résoudre	transcrire	

3. **Maudire** se conjugue sur le modèle de **finir** (2ᵉ groupe).

aller ³ᵉ groupe

INDICATIF

Présent

je	vais
tu	vas
il	va
nous	allons
vous	allez
ils	vont

Passé composé

je	suis	allé
tu	es	allé
il	est	allé
nous	sommes	allés
vous	êtes	allés
ils	sont	allés

Imparfait

j'	allais
tu	allais
il	allait
nous	allions
vous	alliez
ils	allaient

Plus-que-parfait

j'	étais	allé
tu	étais	allé
il	était	allé
nous	étions	allés
vous	étiez	allés
ils	étaient	allés

Passé simple

j'	allai
tu	allas
il	alla
nous	allâmes
vous	allâtes
ils	allèrent

Passé antérieur

je	fus	allé
tu	fus	allé
il	fut	allé
nous	fûmes	allés
vous	fûtes	allés
ils	furent	allés

Futur simple

j'	irai
tu	iras
il	ira
nous	irons
vous	irez
ils	iront

Futur antérieur

je	serai	allé
tu	seras	allé
il	sera	allé
nous	serons	allés
vous	serez	allés
ils	seront	allés

CONDITIONNEL

Présent

j'	irais
tu	irais
il	irait
nous	irions
vous	iriez
ils	iraient

Passé

je	serais	allé
tu	serais	allé
il	serait	allé
nous	serions	allés
vous	seriez	allés
ils	seraient	allés

SUBJONCTIF

Présent

que j'	aille	
que tu	ailles	
qu' il	aille	
que n.	allions	
que v.	alliez	
qu' ils	aillent	

Passé

que je	sois	allé
que tu	sois	allé
qu' il	soit	allé
que n.	soyons	allés
que v.	soyez	allés
qu' ils	soient	allés

Imparfait

que j'	allasse	
que tu	allasses	
qu' il	allât	
que n.	allassions	
que v.	allassiez	
qu' ils	allassent	

Plus-que-parfait

que je	fusse	allé
que tu	fusses	allé
qu' il	fût	allé
que n.	fussions	allés
que v.	fussiez	allés
qu' ils	fussent	allés

IMPÉRATIF

Présent

va
allons
allez

Passé

sois	allé
soyons	allés
soyez	allés

INFINITIF

Présent

aller

Passé

être allé

PARTICIPE

Présent

allant

Passé

allé
étant allé

GÉRONDIF

Présent

en allant

Passé

en étant allé

Conditionnel passé 2ᵉ forme : mêmes formes que le plus-que-parfait du subjonctif

- Forme surcomposée : *j'ai été allé* (→ Grammaire du verbe, paragraphes **92, 141, 154**).
- Le verbe **aller** se conjugue sur quatre radicaux distincts. À l'impératif, devant le pronom adverbial **y** non suivi d'un infinitif, **va** prend un **s** : *Vas-y*, mais : *Va y mettre bon ordre*. À la forme interrogative, on écrit : *va-t-il ?* comme : *aima-t-il ?*
- **S'en aller** se conjugue comme **aller**. Aux temps composés, on met l'auxiliaire **être** entre **en** et **allé** : *je m'en suis allé*, et non ⊘ *je me suis en allé*. L'impératif est : *va-t'en* (avec élision de l'**e** du pronom réfléchi **te**), *allons-nous-en*, *allez-vous-en*.

to hold, keep, give, stand

INDICATIF

Présent		Passé composé		
je	tiens	j'	ai	tenu
tu	tiens	tu	as	tenu
il	tient	il	a	tenu
nous	tenons	nous	avons	tenu
vous	tenez	vous	avez	tenu
ils	tiennent	ils	ont	tenu

Imparfait		Plus-que-parfait		
je	tenais	j'	avais	tenu
tu	tenais	tu	avais	tenu
il	tenait	il	avait	tenu
nous	tenions	nous	avions	tenu
vous	teniez	vous	aviez	tenu
ils	tenaient	ils	avaient	tenu

Passé simple		Passé antérieur		
je	tins	j'	eus	tenu
tu	tins	tu	eus	tenu
il	tint	il	eut	tenu
nous	tînmes	nous	eûmes	tenu
vous	tîntes	vous	eûtes	tenu
ils	tinrent	ils	eurent	tenu

Futur simple		Futur antérieur		
je	tiendrai	j'	aurai	tenu
tu	tiendras	tu	auras	tenu
il	tiendra	il	aura	tenu
nous	tiendrons	nous	aurons	tenu
vous	tiendrez	vous	aurez	tenu
ils	tiendront	ils	auront	tenu

CONDITIONNEL

Présent		Passé		
je	tiendrais	j'	aurais	tenu
tu	tiendrais	tu	aurais	tenu
il	tiendrait	il	aurait	tenu
nous	tiendrions	nous	aurions	tenu
vous	tiendriez	vous	auriez	tenu
ils	tiendraient	ils	auraient	tenu

SUBJONCTIF

Présent		Passé		
que je	tienne	que j'	aie	tenu
que tu	tiennes	que tu	aies	tenu
qu' il	tienne	qu' il	ait	tenu
que n.	tenions	que n.	ayons	tenu
que v.	teniez	que v.	ayez	tenu
qu' ils	tiennent	qu' ils	aient	tenu

Imparfait		Plus-que-parfait		
que je	tinsse	que j'	eusse	tenu
que tu	tinsses	que tu	eusses	tenu
qu' il	tînt	qu' il	eût	tenu
que n.	tinssions	que n.	eussions	tenu
que v.	tinssiez	que v.	eussiez	tenu
qu' ils	tinssent	qu' ils	eussent	tenu

IMPÉRATIF

Présent	Passé	
tiens	aie	tenu
tenons	ayons	tenu
tenez	ayez	tenu

INFINITIF

Présent	Passé
tenir	avoir tenu

PARTICIPE

Présent	Passé
tenant	tenu
	ayant tenu

GÉRONDIF

Présent	Passé
en tenant	en ayant tenu

Conditionnel passé 2ᵉ forme : mêmes formes que le plus-que-parfait du subjonctif

- Forme surcomposée : *j'ai eu tenu* (→ Grammaire du verbe, paragraphes 92, 141, 154).
- Se conjuguent sur ce modèle **tenir, venir** et leurs composés (→ tableau 22). **Venir** et ses composés prennent l'auxiliaire **être**, sauf **circonvenir, contrevenir, prévenir, subvenir.**
- **Advenir** n'est employé qu'à la 3ᵉ personne du singulier et du pluriel ; les temps composés se forment avec l'auxiliaire **être** : *il est advenu.*
- D'**avenir** ne subsistent que le nom et l'adjectif *(avenant).*

to acquire, purchase, buy, gain

INDICATIF

Présent		Passé composé		
j'	acquiers	j'	ai	acquis
tu	acquiers	tu	as	acquis
il	acquiert	il	a	acquis
nous	acquérons	nous	avons	acquis
vous	acquérez	vous	avez	acquis
ils	acquièrent	ils	ont	acquis

Imparfait		Plus-que-parfait		
j'	acquérais	j'	avais	acquis
tu	acquérais	tu	avais	acquis
il	acquérait	il	avait	acquis
nous	acquérions	nous	avions	acquis
vous	acquériez	vous	aviez	acquis
ils	acquéraient	ils	avaient	acquis

Passé simple		Passé antérieur		
j'	acquis	j'	eus	acquis
tu	acquis	tu	eus	acquis
il	acquit	il	eut	acquis
nous	acquîmes	nous	eûmes	acquis
vous	acquîtes	vous	eûtes	acquis
ils	acquirent	ils	eurent	acquis

Futur simple		Futur antérieur		
j'	acquerrai	j'	aurai	acquis
tu	acquerras	tu	auras	acquis
il	acquerra	il	aura	acquis
nous	acquerrons	nous	aurons	acquis
vous	acquerrez	vous	aurez	acquis
ils	acquerront	ils	auront	acquis

CONDITIONNEL

Présent		Passé		
j'	acquerrais	j'	aurais	acquis
tu	acquerrais	tu	aurais	acquis
il	acquerrait	il	aurait	acquis
nous	acquerrions	nous	aurions	acquis
vous	acquerriez	vous	auriez	acquis
ils	acquerraient	ils	auraient	acquis

SUBJONCTIF

Présent		Passé		
que j'	acquière	que j'	aie	acquis
que tu	acquières	que tu	aies	acquis
qu' il	acquière	qu' il	ait	acquis
que n.	acquérions	que n.	ayons	acquis
que v.	acquériez	que v.	ayez	acquis
qu' ils	acquièrent	qu' ils	aient	acquis

Imparfait		Plus-que-parfait		
que j'	acquisse	que j'	eusse	acquis
que tu	acquisses	que tu	eusses	acquis
qu' il	acquît	qu' il	eût	acquis
que n.	acquissions	que n.	eussions	acquis
que v.	acquissiez	que v.	eussiez	acquis
qu' ils	acquissent	qu' ils	eussent	acquis

IMPÉRATIF

Présent	Passé	
acquiers	aie	acquis
acquérons	ayons	acquis
acquérez	ayez	acquis

INFINITIF

Présent	Passé
acquérir	avoir acquis

PARTICIPE

Présent	Passé
acquérant	acquis
	ayant acquis

GÉRONDIF

Présent	Passé
en acquérant	en ayant acquis

Conditionnel passé 2e forme : mêmes formes que le plus-que-parfait du subjonctif

- Forme surcomposée : *j'ai eu acquis* (→ Grammaire du verbe, paragraphes 92, 141, 154).
- Les composés de **quérir** se conjuguent sur ce modèle (→ tableau 22).
- Ne pas confondre le participe substantivé **acquis** *(avoir de l'acquis)* avec le substantif verbal **acquit** de **acquitter** *(par acquit, pour acquit)*. Noter la subsistance d'une forme ancienne dans la locution *à enquerre* (seulement à l'infinitif).

INDICATIF

Présent

je	sens
tu	sens
il	sent
nous	sentons
vous	sentez
ils	sentent

Passé composé

j'	ai	senti
tu	as	senti
il	a	senti
nous	avons	senti
vous	avez	senti
ils	ont	senti

Imparfait

je	sentais
tu	sentais
il	sentait
nous	sentions
vous	sentiez
ils	sentaient

Plus-que-parfait

j'	avais	senti
tu	avais	senti
il	avait	senti
nous	avions	senti
vous	aviez	senti
ils	avaient	senti

Passé simple

je	sentis
tu	sentis
il	sentit
nous	sentîmes
vous	sentîtes
ils	sentirent

Passé antérieur

j'	eus	senti
tu	eus	senti
il	eut	senti
nous	eûmes	senti
vous	eûtes	senti
ils	eurent	senti

Futur simple

je	sentirai
tu	sentiras
il	sentira
nous	sentirons
vous	sentirez
ils	sentiront

Futur antérieur

j'	aurai	senti
tu	auras	senti
il	aura	senti
nous	aurons	senti
vous	aurez	senti
ils	auront	senti

CONDITIONNEL

Présent

je	sentirais
tu	sentirais
il	sentirait
nous	sentirions
vous	sentiriez
ils	sentiraient

Passé

j'	aurais	senti
tu	aurais	senti
il	aurait	senti
nous	aurions	senti
vous	auriez	senti
ils	auraient	senti

SUBJONCTIF

Présent

que je	sente
que tu	sentes
qu' il	sente
que n.	sentions
que v.	sentiez
qu' ils	sentent

Passé

que j'	aie	senti
que tu	aies	senti
qu' il	ait	senti
que n.	ayons	senti
que v.	ayez	senti
qu' ils	aient	senti

Imparfait

que je	sentisse
que tu	sentisses
qu' il	sentît
que n.	sentissions
que v.	sentissiez
qu' ils	sentissent

Plus-que-parfait

que j'	eusse	senti
que tu	eusses	senti
qu' il	eût	senti
que n.	eussions	senti
que v.	eussiez	senti
qu' ils	eussent	senti

IMPÉRATIF

Présent

sens
sentons
sentez

Passé

aie	senti
ayons	senti
ayez	senti

INFINITIF

Présent

sentir

Passé

avoir senti

PARTICIPE

Présent

sentant

Passé

senti
ayant senti

GÉRONDIF

Présent

en sentant

Passé

en ayant senti

Conditionnel passé 2e forme : mêmes formes que le plus-que-parfait du subjonctif

- Forme surcomposée : *j'ai eu senti* (→ Grammaire du verbe, paragraphes 92, 141, 154).
- **Mentir, sentir, partir, se repentir, sortir** et leurs composés se conjuguent sur ce modèle (→ tableau 22). Le participe passé *menti* est invariable, mais *démenti, ie,* s'accorde.
- **Départir,** employé d'ordinaire à la forme pronominale **se départir,** se conjugue normalement comme **partir :** *je me dépars…, je me départais…, se départant.* On observe sous l'influence sans doute de **répartir,** les formes : *il se départissait, se départissant,* et, au présent de l'indicatif : *il se départit.*

INDICATIF

Présent		Passé composé		
je	vêts	j'	ai	vêtu
tu	vêts	tu	as	vêtu
il	vêt	il	a	vêtu
nous	vêtons	nous	avons	vêtu
vous	vêtez	vous	avez	vêtu
ils	vêtent	ils	ont	vêtu

Imparfait		Plus-que-parfait		
je	vêtais	j'	avais	vêtu
tu	vêtais	tu	avais	vêtu
il	vêtait	il	avait	vêtu
nous	vêtions	nous	avions	vêtu
vous	vêtiez	vous	aviez	vêtu
ils	vêtaient	ils	avaient	vêtu

Passé simple		Passé antérieur		
je	vêtis	j'	eus	vêtu
tu	vêtis	tu	eus	vêtu
il	vêtit	il	eut	vêtu
nous	vêtîmes	nous	eûmes	vêtu
vous	vêtîtes	vous	eûtes	vêtu
ils	vêtirent	ils	eurent	vêtu

Futur simple		Futur antérieur		
je	vêtirai	j'	aurai	vêtu
tu	vêtiras	tu	auras	vêtu
il	vêtira	il	aura	vêtu
nous	vêtirons	nous	aurons	vêtu
vous	vêtirez	vous	aurez	vêtu
ils	vêtiront	ils	auront	vêtu

CONDITIONNEL

Présent		Passé		
je	vêtirais	j'	aurais	vêtu
tu	vêtirais	tu	aurais	vêtu
il	vêtirait	il	aurait	vêtu
nous	vêtirions	nous	aurions	vêtu
vous	vêtiriez	vous	auriez	vêtu
ils	vêtiraient	ils	auraient	vêtu

SUBJONCTIF

Présent		Passé		
que je	vête	que j'	aie	vêtu
que tu	vêtes	que tu	aies	vêtu
qu' il	vête	qu' il	ait	vêtu
que n.	vêtions	que n.	ayons	vêtu
que v.	vêtiez	que v.	ayez	vêtu
qu' ils	vêtent	qu' ils	aient	vêtu

Imparfait		Plus-que-parfait		
que je	vêtisse	que j'	eusse	vêtu
que tu	vêtisses	que tu	eusses	vêtu
qu' il	vêtît	qu' il	eût	vêtu
que n.	vêtissions	que n.	eussions	vêtu
que v.	vêtissiez	que v.	eussiez	vêtu
qu' ils	vêtissent	qu' ils	eussent	vêtu

IMPÉRATIF

Présent	Passé	
vêts	aie	vêtu
vêtons	ayons	vêtu
vêtez	ayez	vêtu

INFINITIF

Présent	Passé
vêtir	avoir vêtu

PARTICIPE

Présent	Passé
vêtant	vêtu
	ayant vêtu

GÉRONDIF

Présent	Passé
en vêtant	en ayant vêtu

Conditionnel passé 2ᵉ forme : mêmes formes que le plus-que-parfait du subjonctif

- Forme surcomposée : *j'ai eu vêtu* (→ Grammaire du verbe, paragraphes 92, 141, 154).
- **Dévêtir, survêtir** et **revêtir** se conjuguent sur ce modèle.
- Concurremment aux formes du présent de l'indicatif et de l'impératif de **vêtir** données par le tableau, on trouve également des formes conjuguées sur le modèle de **finir**.
  Cependant, dans les composés, les formes primitives sont seules admises : *il revêt, il revêtait, revêtant.*

INDICATIF

Présent		Passé composé		
je	couvre	j'	ai	couvert
tu	couvres	tu	as	couvert
il	couvre	il	a	couvert
nous	couvrons	nous	avons	couvert
vous	couvrez	vous	avez	couvert
ils	couvrent	ils	ont	couvert

Imparfait		Plus-que-parfait		
je	couvrais	j'	avais	couvert
tu	couvrais	tu	avais	couvert
il	couvrait	il	avait	couvert
nous	couvrions	nous	avions	couvert
vous	couvriez	vous	aviez	couvert
ils	couvraient	ils	avaient	couvert

Passé simple		Passé antérieur		
je	couvris	j'	eus	couvert
tu	couvris	tu	eus	couvert
il	couvrit	il	eut	couvert
nous	couvrîmes	nous	eûmes	couvert
vous	couvrîtes	vous	eûtes	couvert
ils	couvrirent	ils	eurent	couvert

Futur simple		Futur antérieur		
je	couvrirai	j'	aurai	couvert
tu	couvriras	tu	auras	couvert
il	couvrira	il	aura	couvert
nous	couvrirons	nous	aurons	couvert
vous	couvrirez	vous	aurez	couvert
ils	couvriront	ils	auront	couvert

CONDITIONNEL

Présent		Passé		
je	couvrirais	j'	aurais	couvert
tu	couvrirais	tu	aurais	couvert
il	couvrirait	il	aurait	couvert
nous	couvririons	nous	aurions	couvert
vous	couvririez	vous	auriez	couvert
ils	couvriraient	ils	auraient	couvert

SUBJONCTIF

Présent		Passé		
que je	couvre	que j'	aie	couvert
que tu	couvres	que tu	aies	couvert
qu' il	couvre	qu' il	ait	couvert
que n.	couvrions	que n.	ayons	couvert
que v.	couvriez	que v.	ayez	couvert
qu' ils	couvrent	qu' ils	aient	couvert

Imparfait		Plus-que-parfait		
que je	couvrisse	que j'	eusse	couvert
que tu	couvrisses	que tu	eusses	couvert
qu' il	couvrît	qu' il	eût	couvert
que n.	couvrissions	que n.	eussions	couvert
que v.	couvrissiez	que v.	eussiez	couvert
qu' ils	couvrissent	qu' ils	eussent	couvert

IMPÉRATIF

Présent	Passé	
couvre	aie	couvert
couvrons	ayons	couvert
couvrez	ayez	couvert

INFINITIF

Présent	Passé
couvrir	avoir couvert

PARTICIPE

Présent	Passé
couvrant	couvert
	ayant couvert

GÉRONDIF

Présent	Passé
en couvrant	en ayant couvert

Conditionnel passé 2e forme : mêmes formes que le plus-que-parfait du subjonctif

- Forme surcomposée : *j'ai eu couvert* (→ Grammaire du verbe, paragraphes 92, 141, 154).
- Ainsi se conjuguent **couvrir**, **ouvrir**, **souffrir** et leurs composés (→ tableau 22).
- Remarquer l'analogie des terminaisons du présent de l'indicatif, de l'impératif et du subjonctif avec celles des verbes du 1er groupe.

INDICATIF

Présent		Passé composé		
je	cueille	j'	ai	cueilli
tu	cueilles	tu	as	cueilli
il	cueille	il	a	cueilli
nous	cueillons	nous	avons	cueilli
vous	cueillez	vous	avez	cueilli
ils	cueillent	ils	ont	cueilli

Imparfait		Plus-que-parfait		
je	cueillais	j'	avais	cueilli
tu	cueillais	tu	avais	cueilli
il	cueillait	il	avait	cueilli
nous	cueillions	nous	avions	cueilli
vous	cueilliez	vous	aviez	cueilli
ils	cueillaient	ils	avaient	cueilli

Passé simple		Passé antérieur		
je	cueillis	j'	eus	cueilli
tu	cueillis	tu	eus	cueilli
il	cueillit	il	eut	cueilli
nous	cueillîmes	nous	eûmes	cueilli
vous	cueillîtes	vous	eûtes	cueilli
ils	cueillirent	ils	eurent	cueilli

Futur simple		Futur antérieur		
je	cueillerai	j'	aurai	cueilli
tu	cueilleras	tu	auras	cueilli
il	cueillera	il	aura	cueilli
nous	cueillerons	nous	aurons	cueilli
vous	cueillerez	vous	aurez	cueilli
ils	cueilleront	ils	auront	cueilli

CONDITIONNEL

Présent		Passé		
je	cueillerais	j'	aurais	cueilli
tu	cueillerais	tu	aurais	cueilli
il	cueillerait	il	aurait	cueilli
nous	cueillerions	nous	aurions	cueilli
vous	cueilleriez	vous	auriez	cueilli
ils	cueilleraient	ils	auraient	cueilli

SUBJONCTIF

Présent		Passé		
que je	cueille	que j'	aie	cueilli
que tu	cueilles	que tu	aies	cueilli
qu' il	cueille	qu' il	ait	cueilli
que n.	cueillions	que n.	ayons	cueilli
que v.	cueilliez	que v.	ayez	cueilli
qu' ils	cueillent	qu' ils	aient	cueilli

Imparfait		Plus-que-parfait		
que je	cueillisse	que j'	eusse	cueilli
que tu	cueillisses	que tu	eusses	cueilli
qu' il	cueillît	qu' il	eût	cueilli
que n.	cueillissions	que n.	eussions	cueilli
que v.	cueillissiez	que v.	eussiez	cueilli
qu' ils	cueillissent	qu' ils	eussent	cueilli

IMPÉRATIF

Présent	Passé	
cueille	aie	cueilli
cueillons	ayons	cueilli
cueillez	ayez	cueilli

INFINITIF

Présent	Passé
cueillir	avoir cueilli

PARTICIPE

Présent	Passé
cueillant	cueilli
	ayant cueilli

GÉRONDIF

Présent	Passé
en cueillant	en ayant cueilli

Conditionnel passé 2ᵉ forme : mêmes formes que le plus-que-parfait du subjonctif

- Forme surcomposée : *j'ai eu cueilli* (→ Grammaire du verbe, paragraphes 92, 141, 154).
- Se conjuguent sur ce modèle **accueillir** et **recueillir**.
- Remarquer l'analogie des terminaisons de ce verbe avec celles des verbes du 1ᵉʳ groupe, en particulier au futur et au conditionnel présent : *je cueillerai* comme *j'aimerai*. (Mais le passé simple est *je cueillis*, différent de *j'aimai*.)

INDICATIF

Présent		Passé composé		
j'	assaille	j'	ai	assailli
tu	assailles	tu	as	assailli
il	assaille	il	a	assailli
nous	assaillons	nous	avons	assailli
vous	assaillez	vous	avez	assailli
ils	assaillent	ils	ont	assailli

Imparfait		Plus-que-parfait		
j'	assaillais	j'	avais	assailli
tu	assaillais	tu	avais	assailli
il	assaillait	il	avait	assailli
nous	assaillions	nous	avions	assailli
vous	assailliez	vous	aviez	assailli
ils	assaillaient	ils	avaient	assailli

Passé simple		Passé antérieur		
j'	assaillis	j'	eus	assailli
tu	assaillis	tu	eus	assailli
il	assaillit	il	eut	assailli
nous	assaillîmes	nous	eûmes	assailli
vous	assaillîtes	vous	eûtes	assailli
ils	assaillirent	ils	eurent	assailli

Futur simple		Futur antérieur		
j'	assaillirai	j'	aurai	assailli
tu	assailliras	tu	auras	assailli
il	assaillira	il	aura	assailli
nous	assaillirons	nous	aurons	assailli
vous	assaillirez	vous	aurez	assailli
ils	assailliront	ils	auront	assailli

CONDITIONNEL

Présent		Passé		
j'	assaillirais	j'	aurais	assailli
tu	assaillirais	tu	aurais	assailli
il	assaillirait	il	aurait	assailli
nous	assaillirions	nous	aurions	assailli
vous	assailliriez	vous	auriez	assailli
ils	assailliraient	ils	auraient	assailli

SUBJONCTIF

Présent		Passé		
que j'	assaille	que j'	aie	assailli
que tu	assailles	que tu	aies	assailli
qu' il	assaille	qu' il	ait	assailli
que n.	assaillions	que n.	ayons	assailli
que v.	assailliez	que v.	ayez	assailli
qu' ils	assaillent	qu' ils	aient	assailli

Imparfait		Plus-que-parfait		
que j'	assaillisse	que j'	eusse	assailli
que tu	assaillisses	que tu	eusses	assailli
qu' il	assaillît	qu' il	eût	assailli
que n.	assaillissions	que n.	eussions	assailli
que v.	assaillissiez	que v.	eussiez	assailli
qu' ils	assaillissent	qu' ils	eussent	assailli

IMPÉRATIF

Présent	Passé	
assaille	aie	assailli
assaillons	ayons	assailli
assaillez	ayez	assailli

INFINITIF

Présent	Passé
assaillir	avoir assailli

PARTICIPE

Présent	Passé
assaillant	assailli
	ayant assailli

GÉRONDIF

Présent	Passé
en assaillant	en ayant assailli

Conditionnel passé 2ᵉ forme : mêmes formes que le plus-que-parfait du subjonctif

- **Forme surcomposée** : *j'ai eu assailli* (→ Grammaire du verbe, paragraphes 92, 141, 154).
- **Tressaillir** et **défaillir** se conjuguent sur ce modèle (→ note du tableau 31).
- **Saillir**, au sens de *sortir, s'élancer*, se conjugue sur le modèle d'**assaillir**. **Saillir**, au sens de *s'accoupler*, se conjugue sur le modèle de **finir**.

faillir ^{3e groupe}

INDICATIF

Présent		Passé composé		
je	*faux*	j'	ai	failli
tu	*faux*	tu	as	failli
il	*faut*	il	a	failli
nous	*faillons*	nous	avons	failli
vous	*faillez*	vous	avez	failli
ils	*faillent*	ils	ont	failli

Imparfait		Plus-que-parfait		
je	*faillais*	j'	avais	failli
tu	*faillais*	tu	avais	failli
il	*faillait*	il	avait	failli
nous	*faillions*	nous	avions	failli
vous	*failliez*	vous	aviez	failli
ils	*faillaient*	ils	avaient	failli

Passé simple		Passé antérieur		
je	faillis	j'	eus	failli
tu	faillis	tu	eus	failli
il	faillit	il	eut	failli
nous	faillîmes	nous	eûmes	failli
vous	faillîtes	vous	eûtes	failli
ils	faillirent	ils	eurent	failli

Futur simple		Futur antérieur		
je	faillirai / *faudrai*	j'	aurai	failli
tu	failliras / *faudras*	tu	auras	failli
il	faillira / *faudra*	il	aura	failli
nous	faillirons / *faudrons*	nous	aurons	failli
vous	faillirez / *faudrez*	vous	aurez	failli
ils	failliront / *faudront*	ils	auront	failli

CONDITIONNEL

Présent		Passé		
je	faillirais / *faudrais*	j'	aurais	failli
tu	faillirais / *faudrais*	tu	aurais	failli
il	faillirait / *faudrait*	il	aurait	failli
nous	faillirions / *faudrions*	nous	aurions	failli
vous	failliriez / *faudriez*	vous	auriez	failli
ils	failliraient / *faudraient*	ils	auraient	failli

SUBJONCTIF

Présent		Passé		
que je	faillisse / *faille*	que j'	aie	failli
que tu	faillisses / *failles*	que tu	aies	failli
qu' il	faillisse / *faille*	qu' il	ait	failli
que n.	faillissions / *faillions*	que n.	ayons	failli
que v.	faillissiez / *failliez*	que v.	ayez	failli
qu' ils	faillissent / *faillent*	qu' ils	aient	failli

Imparfait		Plus-que-parfait		
que je	*faillisse*	que j'	eusse	failli
que tu	*faillisses*	que tu	eusses	failli
qu' il	*faillît*	qu' il	eût	failli
que n.	*faillissions*	que n.	eussions	failli
que v.	*faillissiez*	que v.	eussiez	failli
qu' ils	*faillissent*	qu' ils	eussent	failli

IMPÉRATIF

Présent	Passé
.	.
.	.
.	.

INFINITIF

Présent	Passé
faillir	avoir failli

PARTICIPE

Présent	Passé
faillant	failli
	ayant failli

GÉRONDIF

Présent	Passé
en faillant	en ayant failli

Conditionnel passé 2e forme : mêmes formes que le plus-que-parfait du subjonctif

- Forme surcomposée : *j'ai eu failli* (→ Grammaire du verbe, paragraphes 92, 141, 154).
- Les formes en italique sont tout à fait désuètes. Le verbe **faillir** a trois emplois distincts :
  a. Au sens de *manquer de*, il n'a que le passé simple : *je faillis* ; le futur, le conditionnel : *je faillirai, je faillirais*, et tous les temps composés du type *avoir failli*.
  b. Ces mêmes formes sont utilisées avec le sens de *manquer à* : *Je ne faillirai jamais à mon devoir*. Dans cette acception, on trouve aussi des expressions toutes faites comme : *Le cœur me faut*.
  c. Au sens de *faire faillite*, ce verbe n'est plus employé qu'au participe passé employé comme nom : *un failli*.
- Le verbe **défaillir** se conjugue sur **assaillir** (→ tableau 30), mais certains temps sont moins employés.

INDICATIF

Présent		Passé composé		
je	bous	j'	ai	bouilli
tu	bous	tu	as	bouilli
il	bout	il	a	bouilli
nous	bouillons	nous	avons	bouilli
vous	bouillez	vous	avez	bouilli
ils	bouillent	ils	ont	bouilli

Imparfait		Plus-que-parfait		
je	bouillais	j'	avais	bouilli
tu	bouillais	tu	avais	bouilli
il	bouillait	il	avait	bouilli
nous	bouillions	nous	avions	bouilli
vous	bouilliez	vous	aviez	bouilli
ils	bouillaient	ils	avaient	bouilli

Passé simple		Passé antérieur		
je	bouillis	j'	eus	bouilli
tu	bouillis	tu	eus	bouilli
il	bouillit	il	eut	bouilli
nous	bouillîmes	nous	eûmes	bouilli
vous	bouillîtes	vous	eûtes	bouilli
ils	bouillirent	ils	eurent	bouilli

Futur simple		Futur antérieur		
je	bouillirai	j'	aurai	bouilli
tu	bouilliras	tu	auras	bouilli
il	bouillira	il	aura	bouilli
nous	bouillirons	nous	aurons	bouilli
vous	bouillirez	vous	aurez	bouilli
ils	bouilliront	ils	auront	bouilli

CONDITIONNEL

Présent		Passé		
je	bouillirais	j'	aurais	bouilli
tu	bouillirais	tu	aurais	bouilli
il	bouillirait	il	aurait	bouilli
nous	bouillirions	nous	aurions	bouilli
vous	bouilliriez	vous	auriez	bouilli
ils	bouilliraient	ils	auraient	bouilli

SUBJONCTIF

Présent		Passé		
que je	bouille	que j'	aie	bouilli
que tu	bouilles	que tu	aies	bouilli
qu' il	bouille	qu' il	ait	bouilli
que n.	bouillions	que n.	ayons	bouilli
que v.	bouilliez	que v.	ayez	bouilli
qu' ils	bouillent	qu' ils	aient	bouilli

Imparfait		Plus-que-parfait		
que je	bouillisse	que j'	eusse	bouilli
que tu	bouillisses	que tu	eusses	bouilli
qu' il	bouillît	qu' il	eût	bouilli
que n.	bouillissions	que n.	eussions	bouilli
que v.	bouillissiez	que v.	eussiez	bouilli
qu' ils	bouillissent	qu' ils	eussent	bouilli

IMPÉRATIF

Présent	Passé	
bous	aie	bouilli
bouillons	ayons	bouilli
bouillez	ayez	bouilli

INFINITIF

Présent	Passé
bouillir	avoir bouilli

PARTICIPE

Présent	Passé
bouillant	bouilli
	ayant bouilli

GÉRONDIF

Présent	Passé
en bouillant	en ayant bouilli

Conditionnel passé 2ᵉ forme : mêmes formes que le plus-que-parfait du subjonctif

- **Forme surcomposée** : *j'ai eu bouilli* (→ Grammaire du verbe, paragraphes 92, 141, 154).

33

dormir 3e groupe

INDICATIF

Présent		Passé composé		
je	dors	j'	ai	dormi
tu	dors	tu	as	dormi
il	dort	il	a	dormi
nous	dormons	nous	avons	dormi
vous	dormez	vous	avez	dormi
ils	dorment	ils	ont	dormi

Imparfait		Plus-que-parfait		
je	dormais	j'	avais	dormi
tu	dormais	tu	avais	dormi
il	dormait	il	avait	dormi
nous	dormions	nous	avions	dormi
vous	dormiez	vous	aviez	dormi
ils	dormaient	ils	avaient	dormi

Passé simple		Passé antérieur		
je	dormis	j'	eus	dormi
tu	dormis	tu	eus	dormi
il	dormit	il	eut	dormi
nous	dormîmes	nous	eûmes	dormi
vous	dormîtes	vous	eûtes	dormi
ils	dormirent	ils	eurent	dormi

Futur simple		Futur antérieur		
je	dormirai	j'	aurai	dormi
tu	dormiras	tu	auras	dormi
il	dormira	il	aura	dormi
nous	dormirons	nous	aurons	dormi
vous	dormirez	vous	aurez	dormi
ils	dormiront	ils	auront	dormi

CONDITIONNEL

Présent		Passé		
je	dormirais	j'	aurais	dormi
tu	dormirais	tu	aurais	dormi
il	dormirait	il	aurait	dormi
nous	dormirions	nous	aurions	dormi
vous	dormiriez	vous	auriez	dormi
ils	dormiraient	ils	auraient	dormi

SUBJONCTIF

Présent		Passé		
que je	dorme	que j'	aie	dormi
que tu	dormes	que tu	aies	dormi
qu' il	dorme	qu' il	ait	dormi
que n.	dormions	que n.	ayons	dormi
que v.	dormiez	que v.	ayez	dormi
qu' ils	dorment	qu' ils	aient	dormi

Imparfait		Plus-que-parfait		
que je	dormisse	que j'	eusse	dormi
que tu	dormisses	que tu	eusses	dormi
qu' il	dormît	qu' il	eût	dormi
que n.	dormissions	que n.	eussions	dormi
que v.	dormissiez	que v.	eussiez	dormi
qu' ils	dormissent	qu' ils	eussent	dormi

IMPÉRATIF

Présent	Passé	
dors	aie	dormi
dormons	ayons	dormi
dormez	ayez	dormi

INFINITIF

Présent	Passé
dormir	avoir dormi

PARTICIPE

Présent	Passé
dormant	dormi
	ayant dormi

GÉRONDIF

Présent	Passé
en dormant	en ayant dormi

Conditionnel passé 2e forme : mêmes formes que le plus-que-parfait du subjonctif

- Forme surcomposée : *j'ai eu dormi* (→ Grammaire du verbe, paragraphes 92, 141, 154).
- Se conjuguent sur ce modèle **endormir**, **rendormir**. Ces deux derniers verbes ont un participe passé variable : *endormi, ie, is, ies…*

INDICATIF

Présent

je	cours
tu	cours
il	court
nous	courons
vous	courez
ils	courent

Passé composé

j'	ai	couru
tu	as	couru
il	a	couru
nous	avons	couru
vous	avez	couru
ils	ont	couru

Imparfait

je	courais
tu	courais
il	courait
nous	courions
vous	couriez
ils	couraient

Plus-que-parfait

j'	avais	couru
tu	avais	couru
il	avait	couru
nous	avions	couru
vous	aviez	couru
ils	avaient	couru

Passé simple

je	courus
tu	courus
il	courut
nous	courûmes
vous	courûtes
ils	coururent

Passé antérieur

j'	eus	couru
tu	eus	couru
il	eut	couru
nous	eûmes	couru
vous	eûtes	couru
ils	eurent	couru

Futur simple

je	courrai
tu	courras
il	courra
nous	courrons
vous	courrez
ils	courront

Futur antérieur

j'	aurai	couru
tu	auras	couru
il	aura	couru
nous	aurons	couru
vous	aurez	couru
ils	auront	couru

CONDITIONNEL

Présent

je	courrais
tu	courrais
il	courrait
nous	courrions
vous	courriez
ils	courraient

Passé

j'	aurais	couru
tu	aurais	couru
il	aurait	couru
nous	aurions	couru
vous	auriez	couru
ils	auraient	couru

SUBJONCTIF

Présent

que	je	coure
que	tu	coures
qu'	il	coure
que	n.	courions
que	v.	couriez
qu'	ils	courent

Passé

que	j'	aie	couru
que	tu	aies	couru
qu'	il	ait	couru
que	n.	ayons	couru
que	v.	ayez	couru
qu'	ils	aient	couru

Imparfait

que	je	courusse
que	tu	courusses
qu'	il	courût
que	n.	courussions
que	v.	courussiez
qu'	ils	courussent

Plus-que-parfait

que	j'	eusse	couru
que	tu	eusses	couru
qu'	il	eût	couru
que	n.	eussions	couru
que	v.	eussiez	couru
qu'	ils	eussent	couru

IMPÉRATIF

Présent

cours
courons
courez

Passé

aie	couru
ayons	couru
ayez	couru

INFINITIF

Présent	Passé
courir	avoir couru

PARTICIPE

Présent	Passé
courant	couru
	ayant couru

GÉRONDIF

Présent	Passé
en courant	en ayant couru

Conditionnel passé 2e forme : mêmes formes que le plus-que-parfait du subjonctif

- Forme surcomposée : *j'ai eu couru* (→ Grammaire du verbe, paragraphes 92, 141, 154).
- Les composés de **courir** se conjuguent sur ce modèle (→ tableau 22).
- Remarquer les deux **r** : le premier **r** est celui du radical et le second est l'affixe du futur ou du conditionnel présent : *je courrai, je courrais*.

| mourir | 3e groupe |

INDICATIF

Présent		Passé composé		
je	meurs	je	suis	mort
tu	meurs	tu	es	mort
il	meurt	il	est	mort
nous	mourons	nous	sommes	morts
vous	mourez	vous	êtes	morts
ils	meurent	ils	sont	morts

Imparfait		Plus-que-parfait		
je	mourais	j'	étais	mort
tu	mourais	tu	étais	mort
il	mourait	il	était	mort
nous	mourions	nous	étions	morts
vous	mouriez	vous	étiez	morts
ils	mouraient	ils	étaient	morts

Passé simple		Passé antérieur		
je	mourus	je	fus	mort
tu	mourus	tu	fus	mort
il	mourut	il	fut	mort
nous	mourûmes	nous	fûmes	morts
vous	mourûtes	vous	fûtes	morts
ils	moururent	ils	furent	morts

Futur simple		Futur antérieur		
je	mourrai	je	serai	mort
tu	mourras	tu	seras	mort
il	mourra	il	sera	mort
nous	mourrons	nous	serons	morts
vous	mourrez	vous	serez	morts
ils	mourront	ils	seront	morts

CONDITIONNEL

Présent		Passé		
je	mourrais	je	serais	mort
tu	mourrais	tu	serais	mort
il	mourrait	il	serait	mort
nous	mourrions	nous	serions	morts
vous	mourriez	vous	seriez	morts
ils	mourraient	ils	seraient	morts

SUBJONCTIF

Présent		Passé		
que je	meure	que je	sois	mort
que tu	meures	que tu	sois	mort
qu' il	meure	qu' il	soit	mort
que n.	mourions	que n.	soyons	morts
que v.	mouriez	que v.	soyez	morts
qu' ils	meurent	qu' ils	soient	morts

Imparfait		Plus-que-parfait		
que je	mourusse	que je	fusse	mort
que tu	mourusses	que tu	fusses	mort
qu' il	mourût	qu' il	fût	mort
que n.	mourussions	que n.	fussions	morts
que v.	mourussiez	que v.	fussiez	morts
qu' ils	mourussent	qu' ils	fussent	morts

IMPÉRATIF

Présent	Passé	
meurs	sois	mort
mourons	soyons	morts
mourez	soyez	morts

INFINITIF

Présent	Passé
mourir	être mort

PARTICIPE

Présent	Passé
mourant	mort
	étant mort

GÉRONDIF

Présent	Passé
en mourant	en étant mort

Conditionnel passé 2e forme : mêmes formes que le plus-que-parfait du subjonctif

- Remarquer le redoublement du **r** au futur et au conditionnel présent : je *mourrai, je mourrais,* et l'emploi de l'auxiliaire **être** dans les temps composés.
- À la forme pronominale, le verbe *se mourir* ne se conjugue qu'au présent, à l'imparfait de l'indicatif et au participe présent.

serve, attend to, deal
be useful, be of use, be a help
help one self

servir 3e groupe   **36**

INDICATIF

Présent		Passé composé		
je	sers	j'	ai	servi
tu	sers	tu	as	servi
il	sert	il	a	servi
nous	servons	nous	avons	servi
vous	servez	vous	avez	servi
ils	servent	ils	ont	servi

Imparfait		Plus-que-parfait		
je	servais	j'	avais	servi
tu	servais	tu	avais	servi
il	servait	il	avait	servi
nous	servions	nous	avions	servi
vous	serviez	vous	aviez	servi
ils	servaient	ils	avaient	servi

Passé simple		Passé antérieur		
je	servis	j'	eus	servi
tu	servis	tu	eus	servi
il	servit	il	eut	servi
nous	servîmes	nous	eûmes	servi
vous	servîtes	vous	eûtes	servi
ils	servirent	ils	eurent	servi

Futur simple		Futur antérieur		
je	servirai	j'	aurai	servi
tu	serviras	tu	auras	servi
il	servira	il	aura	servi
nous	servirons	nous	aurons	servi
vous	servirez	vous	aurez	servi
ils	serviront	ils	auront	servi

CONDITIONNEL

Présent		Passé		
je	servirais	j'	aurais	servi
tu	servirais	tu	aurais	servi
il	servirait	il	aurait	servi
nous	servirions	nous	aurions	servi
vous	serviriez	vous	auriez	servi
ils	serviraient	ils	auraient	servi

SUBJONCTIF

Présent		Passé		
que je	serve	que j'	aie	servi
que tu	serves	que tu	aies	servi
qu' il	serve	qu' il	ait	servi
que n.	servions	que n.	ayons	servi
que v.	serviez	que v.	ayez	servi
qu' ils	servent	qu' ils	aient	servi

Imparfait		Plus-que-parfait		
que je	servisse	que j'	eusse	servi
que tu	servisses	que tu	eusses	servi
qu' il	servît	qu' il	eût	servi
que n.	servissions	que n.	eussions	servi
que v.	servissiez	que v.	eussiez	servi
qu' ils	servissent	qu' ils	eussent	servi

IMPÉRATIF

Présent	Passé	
sers	aie	servi
servons	ayons	servi
servez	ayez	servi

INFINITIF

Présent	Passé
servir	avoir servi

PARTICIPE

Présent	Passé
servant	servi
	ayant servi

GÉRONDIF

Présent	Passé
en servant	en ayant servi

Conditionnel passé 2e forme : mêmes formes que le plus-que-parfait du subjonctif

- Forme surcomposée : *j'ai eu servi* (→ Grammaire du verbe, paragraphes 92, 141, 154).
- **Desservir, resservir** se conjuguent sur ce modèle.
  Mais **asservir** se conjugue sur **finir** (→ tableau 20).

INDICATIF

Présent		Passé composé		
je	fuis	j'	ai	fui
tu	fuis	tu	as	fui
il	fuit	il	a	fui
nous	fuyons	nous	avons	fui
vous	fuyez	vous	avez	fui
ils	fuient	ils	ont	fui

Imparfait		Plus-que-parfait		
je	fuyais	j'	avais	fui
tu	fuyais	tu	avais	fui
il	fuyait	il	avait	fui
nous	fuyions	nous	avions	fui
vous	fuyiez	vous	aviez	fui
ils	fuyaient	ils	avaient	fui

Passé simple		Passé antérieur		
je	fuis	j'	eus	fui
tu	fuis	tu	eus	fui
il	fuit	il	eut	fui
nous	fuîmes	nous	eûmes	fui
vous	fuîtes	vous	eûtes	fui
ils	fuirent	ils	eurent	fui

Futur simple		Futur antérieur		
je	fuirai	j'	aurai	fui
tu	fuiras	tu	auras	fui
il	fuira	il	aura	fui
nous	fuirons	nous	aurons	fui
vous	fuirez	vous	aurez	fui
ils	fuiront	ils	auront	fui

CONDITIONNEL

Présent		Passé		
je	fuirais	j'	aurais	fui
tu	fuirais	tu	aurais	fui
il	fuirait	il	aurait	fui
nous	fuirions	nous	aurions	fui
vous	fuiriez	vous	auriez	fui
ils	fuiraient	ils	auraient	fui

SUBJONCTIF

Présent		Passé		
que je	fuie	que j'	aie	fui
que tu	fuies	que tu	aies	fui
qu' il	fuie	qu' il	ait	fui
que n.	fuyions	que n.	ayons	fui
que v.	fuyiez	que v.	ayez	fui
qu' ils	fuient	qu' ils	aient	fui

Imparfait		Plus-que-parfait		
que je	fuisse	que j'	eusse	fui
que tu	fuisses	que tu	eusses	fui
qu' il	fuît	qu' il	eût	fui
que n.	fuissions	que n.	eussions	fui
que v.	fuissiez	que v.	eussiez	fui
qu' ils	fuissent	qu' ils	eussent	fui

IMPÉRATIF

Présent	Passé	
fuis	aie	fui
fuyons	ayons	fui
fuyez	ayez	fui

INFINITIF

Présent	Passé
fuir	avoir fui

PARTICIPE

Présent	Passé
fuyant	fui
	ayant fui

GÉRONDIF

Présent	Passé
en fuyant	en ayant fui

Conditionnel passé 2ᵉ forme : mêmes formes que le plus-que-parfait du subjonctif

- Forme surcomposée : *j'ai eu fui* (→ Grammaire du verbe, paragraphes 92, 141, 154).
- **S'enfuir** se conjugue sur ce modèle.

INDICATIF

Présent		Passé composé		
j'	ois	j'	ai	ouï
tu	ois	tu	as	ouï
il	oit	il	a	ouï
nous	oyons	nous	avons	ouï
vous	oyez	vous	avez	ouï
ils	oient	ils	ont	ouï

Imparfait		Plus-que-parfait		
j'	oyais	j'	avais	ouï
tu	oyais	tu	avais	ouï
il	oyait	il	avait	ouï
nous	oyions	nous	avions	ouï
vous	oyiez	vous	aviez	ouï
ils	oyaient	ils	avaient	ouï

Passé simple		Passé antérieur		
j'	ouïs	j'	eus	ouï
tu	ouïs	tu	eus	ouï
il	ouït	il	eut	ouï
nous	ouïmes	nous	eûmes	ouï
vous	ouïtes	vous	eûtes	ouï
ils	ouïrent	ils	eurent	ouï

Futur simple		Futur antérieur		
j'	ouïrai / orrai / oirai	j'	aurai	ouï
tu	ouïras / orras	tu	auras	ouï
il	ouïra / orra	il	aura	ouï
nous	ouïrons / orrons	nous	aurons	ouï
vous	ouïrez / orrez	vous	aurez	ouï
ils	ouïront / orront	ils	auront	ouï

CONDITIONNEL

Présent		Passé		
j'	ouïrais / orrais / oirais	j'	aurais	ouï
tu	ouïrais / orrais	tu	aurais	ouï
il	ouïrait / orrait	il	aurait	ouï
nous	ouïrions / orrions	nous	aurions	ouï
vous	ouïriez / orriez	vous	auriez	ouï
ils	ouïraient / orraient	ils	auraient	ouï

SUBJONCTIF

Présent		Passé		
que j'	oie	que j'	aie	ouï
que tu	oies	que tu	aies	ouï
qu' il	oie	qu' il	ait	ouï
que n.	oyions	que n.	ayons	ouï
que v.	oyiez	que v.	ayez	ouï
qu' ils	oient	qu' ils	aient	ouï

Imparfait		Plus-que-parfait		
que j'	ouïsse	que j'	eusse	ouï
que tu	ouïsses	que tu	eusses	ouï
qu' il	ouït	qu' il	eût	ouï
que n.	ouïssions	que n.	eussions	ouï
que v.	ouïssiez	que v.	eussiez	ouï
qu' ils	ouïssent	qu' ils	eussent	ouï

IMPÉRATIF

Présent	Passé	
ois	aie	ouï
oyons	ayons	ouï
oyez	ayez	ouï

INFINITIF

Présent	Passé
ouïr	avoir ouï

PARTICIPE

Présent	Passé
oyant	ouï
	ayant ouï

GÉRONDIF

Présent	Passé
en oyant	en ayant ouï

Conditionnel passé 2e forme : mêmes formes que le plus-que-parfait du subjonctif

Le verbe **ouïr** a définitivement cédé la place à **entendre**. Il n'est plus employé qu'à l'infinitif et dans l'expression « **par ouï-dire** ». La conjugaison archaïque est donnée ci-dessus en italique. À noter le futur j'ouïrai, refait d'après l'infinitif sur le modèle de **sentir** (je sentirai).

INDICATIF

Présent		Passé composé
je	gis	.
tu	gis	.
il	gît	.
nous	gisons	.
vous	gisez	.
ils	gisent	.

Imparfait		Plus-que-parfait
je	gisais	.
tu	gisais	.
il	gisait	.
nous	gisions	.
vous	gisiez	.
ils	gisaient	.

Passé simple	Passé antérieur
.	.
.	.
.	.
.	.
.	.
.	.

Futur simple	Futur antérieur
.	.
.	.
.	.
.	.
.	.
.	.

CONDITIONNEL

Présent	Passé
.	.
.	.
.	.
.	.
.	.
.	.

SUBJONCTIF

Présent		Passé
.		.
.		.
.		.
.		.
.		.
.		.

Imparfait	Plus-que-parfait
.	.
.	.
.	.
.	.
.	.
.	.

IMPÉRATIF

Présent	Passé
.	.
.	.
.	.

INFINITIF

Présent	Passé
.	.

PARTICIPE

Présent	Passé
gisant	.

GÉRONDIF

Présent	Passé
en gisant	.

Conditionnel passé 2ᵉ forme : mêmes formes que le plus-que-parfait du subjonctif

Ce verbe, qui signifie : *être couché*, n'est plus d'usage qu'aux formes ci-dessus.
On n'emploie guère le verbe **gésir** qu'en parlant des personnes malades ou mortes,
et de choses renversées par le temps ou la destruction : *Nous* **gisions** *tous les deux
sur le pavé d'un cachot, malades et privés de secours. Son cadavre* **gît** *maintenant dans le tombeau.
Des colonnes* **gisant** *éparses* (Académie). Cf. l'inscription funéraire : *Ci-gît.*

to get, receive; greet, welcome, entertain, take in, host, accommodate, pass (exam);
se recevoir : to land (on one leg)

INDICATIF

Présent		Passé composé	
je reçois	j'	ai	reçu
tu reçois	tu	as	reçu
il reçoit	il	a	reçu
nous recevons	nous	avons	reçu
vous recevez	vous	avez	reçu
ils reçoivent	ils	ont	reçu

Imparfait		Plus-que-parfait	
je recevais	j'	avais	reçu
tu recevais	tu	avais	reçu
il recevait	il	avait	reçu
nous recevions	nous	avions	reçu
vous receviez	vous	aviez	reçu
ils recevaient	ils	avaient	reçu

Passé simple		Passé antérieur	
je reçus	j'	eus	reçu
tu reçus	tu	eus	reçu
il reçut	il	eut	reçu
nous reçûmes	nous	eûmes	reçu
vous reçûtes	vous	eûtes	reçu
ils reçurent	ils	eurent	reçu

Futur simple		Futur antérieur	
je recevrai	j'	aurai	reçu
tu recevras	tu	auras	reçu
il recevra	il	aura	reçu
nous recevrons	nous	aurons	reçu
vous recevrez	vous	aurez	reçu
ils recevront	ils	auront	reçu

CONDITIONNEL

Présent		Passé	
je recevrais	j'	aurais	reçu
tu recevrais	tu	aurais	reçu
il recevrait	il	aurait	reçu
nous recevrions	nous	aurions	reçu
vous recevriez	vous	auriez	reçu
ils recevraient	ils	auraient	reçu

SUBJONCTIF

Présent		Passé	
que je reçoive	que j'	aie	reçu
que tu reçoives	que tu	aies	reçu
qu' il reçoive	qu' il	ait	reçu
que n. recevions	que n.	ayons	reçu
que v. receviez	que v.	ayez	reçu
qu' ils reçoivent	qu' ils	aient	reçu

Imparfait		Plus-que-parfait	
que je reçusse	que j'	eusse	reçu
que tu reçusses	que tu	eusses	reçu
qu' il reçût	qu' il	eût	reçu
que n. reçussions	que n.	eussions	reçu
que v. reçussiez	que v.	eussiez	reçu
qu' ils reçussent	qu' ils	eussent	reçu

IMPÉRATIF

Présent	Passé	
reçois	aie	reçu
recevons	ayons	reçu
recevez	ayez	reçu

INFINITIF

Présent	Passé
recevoir	avoir reçu

PARTICIPE

Présent	Passé
recevant	reçu
	ayant reçu

GÉRONDIF

Présent	Passé
en recevant	en ayant reçu

Conditionnel passé 2ᵉ forme : mêmes formes que le plus-que-parfait du subjonctif

- Forme surcomposée : *j'ai eu reçu* (→ Grammaire du verbe, paragraphes 92, 141, 154).
- La cédille est placée sous le **c** chaque fois qu'il précède un **o** ou un **u**.
- **Apercevoir, concevoir, décevoir, percevoir** se conjuguent sur ce modèle.

INDICATIF

Présent		Passé composé		
je	vois	j'	ai	vu
tu	vois	tu	as	vu
il	voit	il	a	vu
nous	voyons	nous	avons	vu
vous	voyez	vous	avez	vu
ils	voient	ils	ont	vu

Imparfait		Plus-que-parfait		
je	voyais	j'	avais	vu
tu	voyais	tu	avais	vu
il	voyait	il	avait	vu
nous	voyions	nous	avions	vu
vous	voyiez	vous	aviez	vu
ils	voyaient	ils	avaient	vu

Passé simple		Passé antérieur		
je	vis	j'	eus	vu
tu	vis	tu	eus	vu
il	vit	il	eut	vu
nous	vîmes	nous	eûmes	vu
vous	vîtes	vous	eûtes	vu
ils	virent	ils	eurent	vu

Futur simple		Futur antérieur		
je	verrai	j'	aurai	vu
tu	verras	tu	auras	vu
il	verra	il	aura	vu
nous	verrons	nous	aurons	vu
vous	verrez	vous	aurez	vu
ils	verront	ils	auront	vu

CONDITIONNEL

Présent		Passé		
je	verrais	j'	aurais	vu
tu	verrais	tu	aurais	vu
il	verrait	il	aurait	vu
nous	verrions	nous	aurions	vu
vous	verriez	vous	auriez	vu
ils	verraient	ils	auraient	vu

SUBJONCTIF

Présent		Passé		
que je	voie	que j'	aie	vu
que tu	voies	que tu	aies	vu
qu' il	voie	qu' il	ait	vu
que n.	voyions	que n.	ayons	vu
que v.	voyiez	que v.	ayez	vu
qu' ils	voient	qu' ils	aient	vu

Imparfait		Plus-que-parfait		
que je	visse	que j'	eusse	vu
que tu	visses	que tu	eusses	vu
qu' il	vît	qu' il	eût	vu
que n.	vissions	que n.	eussions	vu
que v.	vissiez	que v.	eussiez	vu
qu' ils	vissent	qu' ils	eussent	vu

IMPÉRATIF

Présent	Passé	
vois	aie	vu
voyons	ayons	vu
voyez	ayez	vu

INFINITIF

Présent	Passé
voir	avoir vu

PARTICIPE

Présent	Passé
voyant	vu
	ayant vu

GÉRONDIF

Présent	Passé
en voyant	en ayant vu

Conditionnel passé 2ᵉ forme : mêmes formes que le plus-que-parfait du subjonctif

- Forme surcomposée : *j'ai eu vu* (→ Grammaire du verbe, paragraphes 92, 141, 154).
- **Entrevoir, revoir, prévoir** se conjuguent sur ce modèle. **Prévoir** fait au futur et au conditionnel présent : *je prévoirai... je prévoirais...*

to provide, supply, equip; fill

INDICATIF

Présent		Passé composé		
je	pourvois	j'	ai	pourvu
tu	pourvois	tu	as	pourvu
il	pourvoit	il	a	pourvu
nous	pourvoyons	nous	avons	pourvu
vous	pourvoyez	vous	avez	pourvu
ils	pourvoient	ils	ont	pourvu

Imparfait		Plus-que-parfait		
je	pourvoyais	j'	avais	pourvu
tu	pourvoyais	tu	avais	pourvu
il	pourvoyait	il	avait	pourvu
nous	pourvoyions	nous	avions	pourvu
vous	pourvoyiez	vous	aviez	pourvu
ils	pourvoyaient	ils	avaient	pourvu

Passé simple		Passé antérieur		
je	pourvus	j'	eus	pourvu
tu	pourvus	tu	eus	pourvu
il	pourvut	il	eut	pourvu
nous	pourvûmes	nous	eûmes	pourvu
vous	pourvûtes	vous	eûtes	pourvu
ils	pourvurent	ils	eurent	pourvu

Futur simple		Futur antérieur		
je	pourvoirai	j'	aurai	pourvu
tu	pourvoiras	tu	auras	pourvu
il	pourvoira	il	aura	pourvu
nous	pourvoirons	nous	aurons	pourvu
vous	pourvoirez	vous	aurez	pourvu
ils	pourvoiront	ils	auront	pourvu

CONDITIONNEL

Présent		Passé		
je	pourvoirais	j'	aurais	pourvu
tu	pourvoirais	tu	aurais	pourvu
il	pourvoirait	il	aurait	pourvu
nous	pourvoirions	nous	aurions	pourvu
vous	pourvoiriez	vous	auriez	pourvu
ils	pourvoiraient	ils	auraient	pourvu

SUBJONCTIF

Présent		Passé		
que je	pourvoie	que j'	aie	pourvu
que tu	pourvoies	que tu	aies	pourvu
qu' il	pourvoie	qu' il	ait	pourvu
que n.	pourvoyions	que n.	ayons	pourvu
que v.	pourvoyiez	que v.	ayez	pourvu
qu' ils	pourvoient	qu' ils	aient	pourvu

Imparfait		Plus-que-parfait		
que je	pourvusse	que j'	eusse	pourvu
que tu	pourvusses	que tu	eusses	pourvu
qu' il	pourvût	qu' il	eût	pourvu
que n.	pourvussions	que n.	eussions	pourvu
que v.	pourvussiez	que v.	eussiez	pourvu
qu' ils	pourvussent	qu' ils	eussent	pourvu

IMPÉRATIF

Présent	Passé	
pourvois	aie	pourvu
pourvoyons	ayons	pourvu
pourvoyez	ayez	pourvu

INFINITIF

Présent	Passé
pourvoir	avoir pourvu

PARTICIPE

Présent	Passé
pourvoyant	pourvu
	ayant pourvu

GÉRONDIF

Présent	Passé
en pourvoyant	en ayant pourvu

Conditionnel passé 2ᵉ forme : mêmes formes que le plus-que-parfait du subjonctif

- Forme surcomposée : *j'ai eu pourvu* (→ Grammaire du verbe, paragraphes 92, 141, 154).
- **Pourvoir** se conjugue comme le verbe simple **voir** (tableau 41) sauf au futur et au conditionnel présent : *je pourvoirai, je pourvoirais* ; au passé simple et au subjonctif imparfait : *je pourvus, que je pourvusse*.
- **Dépourvoir** s'emploie rarement, et seulement au passé simple, à l'infinitif, au participe passé et aux temps composés. On l'utilise surtout avec une construction pronominale : *Je me suis dépourvu de tout.*

INDICATIF

Présent		Passé composé		
je	sais	j'	ai	su
tu	sais	tu	as	su
il	sait	il	a	su
nous	savons	nous	avons	su
vous	savez	vous	avez	su
ils	savent	ils	ont	su

Imparfait		Plus-que-parfait		
je	savais	j'	avais	su
tu	savais	tu	avais	su
il	savait	il	avait	su
nous	savions	nous	avions	su
vous	saviez	vous	aviez	su
ils	savaient	ils	avaient	su

Passé simple		Passé antérieur		
je	sus	j'	eus	su
tu	sus	tu	eus	su
il	sut	il	eut	su
nous	sûmes	nous	eûmes	su
vous	sûtes	vous	eûtes	su
ils	surent	ils	eurent	su

Futur simple		Futur antérieur		
je	saurai	j'	aurai	su
tu	sauras	tu	auras	su
il	saura	il	aura	su
nous	saurons	nous	aurons	su
vous	saurez	vous	aurez	su
ils	sauront	ils	auront	su

CONDITIONNEL

Présent		Passé		
je	saurais	j'	aurais	su
tu	saurais	tu	aurais	su
il	saurait	il	aurait	su
nous	saurions	nous	aurions	su
vous	sauriez	vous	auriez	su
ils	sauraient	ils	auraient	su

SUBJONCTIF

Présent		Passé		
que je	sache	que j'	aie	su
que tu	saches	que tu	aies	su
qu' il	sache	qu' il	ait	su
que n.	sachions	que n.	ayons	su
que v.	sachiez	que v.	ayez	su
qu' ils	sachent	qu' ils	aient	su

Imparfait		Plus-que-parfait		
que je	susse	que j'	eusse	su
que tu	susses	que tu	eusses	su
qu' il	sût	qu' il	eût	su
que n.	sussions	que n.	eussions	su
que v.	sussiez	que v.	eussiez	su
qu' ils	sussent	qu' ils	eussent	su

IMPÉRATIF

Présent	Passé	
sache	aie	su
sachons	ayons	su
sachez	ayez	su

INFINITIF

Présent	Passé
savoir	avoir su

PARTICIPE

Présent	Passé
sachant	su
	ayant su

GÉRONDIF

Présent	Passé
en sachant	en ayant su

Conditionnel passé 2ᵉ forme : mêmes formes que le plus-que-parfait du subjonctif

- Forme surcomposée : *j'ai eu su* (→ Grammaire du verbe, paragraphes 92, 141, 154).
- À noter l'emploi archaïsant du subjonctif dans les expressions : **Je ne sache pas** *qu'il soit venu* ; *il n'est pas venu*, **que je sache**.

INDICATIF

Présent		Passé composé		
je	dois	j'	ai	dû
tu	dois	tu	as	dû
il	doit	il	a	dû
nous	devons	nous	avons	dû
vous	devez	vous	avez	dû
ils	doivent	ils	ont	dû

Imparfait		Plus-que-parfait		
je	devais	j'	avais	dû
tu	devais	tu	avais	dû
il	devait	il	avait	dû
nous	devions	nous	avions	dû
vous	deviez	vous	aviez	dû
ils	devaient	ils	avaient	dû

Passé simple		Passé antérieur		
je	dus	j'	eus	dû
tu	dus	tu	eus	dû
il	dut	il	eut	dû
nous	dûmes	nous	eûmes	dû
vous	dûtes	vous	eûtes	dû
ils	durent	ils	eurent	dû

Futur simple		Futur antérieur		
je	devrai	j'	aurai	dû
tu	devras	tu	auras	dû
il	devra	il	aura	dû
nous	devrons	nous	aurons	dû
vous	devrez	vous	aurez	dû
ils	devront	ils	auront	dû

CONDITIONNEL

Présent		Passé		
je	devrais	j'	aurais	dû
tu	devrais	tu	aurais	dû
il	devrait	il	aurait	dû
nous	devrions	nous	aurions	dû
vous	devriez	vous	auriez	dû
ils	devraient	ils	auraient	dû

SUBJONCTIF

Présent		Passé		
que je	doive	que j'	aie	dû
que tu	doives	que tu	aies	dû
qu' il	doive	qu' il	ait	dû
que n.	devions	que n.	ayons	dû
que v.	deviez	que v.	ayez	dû
qu' ils	doivent	qu' ils	aient	dû

Imparfait		Plus-que-parfait		
que je	dusse	que j'	eusse	dû
que tu	dusses	que tu	eusses	dû
qu' il	dût	qu' il	eût	dû
que n.	dussions	que n.	eussions	dû
que v.	dussiez	que v.	eussiez	dû
qu' ils	dussent	qu' ils	eussent	dû

IMPÉRATIF

Présent	Passé	
dois	aie	dû
devons	ayons	dû
devez	ayez	dû

INFINITIF

Présent	Passé
devoir	avoir dû

PARTICIPE

Présent	Passé
devant	dû
	ayant dû

GÉRONDIF

Présent	Passé
en devant	en ayant dû

Conditionnel passé 2e forme : mêmes formes que le plus-que-parfait du subjonctif

- Forme surcomposée : *j'ai eu dû* (→ Grammaire du verbe, paragraphes 92, 141, 154).
- **Redevoir** se conjugue sur ce modèle.
- **Devoir** et **redevoir** prennent un accent circonflexe au participe passé *masculin singulier* seulement : *dû, redû*. Mais on écrit sans accent : *due, dus, dues ; redue, redus, redues*. L'impératif est peu employé.

45

be able, can, may, be allowed

pouvoir   3ᵉ groupe

INDICATIF

Présent		Passé composé		
je	peux / puis	j'	ai	pu
tu	peux	tu	as	pu
il	peut	il	a	pu
nous	pouvons	nous	avons	pu
vous	pouvez	vous	avez	pu
ils	peuvent	ils	ont	pu

Imparfait		Plus-que-parfait		
je	pouvais	j'	avais	pu
tu	pouvais	tu	avais	pu
il	pouvait	il	avait	pu
nous	pouvions	nous	avions	pu
vous	pouviez	vous	aviez	pu
ils	pouvaient	ils	avaient	pu

Passé simple		Passé antérieur		
je	pus	j'	eus	pu
tu	pus	tu	eus	pu
il	put	il	eut	pu
nous	pûmes	nous	eûmes	pu
vous	pûtes	vous	eûtes	pu
ils	purent	ils	eurent	pu

Futur simple		Futur antérieur		
je	pourrai	j'	aurai	pu
tu	pourras	tu	auras	pu
il	pourra	il	aura	pu
nous	pourrons	nous	aurons	pu
vous	pourrez	vous	aurez	pu
ils	pourront	ils	auront	pu

CONDITIONNEL

Présent		Passé		
je	pourrais	j'	aurais	pu
tu	pourrais	tu	aurais	pu
il	pourrait	il	aurait	pu
nous	pourrions	nous	aurions	pu
vous	pourriez	vous	auriez	pu
ils	pourraient	ils	auraient	pu

SUBJONCTIF

Présent			Passé		
que je	puisse	que j'	aie	pu
que tu	puisses	que tu	aies	pu
qu' il	puisse	qu' il	ait	pu
que n.	puissions	que n.	ayons	pu
que v.	puissiez	que v.	ayez	pu
qu' ils	puissent	qu' ils	aient	pu

Imparfait		Plus-que-parfait		
que je	pusse	que j'	eusse	pu
que tu	pusses	que tu	eusses	pu
qu' il	pût	qu' il	eût	pu
que n.	pussions	que n.	eussions	pu
que v.	pussiez	que v.	eussiez	pu
qu' ils	pussent	qu' ils	eussent	pu

IMPÉRATIF

Présent	Passé
.	.
.	.
.	.

INFINITIF

Présent	Passé
pouvoir	avoir pu

PARTICIPE

Présent	Passé
pouvant	pu
	ayant pu

GÉRONDIF

Présent	Passé
en pouvant	en ayant pu

Conditionnel passé 2ᵉ forme : mêmes formes que le plus-que-parfait du subjonctif

- Forme surcomposée : *j'ai eu pu* (→ Grammaire du verbe, paragraphes 92, 141, 154).
- Le verbe **pouvoir** prend deux **r** au futur et au présent du conditionnel, mais, à la différence de **mourir** et **courir**, on n'en prononce qu'un. *Je puis* semble d'un emploi plus distingué que *je peux*. On ne dit pas : ⊘ *peux-je ?* mais *puis-je ?* *Il se peut que* se dit pour *il peut se faire que* au sens de *il peut arriver que*, *il est possible que*, et cette formule se construit alors normalement avec le subjonctif.

mouvoir 3e groupe 46

INDICATIF

Présent
je	meus
tu	meus
il	meut
nous	mouvons
vous	mouvez
ils	meuvent

Passé composé
j'	ai	mû
tu	as	mû
il	a	mû
nous	avons	mû
vous	avez	mû
ils	ont	mû

Imparfait
je	mouvais
tu	mouvais
il	mouvait
nous	mouvions
vous	mouviez
ils	mouvaient

Plus-que-parfait
j'	avais	mû
tu	avais	mû
il	avait	mû
nous	avions	mû
vous	aviez	mû
ils	avaient	mû

Passé simple
je	mus
tu	mus
il	mut
nous	mûmes
vous	mûtes
ils	murent

Passé antérieur
j'	eus	mû
tu	eus	mû
il	eut	mû
nous	eûmes	mû
vous	eûtes	mû
ils	eurent	mû

Futur simple
je	mouvrai
tu	mouvras
il	mouvra
nous	mouvrons
vous	mouvrez
ils	mouvront

Futur antérieur
j'	aurai	mû
tu	auras	mû
il	aura	mû
nous	aurons	mû
vous	aurez	mû
ils	auront	mû

CONDITIONNEL

Présent
je	mouvrais
tu	mouvrais
il	mouvrait
nous	mouvrions
vous	mouvriez
ils	mouvraient

Passé
j'	aurais	mû
tu	aurais	mû
il	aurait	mû
nous	aurions	mû
vous	auriez	mû
ils	auraient	mû

SUBJONCTIF

Présent
que	je	meuve
que	tu	meuves
qu'	il	meuve
que	n.	mouvions
que	v.	mouviez
qu'	ils	meuvent

Passé
que	j'	aie	mû
que	tu	aies	mû
qu'	il	ait	mû
que	n.	ayons	mû
que	v.	ayez	mû
qu'	ils	aient	mû

Imparfait
que	je	musse
que	tu	musses
qu'	il	mût
que	n.	mussions
que	v.	mussiez
qu'	ils	mussent

Plus-que-parfait
que	j'	eusse	mû
que	tu	eusses	mû
qu'	il	eût	mû
que	n.	eussions	mû
que	v.	eussiez	mû
qu'	ils	eussent	mû

IMPÉRATIF

Présent
meus
mouvons
mouvez

Passé
aie mû
ayons mû
ayez mû

INFINITIF

Présent
mouvoir

Passé
avoir mû

PARTICIPE

Présent
mouvant

Passé
mû
ayant mû

GÉRONDIF

Présent
en mouvant

Passé
en ayant mû

Conditionnel passé 2e forme : mêmes formes que le plus-que-parfait du subjonctif

- Forme surcomposée : j'ai eu mû (→ Grammaire du verbe, paragraphes 92, 141, 154).
- Les rectifications orthographiques de 1990 acceptent mu (sans accent circonflexe).
- **Émouvoir** se conjugue sur **mouvoir**, mais son participe passé ému ne prend pas d'accent circonflexe.
- **Promouvoir** se conjugue comme **mouvoir**, mais son participe passé promu ne prend pas d'accent circonflexe au masculin singulier. Ce verbe ne s'emploie guère qu'à l'infinitif, au participe passé, aux temps composés et à la voix passive. L'acception publicitaire et commerciale favorise depuis peu les autres formes.

INDICATIF

Présent	Passé composé
.	.
il pleut	il a plu
.	.

Imparfait	Plus-que-parfait
.	.
il pleuvait	il avait plu
.	.

Passé simple	Passé antérieur
.	.
il plut	il eut plu
.	.

Futur simple	Futur antérieur
.	.
il pleuvra	il aura plu
.	.

CONDITIONNEL

Présent	Passé
.	.
il pleuvrait	il aurait plu
.	.

SUBJONCTIF

Présent	Passé
.	.
qu' il pleuve	qu' il ait plu
.	.

Imparfait	Plus-que-parfait
.	.
qu' il plût	qu' il eût plu
.	.

IMPÉRATIF

Présent	Passé
.	.
.	.

INFINITIF

Présent	Passé
pleuvoir	avoir plu

PARTICIPE

Présent	Passé
pleuvant	plu
	ayant plu

GÉRONDIF

Présent	Passé
.	.

Conditionnel passé 2ᵉ forme : mêmes formes que le plus-que-parfait du subjonctif

- Forme surcomposée : *il a eu plu* (⟶ Grammaire du verbe, paragraphes 92, 141, 154).
- Quoique impersonnel, ce verbe s'emploie au pluriel, mais dans le sens figuré :
  Les coups de fusil **pleuvent**, *les sarcasmes* **pleuvent** *sur lui, les honneurs* **pleuvaient** *sur sa personne.*
  De même, son participe présent ne s'emploie qu'au sens figuré : les coups **pleuvant** *sur lui…*

to take, require
impers – is necessary/needed/required

INDICATIF

Présent	Passé composé
il faut	il a fallu

Imparfait	Plus-que-parfait
il fallait	il avait fallu

Passé simple	Passé antérieur
il fallut	il eut fallu

Futur simple	Futur antérieur
il faudra	il aura fallu

CONDITIONNEL

Présent	Passé
il faudrait	il aurait fallu

SUBJONCTIF

Présent	Passé
qu' il faille	qu' il ait fallu

Imparfait	Plus-que-parfait
qu' il fallût	qu' il eût fallu

IMPÉRATIF

Présent	Passé

INFINITIF

Présent	Passé
falloir	

PARTICIPE

Présent	Passé
	fallu
	ayant fallu

GÉRONDIF

Présent	Passé

Conditionnel passé 2e forme : mêmes formes que le plus-que-parfait du subjonctif

Dans les expressions : *il s'en faut de beaucoup, tant s'en faut, peu s'en faut*, historiquement la forme **faut** vient non de **falloir**, mais de **faillir**, au sens de *manquer, faire défaut* (→ tableau 31).

be worth, hold, apply, be valid, go (pour, "for")

INDICATIF

Présent		Passé composé	
je	vaux	j'	ai valu
tu	vaux	tu	as valu
il	vaut	il	a valu
nous	valons	nous	avons valu
vous	valez	vous	avez valu
ils	valent	ils	ont valu

Imparfait		Plus-que-parfait	
je	valais	j'	avais valu
tu	valais	tu	avais valu
il	valait	il	avait valu
nous	valions	nous	avions valu
vous	valiez	vous	aviez valu
ils	valaient	ils	avaient valu

Passé simple		Passé antérieur	
je	valus	j'	eus valu
tu	valus	tu	eus valu
il	valut	il	eut valu
nous	valûmes	nous	eûmes valu
vous	valûtes	vous	eûtes valu
ils	valurent	ils	eurent valu

Futur simple		Futur antérieur	
je	vaudrai	j'	aurai valu
tu	vaudras	tu	auras valu
il	vaudra	il	aura valu
nous	vaudrons	nous	aurons valu
vous	vaudrez	vous	aurez valu
ils	vaudront	ils	auront valu

CONDITIONNEL

Présent		Passé	
je	vaudrais	j'	aurais valu
tu	vaudrais	tu	aurais valu
il	vaudrait	il	aurait valu
nous	vaudrions	nous	aurions valu
vous	vaudriez	vous	auriez valu
ils	vaudraient	ils	auraient valu

SUBJONCTIF

Présent		Passé	
que je	vaille	que j'	aie valu
que tu	vailles	que tu	aies valu
qu' il	vaille	qu' il	ait valu
que n.	valions	que n.	ayons valu
que v.	valiez	que v.	ayez valu
qu' ils	vaillent	qu' ils	aient valu

Imparfait		Plus-que-parfait	
que je	valusse	que j'	eusse valu
que tu	valusses	que tu	eusses valu
qu' il	valût	qu' il	eût valu
que n.	valussions	que n.	eussions valu
que v.	valussiez	que v.	eussiez valu
qu' ils	valussent	qu' ils	eussent valu

IMPÉRATIF

Présent	Passé	
vaux	aie	valu
valons	ayons	valu
valez	ayez	valu

INFINITIF

Présent	Passé
valoir	avoir valu

PARTICIPE

Présent	Passé
valant	valu
	ayant valu

GÉRONDIF

Présent	Passé
en valant	en ayant valu

Conditionnel passé 2ᵉ forme : mêmes formes que le plus-que-parfait du subjonctif

- Forme surcomposée : *j'ai eu valu* (→ Grammaire du verbe, paragraphes 92, 141, 154).
- Se conjuguent sur ce modèle **équivaloir, prévaloir, revaloir,** mais au subjonctif présent, **prévaloir** fait : *que je prévale… que nous prévalions… Il ne faut pas que la coutume prévale sur la raison* (Ac.). À la forme pronominale, le participe passé s'accorde : *Elle s'est prévalue de ses droits.*

INDICATIF

Présent		Passé composé		
je	veux	j'	ai	voulu
tu	veux	tu	as	voulu
il	veut	il	a	voulu
nous	voulons	nous	avons	voulu
vous	voulez	vous	avez	voulu
ils	veulent	ils	ont	voulu

Imparfait		Plus-que-parfait		
je	voulais	j'	avais	voulu
tu	voulais	tu	avais	voulu
il	voulait	il	avait	voulu
nous	voulions	nous	avions	voulu
vous	vouliez	vous	aviez	voulu
ils	voulaient	ils	avaient	voulu

Passé simple		Passé antérieur		
je	voulus	j'	eus	voulu
tu	voulus	tu	eus	voulu
il	voulut	il	eut	voulu
nous	voulûmes	nous	eûmes	voulu
vous	voulûtes	vous	eûtes	voulu
ils	voulurent	ils	eurent	voulu

Futur simple		Futur antérieur		
je	voudrai	j'	aurai	voulu
tu	voudras	tu	auras	voulu
il	voudra	il	aura	voulu
nous	voudrons	nous	aurons	voulu
vous	voudrez	vous	aurez	voulu
ils	voudront	ils	auront	voulu

CONDITIONNEL

Présent		Passé		
je	voudrais	j'	aurais	voulu
tu	voudrais	tu	aurais	voulu
il	voudrait	il	aurait	voulu
nous	voudrions	nous	aurions	voulu
vous	voudriez	vous	auriez	voulu
ils	voudraient	ils	auraient	voulu

SUBJONCTIF

Présent		Passé		
que je	veuille	que j'	aie	voulu
que tu	veuilles	que tu	aies	voulu
qu' il	veuille	qu' il	ait	voulu
que n.	voulions	que n.	ayons	voulu
que v.	vouliez	que v.	ayez	voulu
qu' ils	veuillent	qu' ils	aient	voulu

Imparfait		Plus-que-parfait		
que je	voulusse	que j'	eusse	voulu
que tu	voulusses	que tu	eusses	voulu
qu' il	voulût	qu' il	eût	voulu
que n.	voulussions	que n.	eussions	voulu
que v.	voulussiez	que v.	eussiez	voulu
qu' ils	voulussent	qu' ils	eussent	voulu

IMPÉRATIF

Présent	Passé	
veux (veuille)	aie	voulu
voulons	ayons	voulu
voulez (veuillez)	ayez	voulu

INFINITIF

Présent	Passé
vouloir	avoir voulu

PARTICIPE

Présent	Passé
voulant	voulu
	ayant voulu

GÉRONDIF

Présent	Passé
en voulant	en ayant voulu

Conditionnel passé 2ᵉ forme : mêmes formes que le plus-que-parfait du subjonctif

- Forme surcomposée : j'ai eu voulu (→ Grammaire du verbe, paragraphes 92, 141, 154).
- L'impératif *veux, voulons, voulez,* n'est d'usage que pour engager quelqu'un à s'armer de volonté : *Veux donc, malheureux, et tu seras sauvé.* Mais, pour inviter poliment, on dit : *veuille, veuillez,* au sens de : *aie, ayez la bonté de :* *Veuillez agréer mes respectueuses salutations.* Au subjonctif présent, les formes primitives : *que nous voulions, que vous vouliez,* reprennent le pas sur : *que nous veuillions, que vous veuilliez.* Avec le pronom adverbial **en** qui donne à ce verbe le sens de : *avoir du ressentiment,* on trouve couramment : *ne m'en veux pas, ne m'en voulez pas,* alors que la langue littéraire préfère : *ne m'en veuille pas, ne m'en veuillez pas.*

INDICATIF

Présent		Passé composé		
j'	assieds	j'	ai	assis
tu	assieds	tu	as	assis
il	assied	il	a	assis
nous	asseyons	nous	avons	assis
vous	asseyez	vous	avez	assis
ils	asseyent	ils	ont	assis

Imparfait		Plus-que-parfait		
j'	asseyais	j'	avais	assis
tu	asseyais	tu	avais	assis
il	asseyait	il	avait	assis
nous	asseyions	nous	avions	assis
vous	asseyiez	vous	aviez	assis
ils	asseyaient	ils	avaient	assis

Passé simple		Passé antérieur		
j'	assis	j'	eus	assis
tu	assis	tu	eus	assis
il	assit	il	eut	assis
nous	assîmes	nous	eûmes	assis
vous	assîtes	vous	eûtes	assis
ils	assirent	ils	eurent	assis

Futur simple		Futur antérieur		
j'	assiérai	j'	aurai	assis
tu	assiéras	tu	auras	assis
il	assiéra	il	aura	assis
nous	assiérons	nous	aurons	assis
vous	assiérez	vous	aurez	assis
ils	assiéront	ils	auront	assis

CONDITIONNEL

Présent		Passé		
j'	assiérais	j'	aurais	assis
tu	assiérais	tu	aurais	assis
il	assiérait	il	aurait	assis
nous	assiérions	nous	aurions	assis
vous	assiériez	vous	auriez	assis
ils	assiéraient	ils	auraient	assis

SUBJONCTIF

Présent		Passé		
que j'	asseye	que j'	aie	assis
que tu	asseyes	que tu	aies	assis
qu' il	asseye	qu' il	ait	assis
que n.	asseyions	que n.	ayons	assis
que v.	asseyiez	que v.	ayez	assis
qu' ils	asseyent	qu' ils	aient	assis

Imparfait		Plus-que-parfait		
que j'	assisse	que j'	eusse	assis
que tu	assisses	que tu	eusses	assis
qu' il	assît	qu' il	eût	assis
que n.	assissions	que n.	eussions	assis
que v.	assissiez	que v.	eussiez	assis
qu' ils	assissent	qu' ils	eussent	assis

IMPÉRATIF

Présent	Passé	
assieds	aie	assis
asseyons	ayons	assis
asseyez	ayez	assis

INFINITIF

Présent	Passé
asseoir	avoir assis

PARTICIPE

Présent	Passé
asseyant	assis
	ayant assis

GÉRONDIF

Présent	Passé
en asseyant	en ayant assis

Conditionnel passé 2e forme : mêmes formes que le plus-que-parfait du subjonctif

- Forme surcomposée : *j'ai eu assis* (→ Grammaire du verbe, paragraphes 92, 141, 154).
- Ce verbe se conjugue surtout à la forme pronominale : **s'asseoir**.
- Les formes en **ie** et en **ey** sont préférables aux formes en **oi** (→ page suivante). Le futur et le conditionnel : *j'asseyerai…, j'asseyerais…* sont actuellement sortis de l'usage.

INDICATIF

Présent

j'	assois			
tu	assois			
il	assoit			
nous	assoyons			
vous	assoyez			
ils	assoient			

Passé composé

j'	ai	assis
tu	as	assis
il	a	assis
nous	avons	assis
vous	avez	assis
ils	ont	assis

Imparfait

j'	assoyais
tu	assoyais
il	assoyait
nous	assoyions
vous	assoyiez
ils	assoyaient

Plus-que-parfait

j'	avais	assis
tu	avais	assis
il	avait	assis
nous	avions	assis
vous	aviez	assis
ils	avaient	assis

Passé simple

j'	assis
tu	assis
il	assit
nous	assîmes
vous	assîtes
ils	assirent

Passé antérieur

j'	eus	assis
tu	eus	assis
il	eut	assis
nous	eûmes	assis
vous	eûtes	assis
ils	eurent	assis

Futur simple

j'	assoirai
tu	assoiras
il	assoira
nous	assoirons
vous	assoirez
ils	assoiront

Futur antérieur

j'	aurai	assis
tu	auras	assis
il	aura	assis
nous	aurons	assis
vous	aurez	assis
ils	auront	assis

CONDITIONNEL

Présent

j'	assoirais
tu	assoirais
il	assoirait
nous	assoirions
vous	assoiriez
ils	assoiraient

Passé

j'	aurais	assis
tu	aurais	assis
il	aurait	assis
nous	aurions	assis
vous	auriez	assis
ils	auraient	assis

SUBJONCTIF

Présent

que	j'	assoie
que	tu	assoies
qu'	il	assoie
que	n.	assoyions
que	v.	assoyiez
qu'	ils	assoient

Passé

que	j'	aie	assis
que	tu	aies	assis
qu'	il	ait	assis
que	n.	ayons	assis
que	v.	ayez	assis
qu'	ils	aient	assis

Imparfait

que	j'	assisse
que	tu	assisses
qu'	il	assît
que	n.	assissions
que	v.	assissiez
qu'	ils	assissent

Plus-que-parfait

que	j'	eusse	assis
que	tu	eusses	assis
qu'	il	eût	assis
que	n.	eussions	assis
que	v.	eussiez	assis
qu'	ils	eussent	assis

IMPÉRATIF

Présent

assois
assoyons
assoyez

Passé

aie	assis
ayons	assis
ayez	assis

INFINITIF

Présent

asseoir

Passé

avoir assis

PARTICIPE

Présent

assoyant

Passé

assis
ayant assis

GÉRONDIF

Présent

en assoyant

Passé

en ayant assis

Conditionnel passé 2e forme : mêmes formes que le plus-que-parfait du subjonctif

L'infinitif *asseoir* s'orthographie avec un **e** étymologique, à la différence de l'indicatif présent : *j'assois* et futur : *j'assoirai*. Depuis les rectifications orthographiques de 1990, il est possible d'écrire *assoir* (sans **e**) au lieu d'*asseoir*.

52

(convenir) | seoir 3ᵉ groupe

INDICATIF

Présent	Passé composé
il sied	
ils siéent	

Imparfait	Plus-que-parfait
il seyait	
ils seyaient	

Passé simple	Passé antérieur

Futur simple	Futur antérieur
il siéra	
ils siéront	

CONDITIONNEL

Présent	Passé
il siérait	
ils siéraient	

SUBJONCTIF

Présent	Passé
qu' il siée	
qu' ils siéent	

Imparfait	Plus-que-parfait

IMPÉRATIF

Présent	Passé

INFINITIF

Présent	Passé
seoir	

PARTICIPE

Présent	Passé
séant (seyant)	sis

GÉRONDIF

Présent	Passé
en séant (en seyant)	

- Ce verbe n'a pas de temps composés.
- Le verbe **seoir**, dans le sens d'*être assis, prendre séance*, n'existe guère qu'aux formes suivantes :
  - Participe présent : *séant* (employé parfois comme nom : *sur son séant*).
  - Participe passé : *sis, sise*, qui ne s'emploie plus guère qu'adjectivement en style juridique au lieu de *situé, située : hôtel sis à Paris*. On trouve parfois les formes d'impératif pronominal : (*sieds-toi, seyez-vous*).

INDICATIF

Présent		Passé composé
.		.
il	messied	.
.		
ils	messiéent	.

Imparfait		Plus-que-parfait
.		.
il	messeyait	.
.		.
ils	messeyaient	.

Passé simple		Passé antérieur
.		.
.		.
.		.
.		.
.		.

Futur simple		Futur antérieur
.		.
il	messiéra	.
.		.
ils	messiéront	.

CONDITIONNEL

Présent		Passé
.		.
il	messiérait	.
.		.
ils	messiéraient	.

SUBJONCTIF

Présent		Passé
.		.
qu' il	messiée	.
.		.
qu' ils	messiéent	.

Imparfait		Plus-que-parfait
.		.
.		.
.		.

IMPÉRATIF

Présent		Passé
.		.
.		.
.		.

INFINITIF

Présent		Passé
messeoir		.

PARTICIPE

Présent		Passé
messéant		.

GÉRONDIF

Présent		Passé
.		.

Ce verbe n'a pas de temps composés.

INDICATIF

Présent		Passé composé		
je	sursois	j'	ai	sursis
tu	sursois	tu	as	sursis
il	sursoit	il	a	sursis
nous	sursoyons	nous	avons	sursis
vous	sursoyez	vous	avez	sursis
ils	sursoient	ils	ont	sursis

Imparfait		Plus-que-parfait		
je	sursoyais	j'	avais	sursis
tu	sursoyais	tu	avais	sursis
il	sursoyait	il	avait	sursis
nous	sursoyions	nous	avions	sursis
vous	sursoyiez	vous	aviez	sursis
ils	sursoyaient	ils	avaient	sursis

Passé simple		Passé antérieur		
je	sursis	j'	eus	sursis
tu	sursis	tu	eus	sursis
il	sursit	il	eut	sursis
nous	sursîmes	nous	eûmes	sursis
vous	sursîtes	vous	eûtes	sursis
ils	sursirent	ils	eurent	sursis

Futur simple		Futur antérieur		
je	surseoirai	j'	aurai	sursis
tu	surseoiras	tu	auras	sursis
il	surseoira	il	aura	sursis
nous	surseoirons	nous	aurons	sursis
vous	surseoirez	vous	aurez	sursis
ils	surseoiront	ils	auront	sursis

CONDITIONNEL

Présent		Passé		
je	surseoirais	j'	aurais	sursis
tu	surseoirais	tu	aurais	sursis
il	surseoirait	il	aurait	sursis
nous	surseoirions	nous	aurions	sursis
vous	surseoiriez	vous	auriez	sursis
ils	surseoiraient	ils	auraient	sursis

SUBJONCTIF

Présent		Passé		
que je	sursoie	que j'	aie	sursis
que tu	sursoies	que tu	aies	sursis
qu' il	sursoie	qu' il	ait	sursis
que n.	sursoyions	que n.	ayons	sursis
que v.	sursoyiez	que v.	ayez	sursis
qu' ils	sursoient	qu' ils	aient	sursis

Imparfait		Plus-que-parfait		
que je	sursisse	que j'	eusse	sursis
que tu	sursisses	que tu	eusses	sursis
qu' il	sursît	qu' il	eût	sursis
que n.	sursissions	que n.	eussions	sursis
que v.	sursissiez	que v.	eussiez	sursis
qu' ils	sursissent	qu' ils	eussent	sursis

IMPÉRATIF

Présent	Passé	
sursois	aie	sursis
sursoyons	ayons	sursis
sursoyez	ayez	sursis

INFINITIF

Présent	Passé
surseoir	avoir sursis

PARTICIPE

Présent	Passé
sursoyant	sursis
	ayant sursis

GÉRONDIF

Présent	Passé
en sursoyant	en ayant sursis

Conditionnel passé 2ᵉ forme : mêmes formes que le plus-que-parfait du subjonctif

- Forme surcomposée : *j'ai eu sursis* (→ Grammaire du verbe, paragraphes 92, 141, 154).
- **Surseoir** a généralisé les formes en **oi** du verbe **asseoir**, avec cette particularité que l'**e** de l'infinitif se retrouve au futur et au conditionnel : *je surseoirai..., je surseoirais...*

INDICATIF

Présent		Passé composé		
je	chois	j'	ai	chu
tu	chois	tu	as	chu
il	choit	il	a	chu
nous	choyons	nous	avons	chu
vous	choyez	vous	avez	chu
ils	choient	ils	ont	chu

Imparfait		Plus-que-parfait		
.		j'	avais	chu
.		tu	avais	chu
.		il	avait	chu
.		nous	avions	chu
.		vous	aviez	chu
.		ils	avaient	chu

Passé simple		Passé antérieur		
je	chus	j'	eus	chu
tu	chus	tu	eus	chu
il	chut	il	eut	chu
nous	chûmes	nous	eûmes	chu
vous	chûtes	vous	eûtes	chu
ils	churent	ils	eurent	chu

Futur simple		Futur antérieur		
je	choirai / cherrai	j'	aurai	chu
tu	choiras / cherras	tu	auras	chu
il	choira / cherra	il	aura	chu
nous	choirons / cherrons	nous	aurons	chu
vous	choirez / cherrez	vous	aurez	chu
ils	choiront / cherront	ils	auront	chu

CONDITIONNEL

Présent		Passé		
je	choirais / cherrais	j'	aurais	chu
tu	choirais / cherrais	tu	aurais	chu
il	choirait / cherrait	il	aurait	chu
nous	choirions / cherrions	nous	aurions	chu
vous	choiriez / cherriez	vous	auriez	chu
ils	choiraient /cherraient	ils	auraient	chu

Conditionnel passé 2e forme : mêmes formes que le plus-que-parfait du subjonctif

SUBJONCTIF

Présent		Passé		
.		que j'	aie	chu
.		que tu	aies	chu
.		qu' il	ait	chu
.		que n.	ayons	chu
.		que v.	ayez	chu
.		qu' ils	aient	chu

Imparfait		Plus-que-parfait		
.		que j'	eusse	chu
.		que tu	eusses	chu
qu' il	chût	qu' il	eût	chu
.		que n.	eussions	chu
.		que v.	eussiez	chu
.		qu' ils	eussent	chu

IMPÉRATIF

Présent	Passé	
.	aie	chu
.	ayons	chu
.	ayez	chu

INFINITIF

Présent	Passé
choir	avoir chu

PARTICIPE

Présent	Passé
.	chu
	ayant chu

GÉRONDIF

Présent	Passé
.	en ayant chu

- Forme surcomposée : *j'ai eu chu* (→ Grammaire du verbe, paragraphes 92, 141, 154).
- Le verbe **choir** peut aussi se conjuguer avec l'auxiliaire **être**, bien que l'emploi de l'auxiliaire **avoir** soit aujourd'hui plus fréquent.
- Les formes en italique sont tout à fait désuètes.

échoir ^{3^e groupe}

INDICATIF	
Présent	Passé composé
.	.
il échoit / *échet*	il est échu
.	.
ils échoient / *échéent*	ils sont échus
Imparfait	Plus-que-parfait
.	.
il échoyait	il était échu
.	.
ils échoyaient	ils étaient échus
Passé simple	Passé antérieur
.	.
il échut	il fut échu
.	.
ils échurent	ils furent échus
Futur simple	Futur antérieur
.	.
il échoira / *écherra*	il sera échu
.	.
ils échoiront / *écherront*	ils seront échus

CONDITIONNEL	
Présent	Passé
.	.
il échoirait / *écherrait*	il serait échu
.	.
ils échoiraient / *écherraient*	ils seraient échus

SUBJONCTIF	
Présent	Passé
.	.
qu' il échoie	qu' il soit échu
.	.
qu' ils échoient	qu' ils soient échus
Imparfait	Plus-que-parfait
.	.
qu' il échût	qu' il fût échu
.	.
qu' ils échussent	qu' ils fussent échus

IMPÉRATIF	
Présent	Passé
.	.
.	.
.	

INFINITIF	
Présent	Passé
échoir	être échu

PARTICIPE	
Présent	Passé
échéant	échu
	étant échu

GÉRONDIF	
Présent	Passé
en échéant	en étant échu

Conditionnel passé 2e forme : mêmes formes que le plus-que-parfait du subjonctif

- **Échoir** est parfois employé avec l'auxiliaire **avoir**, souvent par archaïsme.
- Les formes en italique sont tout à fait désuètes.

déchoir ^{3e groupe} 57

INDICATIF

Présent	Passé composé
je déchois	j' ai déchu
tu déchois	tu as déchu
il déchoit / *déchet*	il a déchu
n. déchoyons	n. avons déchu
v. déchoyez	v. avez déchu
ils déchoient	ils ont déchu

Imparfait	Plus-que-parfait
.	j' avais déchu
.	tu avais déchu
.	il avait déchu
.	n. avions déchu
.	v. aviez déchu
.	ils avaient déchu

Passé simple	Passé antérieur
je déchus	j' eus déchu
tu déchus	tu eus déchu
il déchut	il eut déchu
n. déchûmes	n. eûmes déchu
v. déchûtes	v. eûtes déchu
ils déchurent	ils eurent déchu

Futur simple	Futur antérieur
je déchoirai / *décherrai*	j' aurai déchu
tu déchoiras / *décherras*	tu auras déchu
il déchoira / *décherra*	il aura déchu
n. déchoirons / *décherrons*	n. aurons déchu
v. déchoirez / *décherrez*	v aurez déchu
ils déchoiront / *décherront*	ils auront déchu

CONDITIONNEL

Présent	Passé
je déchoirais / *décherrais*	j' aurais déchu
tu déchoirais / *décherrais*	tu aurais déchu
il déchoirait / *décherrait*	il aurait déchu
n. déchoirions / *décherrions*	n. aurions déchu
v. déchoiriez / *décherriez*	v. auriez déchu
ils déchoiraient / *décherraient*	ils auraient déchu

SUBJONCTIF

Présent	Passé
que je déchoie	que j' aie déchu
que tu déchoies	que tu aies déchu
qu' il déchoie	qu' il ait déchu
que n. déchoyions	que n. ayons déchu
que v. déchoyiez	que v. ayez déchu
qu' ils déchoient	qu' ils aient déchu

Imparfait	Plus-que-parfait
que je déchusse	que j' eusse déchu
que tu déchusses	que tu eusses déchu
qu' il déchût	qu' il eût déchu
que n. déchussions	que n. eussions déchu
que v. déchussiez	que v. eussiez déchu
qu' ils déchussent	qu' ils eussent déchu

IMPÉRATIF

Présent	Passé
.	.
.	.
.	.

INFINITIF

Présent	Passé
déchoir	avoir déchu

PARTICIPE

Présent	Passé
.	déchu
	ayant déchu

GÉRONDIF

Présent	Passé
.	en ayant déchu

Conditionnel passé 2ᵉ forme : mêmes formes que le plus-que-parfait du subjonctif

- Forme surcomposée : *j'ai eu déchu* (→ Grammaire du verbe, paragraphes 92, 141, 154).
- **Déchoir** utilise tantôt **être**, tantôt **avoir**, selon que l'on veut insister sur l'action ou sur son résultat : *Il **a** déchu rapidement. Il **est** définitivement déchu.*
- Les formes en italique sont tout à fait désuètes.

to give back, return, take back, bring back, pay back, hand in, vomit, bring up, make
to yield, be productive, be sick, vomit
to surrender, give oneself up

INDICATIF

Présent		Passé composé		
je	rends	j'	ai	rendu
tu	rends	tu	as	rendu
il	rend	il	a	rendu
nous	rendons	nous	avons	rendu
vous	rendez	vous	avez	rendu
ils	rendent	ils	ont	rendu

Imparfait		Plus-que-parfait		
je	rendais	j'	avais	rendu
tu	rendais	tu	avais	rendu
il	rendait	il	avait	rendu
nous	rendions	nous	avions	rendu
vous	rendiez	vous	aviez	rendu
ils	rendaient	ils	avaient	rendu

Passé simple		Passé antérieur		
je	rendis	j'	eus	rendu
tu	rendis	tu	eus	rendu
il	rendit	il	eut	rendu
nous	rendîmes	nous	eûmes	rendu
vous	rendîtes	vous	eûtes	rendu
ils	rendirent	ils	eurent	rendu

Futur simple		Futur antérieur		
je	rendrai	j'	aurai	rendu
tu	rendras	tu	auras	rendu
il	rendra	il	aura	rendu
nous	rendrons	nous	aurons	rendu
vous	rendrez	vous	aurez	rendu
ils	rendront	ils	auront	rendu

CONDITIONNEL

Présent		Passé		
je	rendrais	j'	aurais	rendu
tu	rendrais	tu	aurais	rendu
il	rendrait	il	aurait	rendu
nous	rendrions	nous	aurions	rendu
vous	rendriez	vous	auriez	rendu
ils	rendraient	ils	auraient	rendu

SUBJONCTIF

Présent		Passé		
que je	rende	que j'	aie	rendu
que tu	rendes	que tu	aies	rendu
qu' il	rende	qu' il	ait	rendu
que n.	rendions	que n.	ayons	rendu
que v.	rendiez	que v.	ayez	rendu
qu' ils	rendent	qu' ils	aient	rendu

Imparfait		Plus-que-parfait		
que je	rendisse	que j'	eusse	rendu
que tu	rendisses	que tu	eusses	rendu
qu' il	rendît	qu' il	eût	rendu
que n.	rendissions	que n.	eussions	rendu
que v.	rendissiez	que v.	eussiez	rendu
qu' ils	rendissent	qu' ils	eussent	rendu

IMPÉRATIF

Présent	Passé	
rends	aie	rendu
rendons	ayons	rendu
rendez	ayez	rendu

INFINITIF

Présent	Passé
rendre	avoir rendu

PARTICIPE

Présent	Passé
rendant	rendu
	ayant rendu

GÉRONDIF

Présent	Passé
en rendant	en ayant rendu

Conditionnel passé 2ᵉ forme : mêmes formes que le plus-que-parfait du subjonctif

- Forme surcomposée : *j'ai eu rendu* (→ Grammaire du verbe, paragraphes 92, 141, 154).
- Voir tableau 22 la liste des nombreux verbes en **-dre** qui se conjuguent comme **rendre** (sauf **prendre** et ses composés → tableau 59). Ainsi se conjuguent en outre les verbes **rompre, corrompre** et **interrompre**, dont la seule particularité est de prendre un **t** à la suite du **p** à la 3ᵉ personne du singulier de l'indicatif présent : *il rompt*.

to take, pick up, catch, have, travel by, go by, get, take in, buy, book, write down, to start, light, catch fire, catch on, be a success

INDICATIF

Présent		Passé composé	
je	prends	j'	ai	pris
tu	prends	tu	as	pris
il	prend	il	a	pris
nous	prenons	nous	avons	pris
vous	prenez	vous	avez	pris
ils	prennent	ils	ont	pris

Imparfait		Plus-que-parfait	
je	prenais	j'	avais	pris
tu	prenais	tu	avais	pris
il	prenait	il	avait	pris
nous	prenions	nous	avions	pris
vous	preniez	vous	aviez	pris
ils	prenaient	ils	avaient	pris

Passé simple		Passé antérieur	
je	pris	j'	eus	pris
tu	pris	tu	eus	pris
il	prit	il	eut	pris
nous	prîmes	nous	eûmes	pris
vous	prîtes	vous	eûtes	pris
ils	prirent	ils	eurent	pris

Futur simple		Futur antérieur	
je	prendrai	j'	aurai	pris
tu	prendras	tu	auras	pris
il	prendra	il	aura	pris
nous	prendrons	nous	aurons	pris
vous	prendrez	vous	aurez	pris
ils	prendront	ils	auront	pris

CONDITIONNEL

Présent		Passé	
je	prendrais	j'	aurais	pris
tu	prendrais	tu	aurais	pris
il	prendrait	il	aurait	pris
nous	prendrions	nous	aurions	pris
vous	prendriez	vous	auriez	pris
ils	prendraient	ils	auraient	pris

SUBJONCTIF

Présent		Passé	
que je	prenne	que j'	aie	pris
que tu	prennes	que tu	aies	pris
qu' il	prenne	qu' il	ait	pris
que n.	prenions	que n.	ayons	pris
que v.	preniez	que v.	ayez	pris
qu' ils	prennent	qu' ils	aient	pris

Imparfait		Plus-que-parfait	
que je	prisse	que j'	eusse	pris
que tu	prisses	que tu	eusses	pris
qu' il	prît	qu' il	eût	pris
que n.	prissions	que n.	eussions	pris
que v.	prissiez	que v.	eussiez	pris
qu' ils	prissent	qu' ils	eussent	pris

IMPÉRATIF

Présent	Passé	
prends	aie	pris
prenons	ayons	pris
prenez	ayez	pris

INFINITIF

Présent	Passé
prendre	avoir pris

PARTICIPE

Présent	Passé
prenant	pris
	ayant pris

GÉRONDIF

Présent	Passé
en prenant	en ayant pris

Conditionnel passé 2e forme : mêmes formes que le plus-que-parfait du subjonctif

- Forme surcomposée : *j'ai eu pris* (→ Grammaire du verbe, paragraphes 92, 141, 154).
- Les composés de **prendre** (→ tableau 22) se conjuguent sur ce modèle.

INDICATIF

Présent		Passé composé		
je	bats	j'	ai	battu
tu	bats	tu	as	battu
il	bat	il	a	battu
nous	battons	nous	avons	battu
vous	battez	vous	avez	battu
ils	battent	ils	ont	battu

Imparfait		Plus-que-parfait		
je	battais	j'	avais	battu
tu	battais	tu	avais	battu
il	battait	il	avait	battu
nous	battions	nous	avions	battu
vous	battiez	vous	aviez	battu
ils	battaient	ils	avaient	battu

Passé simple		Passé antérieur		
je	battis	j'	eus	battu
tu	battis	tu	eus	battu
il	battit	il	eut	battu
nous	battîmes	nous	eûmes	battu
vous	battîtes	vous	eûtes	battu
ils	battirent	ils	eurent	battu

Futur simple		Futur antérieur		
je	battrai	j'	aurai	battu
tu	battras	tu	auras	battu
il	battra	il	aura	battu
nous	battrons	nous	aurons	battu
vous	battrez	vous	aurez	battu
ils	battront	ils	auront	battu

CONDITIONNEL

Présent		Passé		
je	battrais	j'	aurais	battu
tu	battrais	tu	aurais	battu
il	battrait	il	aurait	battu
nous	battrions	nous	aurions	battu
vous	battriez	vous	auriez	battu
ils	battraient	ils	auraient	battu

SUBJONCTIF

Présent		Passé		
que je	batte	que j'	aie	battu
que tu	battes	que tu	aies	battu
qu' il	batte	qu' il	ait	battu
que n.	battions	que n.	ayons	battu
que v.	battiez	que v.	ayez	battu
qu' ils	battent	qu' ils	aient	battu

Imparfait		Plus-que-parfait		
que je	battisse	que j'	eusse	battu
que tu	battisses	que tu	eusses	battu
qu' il	battît	qu' il	eût	battu
que n.	battissions	que n.	eussions	battu
que v.	battissiez	que v.	eussiez	battu
qu' ils	battissent	qu' ils	eussent	battu

IMPÉRATIF

Présent	Passé	
bats	aie	battu
battons	ayons	battu
battez	ayez	battu

INFINITIF

Présent	Passé
battre	avoir battu

PARTICIPE

Présent	Passé
battant	battu
	ayant battu

GÉRONDIF

Présent	Passé
en battant	en ayant battu

Conditionnel passé 2ᵉ forme : mêmes formes que le plus-que-parfait du subjonctif

- Forme surcomposée : *j'ai eu battu* (→ Grammaire du verbe, paragraphes 92, 141, 154).
- Les composés de **battre** (→ tableau 22) se conjuguent sur ce modèle.

to put, wear, put on, switch on, take, put in, update, bring up to date
to go, put oneself, to wear dresses, put __ on

mettre 3ᵉ groupe   **61**

INDICATIF

Présent		Passé composé		
je	mets	j'	ai	mis
tu	mets	tu	as	mis
il	met	il	a	mis
nous	mettons	nous	avons	mis
vous	mettez	vous	avez	mis
ils	mettent	ils	ont	mis

Imparfait		Plus-que-parfait		
je	mettais	j'	avais	mis
tu	mettais	tu	avais	mis
il	mettait	il	avait	mis
nous	mettions	nous	avions	mis
vous	mettiez	vous	aviez	mis
ils	mettaient	ils	avaient	mis

Passé simple		Passé antérieur		
je	mis	j'	eus	mis
tu	mis	tu	eus	mis
il	mit	il	eut	mis
nous	mîmes	nous	eûmes	mis
vous	mîtes	vous	eûtes	mis
ils	mirent	ils	eurent	mis

Futur simple		Futur antérieur		
je	mettrai	j'	aurai	mis
tu	mettras	tu	auras	mis
il	mettra	il	aura	mis
nous	mettrons	nous	aurons	mis
vous	mettrez	vous	aurez	mis
ils	mettront	ils	auront	mis

CONDITIONNEL

Présent		Passé		
je	mettrais	j'	aurais	mis
tu	mettrais	tu	aurais	mis
il	mettrait	il	aurait	mis
nous	mettrions	nous	aurions	mis
vous	mettriez	vous	auriez	mis
ils	mettraient	ils	auraient	mis

SUBJONCTIF

Présent		Passé		
que je	mette	que j'	aie	mis
que tu	mettes	que tu	aies	mis
qu' il	mette	qu' il	ait	mis
que n.	mettions	que n.	ayons	mis
que v.	mettiez	que v.	ayez	mis
qu' ils	mettent	qu' ils	aient	mis

Imparfait		Plus-que-parfait		
que je	misse	que j'	eusse	mis
que tu	misses	que tu	eusses	mis
qu' il	mît	qu' il	eût	mis
que n.	missions	que n.	eussions	mis
que v.	missiez	que v.	eussiez	mis
qu' ils	missent	qu' ils	eussent	mis

IMPÉRATIF

Présent	Passé	
mets	aie	mis
mettons	ayons	mis
mettez	ayez	mis

INFINITIF

Présent	Passé
mettre	avoir mis

PARTICIPE

Présent	Passé
mettant	mis
	ayant mis

GÉRONDIF

Présent	Passé
en mettant	en ayant mis

Conditionnel passé 2ᵉ forme : mêmes formes que le plus-que-parfait du subjonctif

- Forme surcomposée : *j'ai eu mis* (→ Grammaire du verbe, paragraphes 92, 141, 154).
- Les composés de **mettre** (→ tableau 22) se conjuguent sur ce modèle.

omettre : to miss out, leave out, omit

INDICATIF

Présent		Passé composé		
je	peins	j'	ai	peint
tu	peins	tu	as	peint
il	peint	il	a	peint
nous	peignons	nous	avons	peint
vous	peignez	vous	avez	peint
ils	peignent	ils	ont	peint

Imparfait		Plus-que-parfait		
je	peignais	j'	avais	peint
tu	peignais	tu	avais	peint
il	peignait	il	avait	peint
nous	peignions	nous	avions	peint
vous	peigniez	vous	aviez	peint
ils	peignaient	ils	avaient	peint

Passé simple		Passé antérieur		
je	peignis	j'	eus	peint
tu	peignis	tu	eus	peint
il	peignit	il	eut	peint
nous	peignîmes	nous	eûmes	peint
vous	peignîtes	vous	eûtes	peint
ils	peignirent	ils	eurent	peint

Futur simple		Futur antérieur		
je	peindrai	j'	aurai	peint
tu	peindras	tu	auras	peint
il	peindra	il	aura	peint
nous	peindrons	nous	aurons	peint
vous	peindrez	vous	aurez	peint
ils	peindront	ils	auront	peint

CONDITIONNEL

Présent		Passé		
je	peindrais	j'	aurais	peint
tu	peindrais	tu	aurais	peint
il	peindrait	il	aurait	peint
nous	peindrions	nous	aurions	peint
vous	peindriez	vous	auriez	peint
ils	peindraient	ils	auraient	peint

SUBJONCTIF

Présent		Passé		
que je	peigne	que j'	aie	peint
que tu	peignes	que tu	aies	peint
qu' il	peigne	qu' il	ait	peint
que n.	peignions	que n.	ayons	peint
que v.	peigniez	que v.	ayez	peint
qu' ils	peignent	qu' ils	aient	peint

Imparfait		Plus-que-parfait		
que je	peignisse	que j'	eusse	peint
que tu	peignisses	que tu	eusses	peint
qu' il	peignît	qu' il	eût	peint
que n.	peignissions	que n.	eussions	peint
que v.	peignissiez	que v.	eussiez	peint
qu' ils	peignissent	qu' ils	eussent	peint

IMPÉRATIF

Présent	Passé	
peins	aie	peint
peignons	ayons	peint
peignez	ayez	peint

INFINITIF

Présent	Passé
peindre	avoir peint

PARTICIPE

Présent	Passé
peignant	peint
	ayant peint

GÉRONDIF

Présent	Passé
en peignant	en ayant peint

Conditionnel passé 2ᵉ forme : mêmes formes que le plus-que-parfait du subjonctif

- Forme surcomposée : *j'ai eu peint* (→ Grammaire du verbe, paragraphes 92, 141, 154).
- **Astreindre, atteindre, ceindre, feindre, enfreindre, empreindre, geindre, teindre** et leurs composés (→ tableau 22) se conjuguent sur ce modèle.

INDICATIF

Présent		Passé composé		
je	joins	j'	ai	joint
tu	joins	tu	as	joint
il	joint	il	a	joint
nous	joignons	nous	avons	joint
vous	joignez	vous	avez	joint
ils	joignent	ils	ont	joint

Imparfait		Plus-que-parfait		
je	joignais	j'	avais	joint
tu	joignais	tu	avais	joint
il	joignait	il	avait	joint
nous	joignions	nous	avions	joint
vous	joigniez	vous	aviez	joint
ils	joignaient	ils	avaient	joint

Passé simple		Passé antérieur		
je	joignis	j'	eus	joint
tu	joignis	tu	eus	joint
il	joignit	il	eut	joint
nous	joignîmes	nous	eûmes	joint
vous	joignîtes	vous	eûtes	joint
ils	joignirent	ils	eurent	joint

Futur simple		Futur antérieur		
je	joindrai	j'	aurai	joint
tu	joindras	tu	auras	joint
il	joindra	il	aura	joint
nous	joindrons	nous	aurons	joint
vous	joindrez	vous	aurez	joint
ils	joindront	ils	auront	joint

CONDITIONNEL

Présent		Passé		
je	joindrais	j'	aurais	joint
tu	joindrais	tu	aurais	joint
il	joindrait	il	aurait	joint
nous	joindrions	nous	aurions	joint
vous	joindriez	vous	auriez	joint
ils	joindraient	ils	auraient	joint

SUBJONCTIF

Présent		Passé		
que je	joigne	que j'	aie	joint
que tu	joignes	que tu	aies	joint
qu' il	joigne	qu' il	ait	joint
que n.	joignions	que n.	ayons	joint
que v.	joigniez	que v.	ayez	joint
qu' ils	joignent	qu' ils	aient	joint

Imparfait		Plus-que-parfait		
que je	joignisse	que j'	eusse	joint
que tu	joignisses	que tu	eusses	joint
qu' il	joignît	qu' il	eût	joint
que n.	joignissions	que n.	eussions	joint
que v.	joignissiez	que v.	eussiez	joint
qu' ils	joignissent	qu' ils	eussent	joint

IMPÉRATIF

Présent	Passé	
joins	aie	joint
joignons	ayons	joint
joignez	ayez	joint

INFINITIF

Présent	Passé
joindre	avoir joint

PARTICIPE

Présent	Passé
joignant	joint
	ayant joint

GÉRONDIF

Présent	Passé
en joignant	en ayant joint

Conditionnel passé 2ᵉ forme : mêmes formes que le plus-que-parfait du subjonctif

- Forme surcomposée : *j'ai eu joint* (→ Grammaire du verbe, paragraphes 92, 141, 154).
- Les composés de **joindre** (→ tableau 22) et les verbes archaïques **poindre** et **oindre** se conjuguent sur ce modèle.
- Au sens intransitif de *commencer à paraître*, **poindre** ne s'emploie qu'aux formes : *il point, il poindra, il poindrait, il a point …* On a tendance à lui substituer le verbe régulier **pointer** au sens d'*étreindre*.
- **Oindre** est sorti de l'usage, sauf à l'infinitif et au participe passé *oint, oints, ointe, ointes.*

INDICATIF

Présent

je	crains
tu	crains
il	craint
nous	craignons
vous	craignez
ils	craignent

Passé composé

j'	ai	craint
tu	as	craint
il	a	craint
nous	avons	craint
vous	avez	craint
ils	ont	craint

Imparfait

je	craignais
tu	craignais
il	craignait
nous	craignions
vous	craigniez
ils	craignaient

Plus-que-parfait

j'	avais	craint
tu	avais	craint
il	avait	craint
nous	avions	craint
vous	aviez	craint
ils	avaient	craint

Passé simple

je	craignis
tu	craignis
il	craignit
nous	craignîmes
vous	craignîtes
ils	craignirent

Passé antérieur

j'	eus	craint
tu	eus	craint
il	eut	craint
nous	eûmes	craint
vous	eûtes	craint
ils	eurent	craint

Futur simple

je	craindrai
tu	craindras
il	craindra
nous	craindrons
vous	craindrez
ils	craindront

Futur antérieur

j'	aurai	craint
tu	auras	craint
il	aura	craint
nous	aurons	craint
vous	aurez	craint
ils	auront	craint

CONDITIONNEL

Présent

je	craindrais
tu	craindrais
il	craindrait
nous	craindrions
vous	craindriez
ils	craindraient

Passé

j'	aurais	craint
tu	aurais	craint
il	aurait	craint
nous	aurions	craint
vous	auriez	craint
ils	auraient	craint

SUBJONCTIF

Présent

que je	craigne
que tu	craignes
qu' il	craigne
que n.	craignions
que v.	craigniez
qu' ils	craignent

Passé

que j'	aie	craint
que tu	aies	craint
qu' il	ait	craint
que n.	ayons	craint
que v.	ayez	craint
qu' ils	aient	craint

Imparfait

que je	craignisse
que tu	craignisses
qu' il	craignît
que n.	craignissions
que v.	craignissiez
qu' ils	craignissent

Plus-que-parfait

que j'	eusse	craint
que tu	eusses	craint
qu' il	eût	craint
que n.	eussions	craint
que v.	eussiez	craint
qu' ils	eussent	craint

IMPÉRATIF

Présent

crains
craignons
craignez

Passé

aie	craint
ayons	craint
ayez	craint

INFINITIF

Présent

craindre

Passé

avoir craint

PARTICIPE

Présent

craignant

Passé

craint
ayant craint

GÉRONDIF

Présent

en craignant

Passé

en ayant craint

Conditionnel passé 2e forme : mêmes formes que le plus-que-parfait du subjonctif

- Forme surcomposée : *j'ai eu craint* (→ Grammaire du verbe, paragraphes 92, 141, 154).
- **Contraindre** et **plaindre** se conjuguent sur ce modèle.

INDICATIF

Présent		Passé composé		
je	vaincs	j'	ai	vaincu
tu	vaincs	tu	as	vaincu
il	vainc	il	a	vaincu
nous	vainquons	nous	avons	vaincu
vous	vainquez	vous	avez	vaincu
ils	vainquent	ils	ont	vaincu

Imparfait		Plus-que-parfait		
je	vainquais	j'	avais	vaincu
tu	vainquais	tu	avais	vaincu
il	vainquait	il	avait	vaincu
nous	vainquions	nous	avions	vaincu
vous	vainquiez	vous	aviez	vaincu
ils	vainquaient	ils	avaient	vaincu

Passé simple		Passé antérieur		
je	vainquis	j'	eus	vaincu
tu	vainquis	tu	eus	vaincu
il	vainquit	il	eut	vaincu
nous	vainquîmes	nous	eûmes	vaincu
vous	vainquîtes	vous	eûtes	vaincu
ils	vainquirent	ils	eurent	vaincu

Futur simple		Futur antérieur		
je	vaincrai	j'	aurai	vaincu
tu	vaincras	tu	auras	vaincu
il	vaincra	il	aura	vaincu
nous	vaincrons	nous	aurons	vaincu
vous	vaincrez	vous	aurez	vaincu
ils	vaincront	ils	auront	vaincu

CONDITIONNEL

Présent		Passé		
je	vaincrais	j'	aurais	vaincu
tu	vaincrais	tu	aurais	vaincu
il	vaincrait	il	aurait	vaincu
nous	vaincrions	nous	aurions	vaincu
vous	vaincriez	vous	auriez	vaincu
ils	vaincraient	ils	auraient	vaincu

SUBJONCTIF

Présent		Passé		
que je	vainque	que j'	aie	vaincu
que tu	vainques	que tu	aies	vaincu
qu' il	vainque	qu' il	ait	vaincu
que n.	vainquions	que n.	ayons	vaincu
que v.	vainquiez	que v.	ayez	vaincu
qu' ils	vainquent	qu' ils	aient	vaincu

Imparfait		Plus-que-parfait		
que je	vainquisse	que j'	eusse	vaincu
que tu	vainquisses	que tu	eusses	vaincu
qu' il	vainquît	qu' il	eût	vaincu
que n.	vainquissions	que n.	eussions	vaincu
que v.	vainquissiez	que v.	eussiez	vaincu
qu' ils	vainquissent	qu' ils	eussent	vaincu

IMPÉRATIF

Présent	Passé	
vaincs	aie	vaincu
vainquons	ayons	vaincu
vainquez	ayez	vaincu

INFINITIF

Présent	Passé
vaincre	avoir vaincu

PARTICIPE

Présent	Passé
vainquant	vaincu
	ayant vaincu

GÉRONDIF

Présent	Passé
en vainquant	en ayant vaincu

Conditionnel passé 2e forme : mêmes formes que le plus-que-parfait du subjonctif

- Forme surcomposée : *j'ai eu vaincu* (→ Grammaire du verbe, paragraphes 92, 141, 154).
- Seule irrégularité du verbe **vaincre** : il ne prend pas de **t** final à la troisième personne du singulier du présent de l'indicatif : *il vainc.*
  D'autre part, devant une voyelle (sauf **u**), le **c** se change en **qu** : *nous vainquons.*
- **Convaincre** se conjugue sur ce modèle.

traire 3e groupe

INDICATIF

Présent		Passé composé		
je	trais	j'	ai	trait
tu	trais	tu	as	trait
il	trait	il	a	trait
nous	trayons	nous	avons	trait
vous	trayez	vous	avez	trait
ils	traient	ils	ont	trait

Imparfait		Plus-que-parfait		
je	trayais	j'	avais	trait
tu	trayais	tu	avais	trait
il	trayait	il	avait	trait
nous	trayions	nous	avions	trait
vous	trayiez	vous	aviez	trait
ils	trayaient	ils	avaient	trait

Passé simple		Passé antérieur		
.		j'	eus	trait
.		tu	eus	trait
.		il	eut	trait
.		nous	eûmes	trait
.		vous	eûtes	trait
.		ils	eurent	trait

Futur simple		Futur antérieur		
je	trairai	j'	aurai	trait
tu	trairas	tu	auras	trait
il	traira	il	aura	trait
nous	trairons	nous	aurons	trait
vous	trairez	vous	aurez	trait
ils	trairont	ils	auront	trait

CONDITIONNEL

Présent		Passé		
je	trairais	j'	aurais	trait
tu	trairais	tu	aurais	trait
il	trairait	il	aurait	trait
nous	trairions	nous	aurions	trait
vous	trairiez	vous	auriez	trait
ils	trairaient	ils	auraient	trait

SUBJONCTIF

Présent		Passé		
que je	traie	que j'	aie	trait
que tu	traies	que tu	aies	trait
qu' il	traie	qu' il	ait	trait
que n.	trayions	que n.	ayons	trait
que v.	trayiez	que v.	ayez	trait
qu' ils	traient	qu' ils	aient	trait

Imparfait		Plus-que-parfait		
.		que j'	eusse	trait
.		que tu	eusses	trait
.		qu' il	eût	trait
.		que n.	eussions	trait
.		que v.	eussiez	trait
.		qu' ils	eussent	trait

IMPÉRATIF

Présent	Passé	
trais	aie	trait
trayons	ayons	trait
trayez	ayez	trait

INFINITIF

Présent	Passé
traire	avoir trait

PARTICIPE

Présent	Passé
trayant	trait
	ayant trait

GÉRONDIF

Présent	Passé
en trayant	en ayant trait

Conditionnel passé 2e forme : mêmes formes que le plus-que-parfait du subjonctif

- Forme surcomposée : *j'ai eu trait* (→ Grammaire du verbe, paragraphes 92, 141, 154).
- Se conjuguent sur ce modèle les composés de **traire** (au sens de *tirer*) comme **extraire, distraire**, etc. (→ tableau 22), de même que le verbe **braire**, qui ne s'emploie qu'aux 3es personnes de l'indicatif présent, du futur et du conditionnel.

INDICATIF

Présent		Passé composé		
je	fais	j'	ai	fait
tu	fais	tu	as	fait
il	fait	il	a	fait
nous	faisons	nous	avons	fait
vous	faites	vous	avez	fait
ils	font	ils	ont	fait

Imparfait		Plus-que-parfait		
je	faisais	j'	avais	fait
tu	faisais	tu	avais	fait
il	faisait	il	avait	fait
nous	faisions	nous	avions	fait
vous	faisiez	vous	aviez	fait
ils	faisaient	ils	avaient	fait

Passé simple		Passé antérieur		
je	fis	j'	eus	fait
tu	fis	tu	eus	fait
il	fit	il	eut	fait
nous	fîmes	nous	eûmes	fait
vous	fîtes	vous	eûtes	fait
ils	firent	ils	eurent	fait

Futur simple		Futur antérieur		
je	ferai	j'	aurai	fait
tu	feras	tu	auras	fait
il	fera	il	aura	fait
nous	ferons	nous	aurons	fait
vous	ferez	vous	aurez	fait
ils	feront	ils	auront	fait

CONDITIONNEL

Présent		Passé		
je	ferais	j'	aurais	fait
tu	ferais	tu	aurais	fait
il	ferait	il	aurait	fait
nous	ferions	nous	aurions	fait
vous	feriez	vous	auriez	fait
ils	feraient	ils	auraient	fait

SUBJONCTIF

Présent			Passé		
que je	fasse		que j'	aie	fait
que tu	fasses		que tu	aies	fait
qu' il	fasse		qu' il	ait	fait
que n.	fassions		que n.	ayons	fait
que v.	fassiez		que v.	ayez	fait
qu' ils	fassent		qu' ils	aient	fait

Imparfait			Plus-que-parfait		
que je	fisse		que j'	eusse	fait
que tu	fisses		que tu	eusses	fait
qu' il	fît		qu' il	eût	fait
que n.	fissions		que n.	eussions	fait
que v.	fissiez		que v.	eussiez	fait
qu' ils	fissent		qu' ils	eussent	fait

IMPÉRATIF

Présent	Passé	
fais	aie	fait
faisons	ayons	fait
faites	ayez	fait

INFINITIF

Présent	Passé
faire	avoir fait

PARTICIPE

Présent	Passé
faisant	fait
	ayant fait

GÉRONDIF

Présent	Passé
en faisant	en ayant fait

Conditionnel passé 2ᵉ forme : mêmes formes que le plus-que-parfait du subjonctif

- Forme surcomposée : *j'ai eu fait* (→ Grammaire du verbe, paragraphes 92, 141, 154).
- Tout en écrivant **fai**, on prononce *nous* **fe**sons [fəzɔ̃], *je* **fe**sais [fəzɛ], *nous* **fe**sions [fəzjɔ̃], **fe**sant [fəzɑ̃]. En revanche, on a aligné sur la prononciation l'orthographe de *je* **fe**rai…, *je* **fe**rais…, écrits avec un **e**.
- Noter les 2ᵉˢ personnes du pluriel, présent : *vous faites* ; impératif : *faites*. ⊘ *Vous faisez*, ⊘ *faisez* sont de grossiers barbarismes.
- Les composés de **faire** se conjuguent sur ce modèle (→ tableau 22).

68 | plaire ³ᵉ groupe

INDICATIF

Présent		Passé composé		
je	plais	j'	ai	plu
tu	plais	tu	as	plu
il	plaît	il	a	plu
nous	plaisons	nous	avons	plu
vous	plaisez	vous	avez	plu
ils	plaisent	ils	ont	plu

Imparfait		Plus-que-parfait		
je	plaisais	j'	avais	plu
tu	plaisais	tu	avais	plu
il	plaisait	il	avait	plu
nous	plaisions	nous	avions	plu
vous	plaisiez	vous	aviez	plu
ils	plaisaient	ils	avaient	plu

Passé simple		Passé antérieur		
je	plus	j'	eus	plu
tu	plus	tu	eus	plu
il	plut	il	eut	plu
nous	plûmes	nous	eûmes	plu
vous	plûtes	vous	eûtes	plu
ils	plurent	ils	eurent	plu

Futur simple		Futur antérieur		
je	plairai	j'	aurai	plu
tu	plairas	tu	auras	plu
il	plaira	il	aura	plu
nous	plairons	nous	aurons	plu
vous	plairez	vous	aurez	plu
ils	plairont	ils	auront	plu

CONDITIONNEL

Présent		Passé		
je	plairais	j'	aurais	plu
tu	plairais	tu	aurais	plu
il	plairait	il	aurait	plu
nous	plairions	nous	aurions	plu
vous	plairiez	vous	auriez	plu
ils	plairaient	ils	auraient	plu

SUBJONCTIF

Présent		Passé		
que je	plaise	que j'	aie	plu
que tu	plaises	que tu	aies	plu
qu' il	plaise	qu' il	ait	plu
que n.	plaisions	que n.	ayons	plu
que v.	plaisiez	que v.	ayez	plu
qu' ils	plaisent	qu' ils	aient	plu

Imparfait		Plus-que-parfait		
que je	plusse	que j'	eusse	plu
que tu	plusses	que tu	eusses	plu
qu' il	plût	qu' il	eût	plu
que n.	plussions	que n.	eussions	plu
que v.	plussiez	que v.	eussiez	plu
qu' ils	plussent	qu' ils	eussent	plu

IMPÉRATIF

Présent	Passé	
plais	aie	plu
plaisons	ayons	plu
plaisez	ayez	plu

INFINITIF

Présent	Passé
plaire	avoir plu

PARTICIPE

Présent	Passé
plaisant	plu
	ayant plu

GÉRONDIF

Présent	Passé
en plaisant	en ayant plu

Conditionnel passé 2ᵉ forme : mêmes formes que le plus-que-parfait du subjonctif

- Forme surcomposée : *j'ai eu plu* (→ Grammaire du verbe, paragraphes 92, 141, 154).
- **Complaire** et **déplaire** se conjuguent sur ce modèle, de même que **taire**, qui, lui, ne prend pas d'accent circonflexe au présent de l'indicatif : *il tait,* et qui a un participe passé variable : *Les plaintes se sont* **tues**.
- Les rectifications orthographiques de 1990 autorisent l'orthographe : *il plait* (sans accent circonflexe), sur le modèle de *fait, tait*.

to know

INDICATIF

Présent		Passé composé		
je	connais	j'	ai	connu
tu	connais	tu	as	connu
il	connaît	il	a	connu
nous	connaissons	nous	avons	connu
vous	connaissez	vous	avez	connu
ils	connaissent	ils	ont	connu

Imparfait		Plus-que-parfait		
je	connaissais	j'	avais	connu
tu	connaissais	tu	avais	connu
il	connaissait	il	avait	connu
nous	connaissions	nous	avions	connu
vous	connaissiez	vous	aviez	connu
ils	connaissaient	ils	avaient	connu

Passé simple		Passé antérieur		
je	connus	j'	eus	connu
tu	connus	tu	eus	connu
il	connut	il	eut	connu
nous	connûmes	nous	eûmes	connu
vous	connûtes	vous	eûtes	connu
ils	connurent	ils	eurent	connu

Futur simple		Futur antérieur		
je	connaîtrai	j'	aurai	connu
tu	connaîtras	tu	auras	connu
il	connaîtra	il	aura	connu
nous	connaîtrons	nous	aurons	connu
vous	connaîtrez	vous	aurez	connu
ils	connaîtront	ils	auront	connu

CONDITIONNEL

Présent		Passé		
je	connaîtrais	j'	aurais	connu
tu	connaîtrais	tu	aurais	connu
il	connaîtrait	il	aurait	connu
nous	connaîtrions	nous	aurions	connu
vous	connaîtriez	vous	auriez	connu
ils	connaîtraient	ils	auraient	connu

SUBJONCTIF

Présent		Passé		
que je	connaisse	que j'	aie	connu
que tu	connaisses	que tu	aies	connu
qu' il	connaisse	qu' il	ait	connu
que n.	connaissions	que n.	ayons	connu
que v.	connaissiez	que v.	ayez	connu
qu' ils	connaissent	qu' ils	aient	connu

Imparfait		Plus-que-parfait		
que je	connusse	que j'	eusse	connu
que tu	connusses	que tu	eusses	connu
qu' il	connût	qu' il	eût	connu
que n.	connussions	que n.	eussions	connu
que v.	connussiez	que v.	eussiez	connu
qu' ils	connussent	qu' ils	eussent	connu

IMPÉRATIF

Présent	Passé	
connais	aie	connu
connaissons	ayons	connu
connaissez	ayez	connu

INFINITIF

Présent	Passé
connaître	avoir connu

PARTICIPE

Présent	Passé
connaissant	connu
	ayant connu

GÉRONDIF

Présent	Passé
en connaissant	en ayant connu

Conditionnel passé 2e forme : mêmes formes que le plus-que-parfait du subjonctif

- Forme surcomposée : *j'ai eu connu* (→ Grammaire du verbe, paragraphes 92, 141, 154).
- **Connaître, paraître** et tous leurs composés se conjuguent sur ce modèle (→ tableau 22).
- Tous les verbes en **-aître** prennent un accent circonflexe sur l'**i** qui précède le **t**, de même que tous les verbes en **-oître**. Toutefois, les rectifications orthographiques autorisent une orthographe sans accent circonflexe pour les verbes en **-aître** et en **-oître** *(paraitre, il parait, il paraitra)*, exception faite du verbe **croître** (→ tableau 73).

naître 3e groupe

INDICATIF

Présent		Passé composé		
je	nais	je	suis	né
tu	nais	tu	es	né
il	naît	il	est	né
nous	naissons	nous	sommes	nés
vous	naissez	vous	êtes	nés
ils	naissent	ils	sont	nés

Imparfait		Plus-que-parfait		
je	naissais	j'	étais	né
tu	naissais	tu	étais	né
il	naissait	il	était	né
nous	naissions	nous	étions	nés
vous	naissiez	vous	étiez	nés
ils	naissaient	ils	étaient	nés

Passé simple		Passé antérieur		
je	naquis	je	fus	né
tu	naquis	tu	fus	né
il	naquit	il	fut	né
nous	naquîmes	nous	fûmes	nés
vous	naquîtes	vous	fûtes	nés
ils	naquirent	ils	furent	nés

Futur simple		Futur antérieur		
je	naîtrai	je	serai	né
tu	naîtras	tu	seras	né
il	naîtra	il	sera	né
nous	naîtrons	nous	serons	nés
vous	naîtrez	vous	serez	nés
ils	naîtront	ils	seront	nés

CONDITIONNEL

Présent		Passé		
je	naîtrais	je	serais	né
tu	naîtrais	tu	serais	né
il	naîtrait	il	serait	né
nous	naîtrions	nous	serions	nés
vous	naîtriez	vous	seriez	nés
ils	naîtraient	ils	seraient	nés

SUBJONCTIF

Présent		Passé		
que je	naisse	que je	sois	né
que tu	naisses	que tu	sois	né
qu' il	naisse	qu' il	soit	né
que n.	naissions	que n.	soyons	nés
que v.	naissiez	que v.	soyez	nés
qu' ils	naissent	qu' ils	soient	nés

Imparfait		Plus-que-parfait		
que je	naquisse	que je	fusse	né
que tu	naquisses	que tu	fusses	né
qu' il	naquît	qu' il	fût	né
que n.	naquissions	que n.	fussions	nés
que v.	naquissiez	que v.	fussiez	nés
qu' ils	naquissent	qu' ils	fussent	nés

IMPÉRATIF

Présent	Passé	
nais	sois	né
naissons	soyons	nés
naissez	soyez	nés

INFINITIF

Présent	Passé
naître	être né

PARTICIPE

Présent	Passé
naissant	né
	étant né

GÉRONDIF

Présent	Passé
en naissant	en étant né

Conditionnel passé 2e forme : mêmes formes que le plus-que-parfait du subjonctif

→ note du tableau 69

INDICATIF

Présent		Passé composé
je	pais	.
tu	pais	.
il	paît	.
nous	paissons	.
vous	paissez	.
ils	paissent	.

Imparfait		Plus-que-parfait
je	paissais	.
tu	paissais	.
il	paissait	.
nous	paissions	.
vous	paissiez	.
ils	paissaient	.

Passé simple	Passé antérieur
.	.
.	.
.	.
.	.
.	.
.	.

Futur simple		Futur antérieur
je	paîtrai	.
tu	paîtras	.
il	paîtra	.
nous	paîtrons	.
vous	paîtrez	.
ils	paîtront	.

CONDITIONNEL

Présent		Passé
je	paîtrais	.
tu	paîtrais	.
il	paîtrait	.
nous	paîtrions	.
vous	paîtriez	.
ils	paîtraient	.

SUBJONCTIF

Présent		Passé
que je	paisse	.
que tu	paisses	.
qu' il	paisse	.
que n.	paissions	.
que v.	paissiez	.
qu' ils	paissent	.

Imparfait		Plus-que-parfait
.		.
.		.
.		.
.		.
.		.
.		.

IMPÉRATIF

Présent	Passé
pais	.
paissons	.
paissez	.

INFINITIF

Présent	Passé
paître	.

PARTICIPE

Présent	Passé
paissant	.
	.

GÉRONDIF

Présent	Passé
en paissant	.

Conditionnel passé 2e forme : mêmes formes que le plus-que-parfait du subjonctif

- Le verbe **paître** n'a pas de temps composés ; il n'est employé qu'aux temps simples ci-dessus.
- Le participe passé **pu**, invariable, n'est utilisé qu'en termes de fauconnerie.
  → note du tableau 69

repaître 3e groupe

INDICATIF

Présent		Passé composé		
je	repais	j'	ai	repu
tu	repais	tu	as	repu
il	repaît	il	a	repu
nous	repaissons	nous	avons	repu
vous	repaissez	vous	avez	repu
ils	repaissent	ils	ont	repu

Imparfait		Plus-que-parfait		
je	repaissais	j'	avais	repu
tu	repaissais	tu	avais	repu
il	repaissait	il	avait	repu
nous	repaissions	nous	avions	repu
vous	repaissiez	vous	aviez	repu
ils	repaissaient	ils	avaient	repu

Passé simple		Passé antérieur		
je	repus	j'	eus	repu
tu	repus	tu	eus	repu
il	reput	il	eut	repu
nous	repûmes	nous	eûmes	repu
vous	repûtes	vous	eûtes	repu
ils	repurent	ils	eurent	repu

Futur simple		Futur antérieur		
je	repaîtrai	j'	aurai	repu
tu	repaîtras	tu	auras	repu
il	repaîtra	il	aura	repu
nous	repaîtrons	nous	aurons	repu
vous	repaîtrez	vous	aurez	repu
ils	repaîtront	ils	auront	repu

CONDITIONNEL

Présent		Passé		
je	repaîtrais	j'	aurais	repu
tu	repaîtrais	tu	aurais	repu
il	repaîtrait	il	aurait	repu
nous	repaîtrions	nous	aurions	repu
vous	repaîtriez	vous	auriez	repu
ils	repaîtraient	ils	auraient	repu

SUBJONCTIF

Présent		Passé		
que je	repaisse	que j'	aie	repu
que tu	repaisses	que tu	aies	repu
qu' il	repaisse	qu' il	ait	repu
que n.	repaissions	que n.	ayons	repu
que v.	repaissiez	que v.	ayez	repu
qu' ils	repaissent	qu' ils	aient	repu

Imparfait		Plus-que-parfait		
que je	repusse	que j'	eusse	repu
que tu	repusses	que tu	eusses	repu
qu' il	repût	qu' il	eût	repu
que n.	repussions	que n.	eussions	repu
que v.	repussiez	que v.	eussiez	repu
qu' ils	repussent	qu' ils	eussent	repu

IMPÉRATIF

Présent	Passé	
repais	aie	repu
repaissons	ayons	repu
repaissez	ayez	repu

INFINITIF

Présent	Passé
repaître	avoir repu

PARTICIPE

Présent	Passé
repaissant	repu

GÉRONDIF

Présent	Passé
en repaissant	en ayant repu

Conditionnel passé 2ᵉ forme : mêmes formes que le plus-que-parfait du subjonctif

- Forme surcomposée : *j'ai eu repu* (→ Grammaire du verbe, paragraphes 92, 141, 154).
→ note du tableau 69

INDICATIF

Présent		Passé composé		
je	croîs	j'	ai	crû
tu	croîs	tu	as	crû
il	croît	il	a	crû
nous	croissons	nous	avons	crû
vous	croissez	vous	avez	crû
ils	croissent	ils	ont	crû

Imparfait		Plus-que-parfait		
je	croissais	j'	avais	crû
tu	croissais	tu	avais	crû
il	croissait	il	avait	crû
nous	croissions	nous	avions	crû
vous	croissiez	vous	aviez	crû
ils	croissaient	ils	avaient	crû

Passé simple		Passé antérieur		
je	crûs	j'	eus	crû
tu	crûs	tu	eus	crû
il	crût	il	eut	crû
nous	crûmes	nous	eûmes	crû
vous	crûtes	vous	eûtes	crû
ils	crûrent	ils	eurent	crû

Futur simple		Futur antérieur		
je	croîtrai	j'	aurai	crû
tu	croîtras	tu	auras	crû
il	croîtra	il	aura	crû
nous	croîtrons	nous	aurons	crû
vous	croîtrez	vous	aurez	crû
ils	croîtront	ils	auront	crû

CONDITIONNEL

Présent		Passé		
je	croîtrais	j'	aurais	crû
tu	croîtrais	tu	aurais	crû
il	croîtrait	il	aurait	crû
nous	croîtrions	nous	aurions	crû
vous	croîtriez	vous	auriez	crû
ils	croîtraient	ils	auraient	crû

SUBJONCTIF

Présent		Passé		
que je	croisse	que j'	aie	crû
que tu	croisses	que tu	aies	crû
qu' il	croisse	qu' il	ait	crû
que n.	croissions	que n.	ayons	crû
que v.	croissiez	que v.	ayez	crû
qu' ils	croissent	qu' ils	aient	crû

Imparfait		Plus-que-parfait		
que je	crûsse	que j'	eusse	crû
que tu	crûsses	que tu	eusses	crû
qu' il	crût	qu' il	eût	crû
que n.	crûssions	que n.	eussions	crû
que v.	crûssiez	que v.	eussiez	crû
qu' ils	crûssent	qu' ils	eussent	crû

IMPÉRATIF

Présent	Passé	
croîs	aie	crû
croissons	ayons	crû
croissez	ayez	crû

INFINITIF

Présent	Passé
croître	avoir crû

PARTICIPE

Présent	Passé
croissant	crû
	ayant crû

GÉRONDIF

Présent	Passé
en croissant	en ayant crû

Conditionnel passé 2e forme : mêmes formes que le plus-que-parfait du subjonctif

- Forme surcomposée : *j'ai eu crû* (→ Grammaire du verbe, paragraphes 92, 141, 154).
- **Accroître, décroître, recroître** se conjuguent sur ce modèle. S'ils prennent tous un accent circonflexe sur l'**i** suivi d'un **t, croître** est le seul qui ait l'accent circonflexe aux formes suivantes : *je croîs, tu croîs, je crûs, tu crûs, il crût, ils crûrent, que je crûsse…, crû, crûe, crûs, crûes*, pour le distinguer des formes correspondantes du verbe **croire**. Noter cependant le participe passé *recrû*.

74

to believe, think, have faith

croire 3e groupe

INDICATIF

Présent		Passé composé		
je	crois	j'	ai	cru
tu	crois	tu	as	cru
il	croit	il	a	cru
nous	croyons	nous	avons	cru
vous	croyez	vous	avez	cru
ils	croient	ils	ont	cru

Imparfait		Plus-que-parfait		
je	croyais	j'	avais	cru
tu	croyais	tu	avais	cru
il	croyait	il	avait	cru
nous	croyions	nous	avions	cru
vous	croyiez	vous	aviez	cru
ils	croyaient	ils	avaient	cru

Passé simple		Passé antérieur		
je	crus	j'	eus	cru
tu	crus	tu	eus	cru
il	crut	il	eut	cru
nous	crûmes	nous	eûmes	cru
vous	crûtes	vous	eûtes	cru
ils	crurent	ils	eurent	cru

Futur simple		Futur antérieur		
je	croirai	j'	aurai	cru
tu	croiras	tu	auras	cru
il	croira	il	aura	cru
nous	croirons	nous	aurons	cru
vous	croirez	vous	aurez	cru
ils	croiront	ils	auront	cru

CONDITIONNEL

Présent		Passé		
je	croirais	j'	aurais	cru
tu	croirais	tu	aurais	cru
il	croirait	il	aurait	cru
nous	croirions	nous	aurions	cru
vous	croiriez	vous	auriez	cru
ils	croiraient	ils	auraient	cru

SUBJONCTIF

Présent		Passé		
que je	croie	que j'	aie	cru
que tu	croies	que tu	aies	cru
qu' il	croie	qu' il	ait	cru
que n.	croyions	que n.	ayons	cru
que v.	croyiez	que v.	ayez	cru
qu' ils	croient	qu' ils	aient	cru

Imparfait		Plus-que-parfait		
que je	crusse	que j'	eusse	cru
que tu	crusses	que tu	eusses	cru
qu' il	crût	qu' il	eût	cru
que n.	crussions	que n.	eussions	cru
que v.	crussiez	que v.	eussiez	cru
qu' ils	crussent	qu' ils	eussent	cru

IMPÉRATIF

Présent	Passé	
crois	aie	cru
croyons	ayons	cru
croyez	ayez	cru

INFINITIF

Présent	Passé
croire	avoir cru

PARTICIPE

Présent	Passé
croyant	cru
	ayant cru

GÉRONDIF

Présent	Passé
en croyant	en ayant cru

Conditionnel passé 2e forme : mêmes formes que le plus-que-parfait du subjonctif

Forme surcomposée : *j'ai eu cru* (→ Grammaire du verbe, paragraphes 92, 141, 154).

INDICATIF

Présent		Passé composé		
je	bois	j'	ai	bu
tu	bois	tu	as	bu
il	boit	il	a	bu
nous	buvons	nous	avons	bu
vous	buvez	vous	avez	bu
ils	boivent	ils	ont	bu

Imparfait		Plus-que-parfait		
je	buvais	j'	avais	bu
tu	buvais	tu	avais	bu
il	buvait	il	avait	bu
nous	buvions	nous	avions	bu
vous	buviez	vous	aviez	bu
ils	buvaient	ils	avaient	bu

Passé simple		Passé antérieur		
je	bus	j'	eus	bu
tu	bus	tu	eus	bu
il	but	il	eut	bu
nous	bûmes	nous	eûmes	bu
vous	bûtes	vous	eûtes	bu
ils	burent	ils	eurent	bu

Futur simple		Futur antérieur		
je	boirai	j'	aurai	bu
tu	boiras	tu	auras	bu
il	boira	il	aura	bu
nous	boirons	nous	aurons	bu
vous	boirez	vous	aurez	bu
ils	boiront	ils	auront	bu

CONDITIONNEL

Présent		Passé		
je	boirais	j'	aurais	bu
tu	boirais	tu	aurais	bu
il	boirait	il	aurait	bu
nous	boirions	nous	aurions	bu
vous	boiriez	vous	auriez	bu
ils	boiraient	ils	auraient	bu

SUBJONCTIF

Présent		Passé		
que je	boive	que j'	aie	bu
que tu	boives	que tu	aies	bu
qu' il	boive	qu' il	ait	bu
que n.	buvions	que n.	ayons	bu
que v.	buviez	que v.	ayez	bu
qu' ils	boivent	qu' ils	aient	bu

Imparfait		Plus-que-parfait		
que je	busse	que j'	eusse	bu
que tu	busses	que tu	eusses	bu
qu' il	bût	qu' il	eût	bu
que n.	bussions	que n.	eussions	bu
que v.	bussiez	que v.	eussiez	bu
qu' ils	bussent	qu' ils	eussent	bu

IMPÉRATIF

Présent	Passé	
bois	aie	bu
buvons	ayons	bu
buvez	ayez	bu

INFINITIF

Présent	Passé
boire	avoir bu

PARTICIPE

Présent	Passé
buvant	bu
	ayant bu

GÉRONDIF

Présent	Passé
en buvant	en ayant bu

Conditionnel passé 2ᵉ forme : mêmes formes que le plus-que-parfait du subjonctif

Forme surcomposée : *j'ai eu bu* (⟶ Grammaire du verbe, paragraphes 92, 141, 154).

76 clore ^{3e groupe}

INDICATIF

Présent		Passé composé		
je	clos	j'	ai	clos
tu	clos	tu	as	clos
il	clôt	il	a	clos
.		nous	avons	clos
.		vous	avez	clos
ils	closent	ils	ont	clos

Imparfait		Plus-que-parfait		
.		j'	avais	clos
.		tu	avais	clos
.		il	avait	clos
.		nous	avions	clos
.		vous	aviez	clos
.		ils	avaient	clos

Passé simple		Passé antérieur		
.		j'	eus	clos
.		tu	eus	clos
.		il	eut	clos
.		nous	eûmes	clos
.		vous	eûtes	clos
.		ils	eurent	clos

Futur simple		Futur antérieur		
je	clorai	j'	aurai	clos
tu	cloras	tu	auras	clos
il	clora	il	aura	clos
nous	clorons	nous	aurons	clos
vous	clorez	vous	aurez	clos
ils	cloront	ils	auront	clos

CONDITIONNEL

Présent		Passé		
je	clorais	j'	aurais	clos
tu	clorais	tu	aurais	clos
il	clorait	il	aurait	clos
nous	clorions	nous	aurions	clos
vous	cloriez	vous	auriez	clos
ils	cloraient	ils	auraient	clos

SUBJONCTIF

Présent		Passé		
que je	close	que j'	aie	clos
que tu	closes	que tu	aies	clos
qu' il	close	qu' il	ait	clos
que n.	closions	que n.	ayons	clos
que v.	closiez	que v.	ayez	clos
qu' ils	closent	qu' ils	aient	clos

Imparfait		Plus-que-parfait		
.		que j'	eusse	clos
.		que tu	eusses	clos
.		qu' il	eût	clos
.		que n.	eussions	clos
.		que v.	eussiez	clos
.		qu' ils	eussent	clos

IMPÉRATIF

Présent	Passé	
clos	aie	clos
	ayons	clos
.	ayez	clos

INFINITIF

Présent	Passé
clore	avoir clos

PARTICIPE

Présent	Passé
closant	clos
	ayant clos

GÉRONDIF

Présent	Passé
en closant	en ayant clos

Conditionnel passé 2ᵉ forme : mêmes formes que le plus-que-parfait du subjonctif

- Forme surcomposée : *j'ai eu clos* (→ Grammaire du verbe, paragraphes 92, 141, 154).
- On trouve parfois les formes d'imparfait *il closait* et de passé simple *il closit*.
- **Éclore** ne s'emploie guère qu'à la 3ᵉ personne. L'Académie écrit : *il éclot* sans accent circonflexe.
  Enclore possède les formes *nous enclosons, vous enclosez* ; impératif : *enclosons, enclosez*. L'Académie écrit sans accent circonflexe : *il enclot*. **Déclore** ne prend pas d'accent circonflexe au présent de l'indicatif : *il déclot*. Il n'est guère utilisé qu'à l'infinitif et au participe passé (*déclos, déclose*).

INDICATIF

Présent		Passé composé		
je	conclus	j'	ai	conclu
tu	conclus	tu	as	conclu
il	conclut	il	a	conclu
nous	concluons	nous	avons	conclu
vous	concluez	vous	avez	conclu
ils	concluent	ils	ont	conclu

Imparfait		Plus-que-parfait		
je	concluais	j'	avais	conclu
tu	concluais	tu	avais	conclu
il	concluait	il	avait	conclu
nous	concluions	nous	avions	conclu
vous	concluiez	vous	aviez	conclu
ils	concluaient	ils	avaient	conclu

Passé simple		Passé antérieur		
je	conclus	j'	eus	conclu
tu	conclus	tu	eus	conclu
il	conclut	il	eut	conclu
nous	conclûmes	nous	eûmes	conclu
vous	conclûtes	vous	eûtes	conclu
ils	conclurent	ils	eurent	conclu

Futur simple		Futur antérieur		
je	conclurai	j'	aurai	conclu
tu	concluras	tu	auras	conclu
il	conclura	il	aura	conclu
nous	conclurons	nous	aurons	conclu
vous	conclurez	vous	aurez	conclu
ils	concluront	ils	auront	conclu

CONDITIONNEL

Présent		Passé		
je	conclurais	j'	aurais	conclu
tu	conclurais	tu	aurais	conclu
il	conclurait	il	aurait	conclu
nous	conclurions	nous	aurions	conclu
vous	concluriez	vous	auriez	conclu
ils	concluraient	ils	auraient	conclu

SUBJONCTIF

Présent		Passé		
que je	conclue	que j'	aie	conclu
que tu	conclues	que tu	aies	conclu
qu' il	conclue	qu' il	ait	conclu
que n.	concluions	que n.	ayons	conclu
que v.	concluiez	que v.	ayez	conclu
qu' ils	concluent	qu' ils	aient	conclu

Imparfait		Plus-que-parfait		
que je	conclusse	que j'	eusse	conclu
que tu	conclusses	que tu	eusses	conclu
qu' il	conclût	qu' il	eût	conclu
que n.	conclussions	que n.	eussions	conclu
que v.	conclussiez	que v.	eussiez	conclu
qu' ils	conclussent	qu' ils	eussent	conclu

IMPÉRATIF

Présent	Passé	
conclus	aie	conclu
concluons	ayons	conclu
concluez	ayez	conclu

INFINITIF

Présent	Passé
conclure	avoir conclu

PARTICIPE

Présent	Passé
concluant	conclu
	ayant conclu

GÉRONDIF

Présent	Passé
en concluant	en ayant conclu

Conditionnel passé 2ᵉ forme : mêmes formes que le plus-que-parfait du subjonctif

- Forme surcomposée : *j'ai eu conclu* (→ Grammaire du verbe, paragraphes 92, 141, 154).
- **Inclure** fait au participe passé *inclus, incluse, incluses*. Noter l'opposition *exclu(e) / inclus(e)*.
- **Occlure** fait au participe passé *occlus, occluse, occluses*.

INDICATIF

Présent		Passé composé		
j'	absous	j'	ai	absous
tu	absous	tu	as	absous
il	absout	il	a	absous
nous	absolvons	nous	avons	absous
vous	absolvez	vous	avez	absous
ils	absolvent	ils	ont	absous

Imparfait		Plus-que-parfait		
j'	absolvais	j'	avais	absous
tu	absolvais	tu	avais	absous
il	absolvait	il	avait	absous
nous	absolvions	nous	avions	absous
vous	absolviez	vous	aviez	absous
ils	absolvaient	ils	avaient	absous

Passé simple		Passé antérieur		
.		j'	eus	absous
.		tu	eus	absous
.		il	eut	absous
.		nous	eûmes	absous
.		vous	eûtes	absous
.		ils	eurent	absous

Futur simple		Futur antérieur		
j'	absoudrai	j'	aurai	absous
tu	absoudras	tu	auras	absous
il	absoudra	il	aura	absous
nous	absoudrons	nous	aurons	absous
vous	absoudrez	vous	aurez	absous
ils	absoudront	ils	auront	absous

CONDITIONNEL

Présent		Passé		
j'	absoudrais	j'	aurais	absous
tu	absoudrais	tu	aurais	absous
il	absoudrait	il	aurait	absous
nous	absoudrions	nous	aurions	absous
vous	absoudriez	vous	auriez	absous
ils	absoudraient	ils	auraient	absous

SUBJONCTIF

Présent		Passé		
que j'	absolve	que j'	aie	absous
que tu	absolves	que tu	aies	absous
qu' il	absolve	qu' il	ait	absous
que n.	absolvions	que n.	ayons	absous
que v.	absolviez	que v.	ayez	absous
qu' ils	absolvent	qu' ils	aient	absous

Imparfait	Plus-que-parfait		
.	que j'	eusse	absous
.	que tu	eusses	absous
.	qu' il	eût	absous
.	que n.	eussions	absous
.	que v.	eussiez	absous
.	qu' ils	eussent	absous

IMPÉRATIF

Présent	Passé	
absous	aie	absous
absolvons	ayons	absous
absolvez	ayez	absous

INFINITIF

Présent	Passé
absoudre	avoir absous

PARTICIPE

Présent	Passé
absolvant	absous
	ayant absous

GÉRONDIF

Présent	Passé
en absolvant	en ayant absous

Conditionnel passé 2ᵉ forme : mêmes formes que le plus-que-parfait du subjonctif

- Forme surcomposée : *j'ai eu absous* (→ Grammaire du verbe, paragraphes 92, 141, 154).
- **Absoudre**. *Absous, absoute* a éliminé un ancien participe passé *absolu* qui s'est conservé comme adjectif au sens de : *complet, sans restriction*. Le passé simple *j'absolus* ne s'emploie pas. **Dissoudre** se conjugue comme **absoudre**, y compris le participe passé *dissous, dissoute*, distinct de l'ancien participe *dissolu, ue*, qui a subsisté comme adjectif au sens de *corrompu, débauché*. **Résoudre** possède un passé simple : *je résolus*, et un subjonctif imparfait : *que je résolusse*. Le participe passé est *résolu*. Mais il existe un participe passé *résous* (fém. *résoute* très rare). Noter l'adjectif *résolu* signifiant *hardi*.

INDICATIF

Présent

je	couds	
tu	couds	
il	coud	
nous	cousons	
vous	cousez	
ils	cousent	

Passé composé

j'	ai	cousu
tu	as	cousu
il	a	cousu
nous	avons	cousu
vous	avez	cousu
ils	ont	cousu

Imparfait

je	cousais	
tu	cousais	
il	cousait	
nous	cousions	
vous	cousiez	
ils	cousaient	

Plus-que-parfait

j'	avais	cousu
tu	avais	cousu
il	avait	cousu
nous	avions	cousu
vous	aviez	cousu
ils	avaient	cousu

Passé simple

je	cousis	
tu	cousis	
il	cousit	
nous	cousîmes	
vous	cousîtes	
ils	cousirent	

Passé antérieur

j'	eus	cousu
tu	eus	cousu
il	eut	cousu
nous	eûmes	cousu
vous	eûtes	cousu
ils	eurent	cousu

Futur simple

je	coudrai	
tu	coudras	
il	coudra	
nous	coudrons	
vous	coudrez	
ils	coudront	

Futur antérieur

j'	aurai	cousu
tu	auras	cousu
il	aura	cousu
nous	aurons	cousu
vous	aurez	cousu
ils	auront	cousu

CONDITIONNEL

Présent

je	coudrais	
tu	coudrais	
il	coudrait	
nous	coudrions	
vous	coudriez	
ils	coudraient	

Passé

j'	aurais	cousu
tu	aurais	cousu
il	aurait	cousu
nous	aurions	cousu
vous	auriez	cousu
ils	auraient	cousu

SUBJONCTIF

Présent

que je	couse	
que tu	couses	
qu' il	couse	
que n.	cousions	
que v.	cousiez	
qu' ils	cousent	

Passé

que j'	aie	cousu
que tu	aies	cousu
qu' il	ait	cousu
que n.	ayons	cousu
que v.	ayez	cousu
qu' ils	aient	cousu

Imparfait

que je	cousisse	
que tu	cousisses	
qu' il	cousît	
que n.	cousissions	
que v.	cousissiez	
qu' ils	cousissent	

Plus-que-parfait

que j'	eusse	cousu
que tu	eusses	cousu
qu' il	eût	cousu
que n.	eussions	cousu
que v.	eussiez	cousu
qu' ils	eussent	cousu

IMPÉRATIF

Présent

couds
cousons
cousez

Passé

aie	cousu
ayons	cousu
ayez	cousu

INFINITIF

Présent

coudre

Passé

avoir cousu

PARTICIPE

Présent

cousant

Passé

cousu
ayant cousu

GÉRONDIF

Présent

en cousant

Passé

en ayant cousu

Conditionnel passé 2e forme : mêmes formes que le plus-que-parfait du subjonctif

- Forme surcomposée : *j'ai eu cousu* (→ Grammaire du verbe, paragraphes 92, 141, 154).
- **Découdre, recoudre** se conjuguent sur ce modèle.

moudre 3e groupe

INDICATIF

Présent		Passé composé		
je	mouds	j'	ai	moulu
tu	mouds	tu	as	moulu
il	moud	il	a	moulu
nous	moulons	nous	avons	moulu
vous	moulez	vous	avez	moulu
ils	moulent	ils	ont	moulu

Imparfait		Plus-que-parfait		
je	moulais	j'	avais	moulu
tu	moulais	tu	avais	moulu
il	moulait	il	avait	moulu
nous	moulions	nous	avions	moulu
vous	mouliez	vous	aviez	moulu
ils	moulaient	ils	avaient	moulu

Passé simple		Passé antérieur		
je	moulus	j'	eus	moulu
tu	moulus	tu	eus	moulu
il	moulut	il	eut	moulu
nous	moulûmes	nous	eûmes	moulu
vous	moulûtes	vous	eûtes	moulu
ils	moulurent	ils	eurent	moulu

Futur simple		Futur antérieur		
je	moudrai	j'	aurai	moulu
tu	moudras	tu	auras	moulu
il	moudra	il	aura	moulu
nous	moudrons	nous	aurons	moulu
vous	moudrez	vous	aurez	moulu
ils	moudront	ils	auront	moulu

CONDITIONNEL

Présent		Passé		
je	moudrais	j'	aurais	moulu
tu	moudrais	tu	aurais	moulu
il	moudrait	il	aurait	moulu
nous	moudrions	nous	aurions	moulu
vous	moudriez	vous	auriez	moulu
ils	moudraient	ils	auraient	moulu

SUBJONCTIF

Présent		Passé		
que je	moule	que j'	aie	moulu
que tu	moules	que tu	aies	moulu
qu' il	moule	qu' il	ait	moulu
que n.	moulions	que n.	ayons	moulu
que v.	mouliez	que v.	ayez	moulu
qu' ils	moulent	qu' ils	aient	moulu

Imparfait		Plus-que-parfait		
que je	moulusse	que j'	eusse	moulu
que tu	moulusses	que tu	eusses	moulu
qu' il	moulût	qu' il	eût	moulu
que n.	moulussions	que n.	eussions	moulu
que v.	moulussiez	que v.	eussiez	moulu
qu' ils	moulussent	qu' ils	eussent	moulu

IMPÉRATIF

Présent	Passé	
mouds	aie	moulu
moulons	ayons	moulu
moulez	ayez	moulu

INFINITIF

Présent	Passé
moudre	avoir moulu

PARTICIPE

Présent	Passé
moulant	moulu
	ayant moulu

GÉRONDIF

Présent	Passé
en moulant	en ayant moulu

Conditionnel passé 2e forme : mêmes formes que le plus-que-parfait du subjonctif

- Forme surcomposée : *j'ai eu moulu* (→ Grammaire du verbe, paragraphes 92, 141, 154).
- **Émoudre, remoudre** se conjuguent sur ce modèle.

to follow, stock, go to, attend
to follow, pay attention, keep up

INDICATIF

Présent		Passé composé		
je	suis	j'	ai	suivi
tu	suis	tu	as	suivi
il	suit	il	a	suivi
nous	suivons	nous	avons	suivi
vous	suivez	vous	avez	suivi
ils	suivent	ils	ont	suivi

Imparfait		Plus-que-parfait		
je	suivais	j'	avais	suivi
tu	suivais	tu	avais	suivi
il	suivait	il	avait	suivi
nous	suivions	nous	avions	suivi
vous	suiviez	vous	aviez	suivi
ils	suivaient	ils	avaient	suivi

Passé simple		Passé antérieur		
je	suivis	j'	eus	suivi
tu	suivis	tu	eus	suivi
il	suivit	il	eut	suivi
nous	suivîmes	nous	eûmes	suivi
vous	suivîtes	vous	eûtes	suivi
ils	suivirent	ils	eurent	suivi

Futur simple		Futur antérieur		
je	suivrai	j'	aurai	suivi
tu	suivras	tu	auras	suivi
il	suivra	il	aura	suivi
nous	suivrons	nous	aurons	suivi
vous	suivrez	vous	aurez	suivi
ils	suivront	ils	auront	suivi

CONDITIONNEL

Présent		Passé		
je	suivrais	j'	aurais	suivi
tu	suivrais	tu	aurais	suivi
il	suivrait	il	aurait	suivi
nous	suivrions	nous	aurions	suivi
vous	suivriez	vous	auriez	suivi
ils	suivraient	ils	auraient	suivi

SUBJONCTIF

Présent		Passé		
que je	suive	que j'	aie	suivi
que tu	suives	que tu	aies	suivi
qu' il	suive	qu' il	ait	suivi
que n.	suivions	que n.	ayons	suivi
que v.	suiviez	que v.	ayez	suivi
qu' ils	suivent	qu' ils	aient	suivi

Imparfait		Plus-que-parfait		
que je	suivisse	que j'	eusse	suivi
que tu	suivisses	que tu	eusses	suivi
qu' il	suivît	qu' il	eût	suivi
que n.	suivissions	que n.	eussions	suivi
que v.	suivissiez	que v.	eussiez	suivi
qu' ils	suivissent	qu' ils	eussent	suivi

IMPÉRATIF

Présent	Passé	
suis	aie	suivi
suivons	ayons	suivi
suivez	ayez	suivi

INFINITIF

Présent	Passé
suivre	avoir suivi

PARTICIPE

Présent	Passé
suivant	suivi
	ayant suivi

GÉRONDIF

Présent	Passé
en suivant	en ayant suivi

Conditionnel passé 2e forme : mêmes formes que le plus-que-parfait du subjonctif

- Forme surcomposée : *j'ai eu suivi* (→ Grammaire du verbe, paragraphes 92, 141, 154).
- **S'ensuivre** (auxiliaire **être**) et **poursuivre** se conjuguent sur ce modèle.

INDICATIF

Présent		Passé composé	
je	vis	j'	ai vécu
tu	vis	tu	as vécu
il	vit	il	a vécu
nous	vivons	nous	avons vécu
vous	vivez	vous	avez vécu
ils	vivent	ils	ont vécu

Imparfait		Plus-que-parfait	
je	vivais	j'	avais vécu
tu	vivais	tu	avais vécu
il	vivait	il	avait vécu
nous	vivions	nous	avions vécu
vous	viviez	vous	aviez vécu
ils	vivaient	ils	avaient vécu

Passé simple		Passé antérieur	
je	vécus	j'	eus vécu
tu	vécus	tu	eus vécu
il	vécut	il	eut vécu
nous	vécûmes	nous	eûmes vécu
vous	vécûtes	vous	eûtes vécu
ils	vécurent	ils	eurent vécu

Futur simple		Futur antérieur	
je	vivrai	j'	aurai vécu
tu	vivras	tu	auras vécu
il	vivra	il	aura vécu
nous	vivrons	nous	aurons vécu
vous	vivrez	vous	aurez vécu
ils	vivront	ils	auront vécu

CONDITIONNEL

Présent		Passé	
je	vivrais	j'	aurais vécu
tu	vivrais	tu	aurais vécu
il	vivrait	il	aurait vécu
nous	vivrions	nous	aurions vécu
vous	vivriez	vous	auriez vécu
ils	vivraient	ils	auraient vécu

SUBJONCTIF

Présent		Passé	
que je	vive	que j'	aie vécu
que tu	vives	que tu	aies vécu
qu' il	vive	qu' il	ait vécu
que n.	vivions	que n.	ayons vécu
que v.	viviez	que v.	ayez vécu
qu' ils	vivent	qu' ils	aient vécu

Imparfait		Plus-que-parfait	
que je	vécusse	que j'	eusse vécu
que tu	vécusses	que tu	eusses vécu
qu' il	vécût	qu' il	eût vécu
que n.	vécussions	que n.	eussions vécu
que v.	vécussiez	que v.	eussiez vécu
qu' ils	vécussent	qu' ils	eussent vécu

IMPÉRATIF

Présent	Passé	
vis	aie	vécu
vivons	ayons	vécu
vivez	ayez	vécu

INFINITIF

Présent	Passé
vivre	avoir vécu

PARTICIPE

Présent	Passé
vivant	vécu
	ayant vécu

GÉRONDIF

Présent	Passé
en vivant	en ayant vécu

Conditionnel passé 2ᵉ forme : mêmes formes que le plus-que-parfait du subjonctif

- Forme surcomposée : *j'ai eu vécu* (→ Grammaire du verbe, paragraphes 92, 141, 154).
- **Revivre** et **survivre** se conjuguent sur ce modèle ; le participe passé de **survivre** est invariable.

INDICATIF

Présent		Passé composé		
je	lis	j'	ai	lu
tu	lis	tu	as	lu
il	lit	il	a	lu
nous	lisons	nous	avons	lu
vous	lisez	vous	avez	lu
ils	lisent	ils	ont	lu

Imparfait		Plus-que-parfait		
je	lisais	j'	avais	lu
tu	lisais	tu	avais	lu
il	lisait	il	avait	lu
nous	lisions	nous	avions	lu
vous	lisiez	vous	aviez	lu
ils	lisaient	ils	avaient	lu

Passé simple		Passé antérieur		
je	lus	j'	eus	lu
tu	lus	tu	eus	lu
il	lut	il	eut	lu
nous	lûmes	nous	eûmes	lu
vous	lûtes	vous	eûtes	lu
ils	lurent	ils	eurent	lu

Futur simple		Futur antérieur		
je	lirai	j'	aurai	lu
tu	liras	tu	auras	lu
il	lira	il	aura	lu
nous	lirons	nous	aurons	lu
vous	lirez	vous	aurez	lu
ils	liront	ils	auront	lu

CONDITIONNEL

Présent		Passé		
je	lirais	j'	aurais	lu
tu	lirais	tu	aurais	lu
il	lirait	il	aurait	lu
nous	lirions	nous	aurions	lu
vous	liriez	vous	auriez	lu
ils	liraient	ils	auraient	lu

SUBJONCTIF

Présent		Passé		
que je	lise	que j'	aie	lu
que tu	lises	que tu	aies	lu
qu' il	lise	qu' il	ait	lu
que n.	lisions	que n.	ayons	lu
que v.	lisiez	que v.	ayez	lu
qu' ils	lisent	qu' ils	aient	lu

Imparfait		Plus-que-parfait		
que je	lusse	que j'	eusse	lu
que tu	lusses	que tu	eusses	lu
qu' il	lût	qu' il	eût	lu
que n.	lussions	que n.	eussions	lu
que v.	lussiez	que v.	eussiez	lu
qu' ils	lussent	qu' ils	eussent	lu

IMPÉRATIF

Présent	Passé	
lis	aie	lu
lisons	ayons	lu
lisez	ayez	lu

INFINITIF

Présent	Passé
lire	avoir lu

PARTICIPE

Présent	Passé
lisant	lu
	ayant lu

GÉRONDIF

Présent	Passé
en lisant	en ayant lu

Conditionnel passé 2e forme : mêmes formes que le plus-que-parfait du subjonctif

- Forme surcomposée : *j'ai eu lu* (→ Grammaire du verbe, paragraphes 92, 141, 154).
- **Élire, réélire, relire** se conjuguent sur ce modèle.

to say, speak

dire ^{3e groupe}

INDICATIF				SUBJONCTIF			
Présent		**Passé composé**		**Présent**		**Passé**	
je	dis	j'	ai dit	que je	dise	que j'	aie dit
tu	dis	tu	as dit	que tu	dises	que tu	aies dit
il	dit	il	a dit	qu' il	dise	qu' il	ait dit
nous	disons	nous	avons dit	que n.	disions	que n.	ayons dit
vous	dites	vous	avez dit	que v.	disiez	que v.	ayez dit
ils	disent	ils	ont dit	qu' ils	disent	qu' ils	aient dit
Imparfait		**Plus-que-parfait**		**Imparfait**		**Plus-que-parfait**	
je	disais	j'	avais dit	que je	disse	que j'	eusse dit
tu	disais	tu	avais dit	que tu	disses	que tu	eusses dit
il	disait	il	avait dit	qu' il	dît	qu' il	eût dit
nous	disions	nous	avions dit	que n.	dissions	que n.	eussions dit
vous	disiez	vous	aviez dit	que v.	dissiez	que v.	eussiez dit
ils	disaient	ils	avaient dit	qu' ils	dissent	qu' ils	eussent dit
Passé simple		**Passé antérieur**					
je	dis	j'	eus dit				
tu	dis	tu	eus dit				
il	dit	il	eut dit				
nous	dîmes	nous	eûmes dit				
vous	dîtes	vous	eûtes dit				
ils	dirent	ils	eurent dit				

IMPÉRATIF		
Présent		**Passé**
dis		aie dit
disons		ayons dit
dites		ayez dit

Futur simple		**Futur antérieur**	
je	dirai	j'	aurai dit
tu	diras	tu	auras dit
il	dira	il	aura dit
nous	dirons	nous	aurons dit
vous	direz	vous	aurez dit
ils	diront	ils	auront dit

INFINITIF	
Présent	**Passé**
dire	avoir dit

PARTICIPE	
Présent	**Passé**
disant	dit
	ayant dit

CONDITIONNEL			
Présent		**Passé**	
je	dirais	j'	aurais dit
tu	dirais	tu	aurais dit
il	dirait	il	aurait dit
nous	dirions	nous	aurions dit
vous	diriez	vous	auriez dit
ils	diraient	ils	auraient dit

GÉRONDIF	
Présent	**Passé**
en disant	en ayant dit

Conditionnel passé 2e forme : mêmes formes que le plus-que-parfait du subjonctif

- Forme surcomposée : *j'ai eu dit* (→ Grammaire du verbe, paragraphes 92, 141, 154).
- **Redire** se conjugue sur ce modèle.
- **Contredire, dédire, interdire, médire** et **prédire** ont au présent de l'indicatif et de l'impératif les formes : *(vous) contredisez, dédisez, interdisez, médisez, prédisez.*
- Quant à **maudire**, il se conjugue sur **finir** : *nous maudissons, vous maudissez, ils maudissent, je maudissais, etc., maudissant*, sauf au participe passé : *maudit, maudite.*

INDICATIF

Présent		Passé composé		
je	ris	j'	ai	ri
tu	ris	tu	as	ri
il	rit	il	a	ri
nous	rions	nous	avons	ri
vous	riez	vous	avez	ri
ils	rient	ils	ont	ri

Imparfait		Plus-que-parfait		
je	riais	j'	avais	ri
tu	riais	tu	avais	ri
il	riait	il	avait	ri
nous	riions	nous	avions	ri
vous	riiez	vous	aviez	ri
ils	riaient	ils	avaient	ri

Passé simple		Passé antérieur		
je	ris	j'	eus	ri
tu	ris	tu	eus	ri
il	rit	il	eut	ri
nous	rîmes	nous	eûmes	ri
vous	rîtes	vous	eûtes	ri
ils	rirent	ils	eurent	ri

Futur simple		Futur antérieur		
je	rirai	j'	aurai	ri
tu	riras	tu	auras	ri
il	rira	il	aura	ri
nous	rirons	nous	aurons	ri
vous	rirez	vous	aurez	ri
ils	riront	ils	auront	ri

CONDITIONNEL

Présent		Passé		
je	rirais	j'	aurais	ri
tu	rirais	tu	aurais	ri
il	rirait	il	aurait	ri
nous	ririons	nous	aurions	ri
vous	ririez	vous	auriez	ri
ils	riraient	ils	auraient	ri

SUBJONCTIF

Présent		Passé		
que je	rie	que j'	aie	ri
que tu	ries	que tu	aies	ri
qu' il	rie	qu' il	ait	ri
que n.	riions	que n.	ayons	ri
que v.	riiez	que v.	ayez	ri
qu' ils	rient	qu' ils	aient	ri

Imparfait *(rare)*		Plus-que-parfait		
que je	risse	que j'	eusse	ri
que tu	risses	que tu	eusses	ri
qu' il	rît	qu' il	eût	ri
que n.	rissions	que n.	eussions	ri
que v.	rissiez	que v.	eussiez	ri
qu' ils	rissent	qu' ils	eussent	ri

IMPÉRATIF

Présent	Passé	
ris	aie	ri
rions	ayons	ri
riez	ayez	ri

INFINITIF

Présent	Passé
rire	avoir ri

PARTICIPE

Présent	Passé
riant	ri
	ayant ri

GÉRONDIF

Présent	Passé
en riant	en ayant ri

Conditionnel passé 2e forme : mêmes formes que le plus-que-parfait du subjonctif

- Forme surcomposée : *j'ai eu ri* (→ Grammaire du verbe, paragraphes 92, 141, 154).
- Remarquer les deux **i** consécutifs aux deux premières personnes du pluriel de l'imparfait de l'indicatif et du présent du subjonctif.
- **Sourire** se conjugue sur ce modèle ; son participe passé est invariable, même à la forme pronominale.

86

to write

écrire 3e groupe

INDICATIF

Présent		Passé composé		
j'	écris	j'	ai	écrit
tu	écris	tu	as	écrit
il	écrit	il	a	écrit
nous	écrivons	nous	avons	écrit
vous	écrivez	vous	avez	écrit
ils	écrivent	ils	ont	écrit

Imparfait		Plus-que-parfait		
j'	écrivais	j'	avais	écrit
tu	écrivais	tu	avais	écrit
il	écrivait	il	avait	écrit
nous	écrivions	nous	avions	écrit
vous	écriviez	vous	aviez	écrit
ils	écrivaient	ils	avaient	écrit

Passé simple		Passé antérieur		
j'	écrivis	j'	eus	écrit
tu	écrivis	tu	eus	écrit
il	écrivit	il	eut	écrit
nous	écrivîmes	nous	eûmes	écrit
vous	écrivîtes	vous	eûtes	écrit
ils	écrivirent	ils	eurent	écrit

Futur simple		Futur antérieur		
j'	écrirai	j'	aurai	écrit
tu	écriras	tu	auras	écrit
il	écrira	il	aura	écrit
nous	écrirons	nous	aurons	écrit
vous	écrirez	vous	aurez	écrit
ils	écriront	ils	auront	écrit

CONDITIONNEL

Présent		Passé		
j'	écrirais	j'	aurais	écrit
tu	écrirais	tu	aurais	écrit
il	écrirait	il	aurait	écrit
nous	écririons	nous	aurions	écrit
vous	écririez	vous	auriez	écrit
ils	écriraient	ils	auraient	écrit

SUBJONCTIF

Présent		Passé		
que j'	écrive	que j'	aie	écrit
que tu	écrives	que tu	aies	écrit
qu' il	écrive	qu' il	ait	écrit
que n.	écrivions	que n.	ayons	écrit
que v.	écriviez	que v.	ayez	écrit
qu' ils	écrivent	qu' ils	aient	écrit

Imparfait		Plus-que-parfait		
que j'	écrivisse	que j'	eusse	écrit
que tu	écrivisses	que tu	eusses	écrit
qu' il	écrivît	qu' il	eût	écrit
que n.	écrivissions	que n.	eussions	écrit
que v.	écrivissiez	que v.	eussiez	écrit
qu' ils	écrivissent	qu' ils	eussent	écrit

IMPÉRATIF

Présent	Passé	
écris	aie	écrit
écrivons	ayons	écrit
écrivez	ayez	écrit

INFINITIF

Présent	Passé
écrire	avoir écrit

PARTICIPE

Présent	Passé
écrivant	écrit
	ayant écrit

GÉRONDIF

Présent	Passé
en écrivant	en ayant écrit

Conditionnel passé 2e forme : mêmes formes que le plus-que-parfait du subjonctif

- Forme surcomposée : *j'ai eu écrit* (→ Grammaire du verbe, paragraphes 92, 141, 154).
- **Récrire, décrire** et tous les composés en **-scrire** (→ tableau 22) se conjuguent sur ce modèle.

INDICATIF

Présent		Passé composé		
je	confis	j'	ai	confit
tu	confis	tu	as	confit
il	confit	il	a	confit
nous	confisons	nous	avons	confit
vous	confisez	vous	avez	confit
ils	confisent	ils	ont	confit

Imparfait		Plus-que-parfait		
je	confisais	j'	avais	confit
tu	confisais	tu	avais	confit
il	confisait	il	avait	confit
nous	confisions	nous	avions	confit
vous	confisiez	vous	aviez	confit
ils	confisaient	ils	avaient	confit

Passé simple		Passé antérieur		
je	confis	j'	eus	confit
tu	confis	tu	eus	confit
il	confit	il	eut	confit
nous	confîmes	nous	eûmes	confit
vous	confîtes	vous	eûtes	confit
ils	confirent	ils	eurent	confit

Futur simple		Futur antérieur		
je	confirai	j'	aurai	confit
tu	confiras	tu	auras	confit
il	confira	il	aura	confit
nous	confirons	nous	aurons	confit
vous	confirez	vous	aurez	confit
ils	confiront	ils	auront	confit

CONDITIONNEL

Présent		Passé		
je	confirais	j'	aurais	confit
tu	confirais	tu	aurais	confit
il	confirait	il	aurait	confit
nous	confirions	nous	aurions	confit
vous	confiriez	vous	auriez	confit
ils	confiraient	ils	auraient	confit

SUBJONCTIF

Présent		Passé		
que je	confise	que j'	aie	confit
que tu	confises	que tu	aies	confit
qu' il	confise	qu' il	ait	confit
que n.	confisions	que n.	ayons	confit
que v.	confisiez	que v.	ayez	confit
qu' ils	confisent	qu' ils	aient	confit

Imparfait		Plus-que-parfait		
que je	confisse	que j'	eusse	confit
que tu	confisses	que tu	eusses	confit
qu' il	confît	qu' il	eût	confit
que n.	confissions	que n.	eussions	confit
que v.	confissiez	que v.	eussiez	confit
qu' ils	confissent	qu' ils	eussent	confit

IMPÉRATIF

Présent	Passé	
confis	aie	confit
confisons	ayons	confit
confisez	ayez	confit

INFINITIF

Présent	Passé
confire	avoir confit

PARTICIPE

Présent	Passé
confisant	confit
	ayant confit

GÉRONDIF

Présent	Passé
en confisant	en ayant confit

Conditionnel passé 2e forme : mêmes formes que le plus-que-parfait du subjonctif

- Forme surcomposée : *j'ai eu confit* (→ Grammaire du verbe, paragraphes 92, 141, 154).
- **Circoncire**, tout en se conjuguant sur **confire**, fait au participe passé *circoncis, ise*.
- **Frire** n'est employé qu'au singulier du présent de l'indicatif et de l'impératif : *je fris, tu fris, il frit, fris* ; rarement au futur et au conditionnel : *je frirai… je frirais…*, au participe passé *frit, frite*, et aux temps composés formés avec l'auxiliaire **avoir**. Aux temps et aux personnes où **frire** est défectif, on lui substitue la tournure **faire frire** : *Ils font frire du poisson.*
- **Suffire** se conjugue sur **confire**. Le participe passé *suffi* (sans **t**), est invariable, même à la forme pronominale.

INDICATIF

Présent		Passé composé	
je	cuis	j'	ai	cuit
tu	cuis	tu	as	cuit
il	cuit	il	a	cuit
nous	cuisons	nous	avons	cuit
vous	cuisez	vous	avez	cuit
ils	cuisent	ils	ont	cuit

Imparfait		Plus-que-parfait	
je	cuisais	j'	avais	cuit
tu	cuisais	tu	avais	cuit
il	cuisait	il	avait	cuit
nous	cuisions	nous	avions	cuit
vous	cuisiez	vous	aviez	cuit
ils	cuisaient	ils	avaient	cuit

Passé simple		Passé antérieur	
je	cuisis	j'	eus	cuit
tu	cuisis	tu	eus	cuit
il	cuisit	il	eut	cuit
nous	cuisîmes	nous	eûmes	cuit
vous	cuisîtes	vous	eûtes	cuit
ils	cuisirent	ils	eurent	cuit

Futur simple		Futur antérieur	
je	cuirai	j'	aurai	cuit
tu	cuiras	tu	auras	cuit
il	cuira	il	aura	cuit
nous	cuirons	nous	aurons	cuit
vous	cuirez	vous	aurez	cuit
ils	cuiront	ils	auront	cuit

CONDITIONNEL

Présent		Passé	
je	cuirais	j'	aurais	cuit
tu	cuirais	tu	aurais	cuit
il	cuirait	il	aurait	cuit
nous	cuirions	nous	aurions	cuit
vous	cuiriez	vous	auriez	cuit
ils	cuiraient	ils	auraient	cuit

SUBJONCTIF

Présent		Passé	
que je	cuise	que j'	aie	cuit
que tu	cuises	que tu	aies	cuit
qu' il	cuise	qu' il	ait	cuit
que n.	cuisions	que n.	ayons	cuit
que v.	cuisiez	que v.	ayez	cuit
qu' ils	cuisent	qu' ils	aient	cuit

Imparfait		Plus-que-parfait	
que je	cuisisse	que j'	eusse	cuit
que tu	cuisisses	que tu	eusses	cuit
qu' il	cuisît	qu' il	eût	cuit
que n.	cuisissions	que n.	eussions	cuit
que v.	cuisissiez	que v.	eussiez	cuit
qu' ils	cuisissent	qu' ils	eussent	cuit

IMPÉRATIF

Présent	Passé	
cuis	aie	cuit
cuisons	ayons	cuit
cuisez	ayez	cuit

INFINITIF

Présent	Passé
cuire	avoir cuit

PARTICIPE

Présent	Passé
cuisant	cuit
	ayant cuit

GÉRONDIF

Présent	Passé
en cuisant	en ayant cuit

Conditionnel passé 2ᵉ forme : mêmes formes que le plus-que-parfait du subjonctif

- Forme surcomposée : *j'ai eu cuit* (→ Grammaire du verbe, paragraphes 92, 141, 154).
- Se conjuguent sur ce modèle **conduire, construire, luire, nuire** et leurs composés (→ tableau 22).
  Noter les participes passés invariables : *lui, nui*. Pour **reluire** comme pour **luire**,
  le passé simple *je (re)luisis* est supplanté par *je (re)luis… ils (re)luirent*.

GRAMMAIRE DU VERBE

Les numéros renvoient aux numéros des paragraphes.

Chapitre I

DÉFINITION DU VERBE

En français, comme dans les autres langues, les mots se répartissent entre plusieurs classes : à côté du verbe, on trouve le nom, l'adjectif, l'adverbe, la préposition, etc. Le verbe français, qui se distingue de façon particulièrement nette du nom, présente différents caractères.

89 La conjugaison

Le verbe comporte un grand nombre de formes différentes, qui sont énumérées par la *conjugaison*. Ces différences de formes servent à donner des indications relatives à la personne, au nombre, au temps et à l'aspect, au mode et à la voix.

Différentes à l'oral et à l'écrit, les formes *il travaille, nous travaillions, ils travaillèrent, travaillez !, qu'il travaillât* sont également différentes par les informations qu'elles donnent.

90 La fonction verbale

Dans une phrase, il est à peu près indispensable d'employer un verbe. Si on le supprime, les autres mots sont privés de lien entre eux, et il devient difficile d'attribuer un sens à l'ensemble qu'ils constituent.

Le professeur <u>enseigne</u> la grammaire aux élèves.

Cette phrase devient incompréhensible si on supprime le verbe *enseigne*.
La *fonction verbale* peut, dans certains cas, se trouver réalisée sans la présence d'un verbe. Les phrases sans verbe sont appelées *phrases nominales*.

Mon ami Paul, quel champion !

91 Verbe et temporalité

Les réalités désignées par le verbe ont la propriété de se dérouler dans le temps.

Le sapin <u>pousse</u> plus vite que le chêne.

Les objets désignés par les noms *sapin* et *chêne* sont considérés comme stables dans le temps. Au contraire, le processus désigné par le verbe *pousser* se déroule dans le temps. Il est par exemple possible, en utilisant la conjugaison, de le présenter comme non accompli, dans l'exemple choisi, où le verbe est au présent. Mais on peut le présenter comme accompli dans la phrase ci-dessous, où le verbe est au passé composé :

Le sapin <u>a poussé</u> plus vite que le chêne.

LES DIFFÉRENTS TYPES DE VERBES

Le classement qui est présenté ici tient compte du sens et de la fonction du verbe. Pour un autre classement → paragraphes 107 à 109.

92 Les verbes auxiliaires : *être* et *avoir*

Les deux verbes *être* et *avoir* présentent une particularité qui les distingue des autres verbes de la langue. On peut les utiliser de deux façons différentes.

- *Être* et *avoir* : des verbes comme les autres
  Les verbes *être* et *avoir* peuvent d'une part s'employer comme tous les autres verbes, avec le sens et la construction qui leur est propre.
  Être s'utilise parfois avec le sens d'*exister* :

Et la lumière fut.

Être sert le plus souvent à introduire un attribut :

La conjugaison est <u>amusante</u>.　　*Alfred est <u>médecin</u>.*
　　　　　adjectif attribut　　　　　　　　　nom attribut

Mon meilleur ami est <u>le Président de la République</u>.
　　　　　　　　　　　　　　GN attribut

Avoir s'emploie avec un complément d'objet, et indique que le sujet « possède » ce « complément d'objet » :

J'ai <u>sept cents livres de grammaire française</u>.
　　　complément d'objet

- *Être* et *avoir* utilisés comme auxiliaires

  Indépendamment de cet emploi ordinaire, *être* et *avoir* s'utilisent comme verbes *auxiliaires*. Ils servent à constituer certaines formes de la conjugaison des autres verbes, dans les conditions suivantes :

  — Les formes de passif sont constituées, pour les verbes qui peuvent les recevoir, à l'aide de l'auxiliaire *être* et de leur forme simple de participe passé :

  Le café est cultivé dans plusieurs pays d'Afrique.
        voix passive

  — Les formes composées de tous les verbes sont constituées à l'aide d'un des deux auxiliaires *être* et *avoir* et de la forme simple du participe passé :

  Paul est parti pour Nouakchott, mais est arrivé à Conakry.
       passé composé   passé composé

  Jacques avait mangé, mais n'avait rien bu.
       plus-que-parfait   plus-que-parfait

  — Les formes composées passives utilisent les deux auxiliaires : *être* pour le passif, *avoir* pour la forme composée :

  Paul a été reçu à son examen.
        passé composé passif

  — Les formes surcomposées utilisent un auxiliaire lui-même composé à l'aide d'un auxiliaire :

  Dès que Paul a eu fini son travail, il est parti.

  — Les formes surcomposées passives — à vrai dire d'emploi très rare — utilisent l'auxiliaire *être* pour le passif et l'auxiliaire *avoir* lui-même composé, en sorte qu'il y a trois auxiliaires successifs, dont deux au participe passé :

  Dès que le Président a eu été opéré, il a repris ses responsabilités.

- Emploi de l'auxiliaire *être* pour les formes composées

  — *Être* est l'auxiliaire des verbes intransitifs (→ paragraphe 95) qui marquent un déplacement ou un changement d'état aboutissant à son terme. Ainsi, *aller, arriver, devenir, entrer, mourir*, etc. se construisent avec *être* :

  Il est arrivé à Paris et il est devenu célèbre.

– *Être* est également l'auxiliaire des verbes construits de façon pronominale
(→ paragraphes 101 et 135) :

Elle s'est soignée, puis elle s'est lavé les mains.

Pour l'accord du participe → paragraphes 131 à 141.

• Emploi de l'auxiliaire *avoir* pour les formes composées
Avoir est l'auxiliaire de tous les verbes qui n'utilisent pas l'auxiliaire *être*,
notamment les verbes transitifs (→ paragraphe 95).

Le verbe *être* utilise l'auxiliaire *avoir* :

L'accident a été très grave.
passé composé du verbe *être*

Le verbe *avoir* s'utilise lui-même comme auxiliaire :

Le livre a eu beaucoup de succès.
passé composé du verbe *avoir*

Pour les verbes qui font alterner les deux auxiliaires, se reporter au tableau 3.

• Le verbe *être* : le verbe le plus fréquemment employé
Comme auxiliaire, le verbe *avoir* est plus fréquent que le verbe *être*.
Cependant, les emplois du verbe *être* comme verbe ordinaire (non auxiliaire)
sont nettement plus fréquents que ceux du verbe *avoir*, en sorte que tout
compte fait, c'est le verbe *être* qui est, juste avant *avoir*, le verbe le plus
fréquent de la langue française. C'est pourquoi le tableau de sa conjugaison
apparaît en première place.

93 Les semi-auxiliaires

Il est commode de considérer comme semi-auxiliaires les sept verbes suivants :
aller et *venir ; devoir, pouvoir, savoir* et *vouloir ; faire.*

• Emplois de *aller* et *venir*
Aller et *venir* suivis de l'infinitif d'un verbe, servent à former les *périphrases
verbales temporelles* marquant le futur proche et le passé récent :

Je vais partir.   *Je viens d'arriver.*
futur proche   passé récent

- Emplois de *devoir, pouvoir, savoir* et *pouvoir*
  Certains verbes servent à «modaliser» le verbe à l'infinitif qui les suit. Il s'agit de *devoir*, qui marque la nécessité, et parfois la probabilité, de *pouvoir*, qui marque la possibilité, de *savoir*, marque de la compétence, enfin de *vouloir*, marque de la volonté. On parle dans ce cas de *périphrases verbales modales*.

  Il doit travailler, mais il veut se reposer.
  Il sait lire, mais il ne peut pas écrire.

- Emplois de *faire*
  Faire sert à constituer, avec l'infinitif qui le suit, la *périphrase verbale factitive*, par laquelle le sujet n'exécute pas lui-même l'action, mais la fait exécuter par quelqu'un d'autre :

  Alexandre Dumas faisait parfois écrire ses livres par d'autres auteurs.

  Employé avec un pronom personnel réfléchi, *faire* constitue, avec le verbe à l'infinitif qui le suit, une *périphrase verbale passive* :

  Mon ami s'est fait renvoyer du lycée.

  Faire a en outre la propriété de remplacer un autre verbe, comme un pronom remplace un nom :

  Il travaille plus qu'il ne l'a jamais fait. (fait = travaillé)

94 Les verbes d'action et les verbes d'état

Un très grand nombre de verbes désignent une action effectuée par un sujet : *travailler, manger, marcher, aller, monter, ...* sont des verbes d'action.
Beaucoup moins nombreux, d'autres verbes indiquent l'état dans lequel se trouve le sujet. Dans la plupart des cas, les verbes d'état servent à introduire un attribut : ce sont des verbes *attributifs* (→ paragraphe 95).

Cependant, le verbe *exister* est un verbe d'état, mais ne peut pas introduire un attribut. Le verbe *être* est parfois utilisé, sans attribut, avec le sens d'*exister*, notamment dans l'expression impersonnelle *il était une fois* :

Il était une fois un roi très puissant.

95 Les verbes intransitifs, transitifs et attributifs

- **Les verbes intransitifs**

  Certains verbes d'action désignent des processus qui ne s'exercent pas sur un objet : *aller, dormir, marcher, mugir* … Ces verbes sont dits *intransitifs* : ils ne peuvent pas avoir de complément d'objet — ce qui ne les empêche pas d'avoir des compléments circonstanciels :

  Ils marchent <u>vers Paris</u>.
  CC de lieu

- **Les verbes transitifs**

  D'autres verbes d'action sont généralement pourvus d'un complément qui désigne l'objet sur lequel s'exerce l'action verbale, quelle que soit la nature de cette action. Ces verbes sont dits *transitifs*.

  Paul construit <u>sa maison</u>.
  complément d'objet

- **Les verbes transitifs directs**

  Pour certains de ces verbes, le complément d'objet est construit « directement », c'est-à-dire sans préposition :

  Les abeilles produisent <u>le miel</u>, les termites détruisent <u>les maisons</u>.
  COD du verbe *produire*   COD du verbe *détruire*

  Si on met le verbe à la voix passive, le complément d'objet en devient le sujet :

  <u>Le miel</u> est produit par les abeilles.
  sujet

REM — On prendra spécialement garde à ne pas confondre le complément d'objet direct avec les compléments circonstanciels construits directement :

Il boit <u>la nuit</u>, il mange <u>le jour</u>.
CC de temps   CC de temps

— Toutefois, ces compléments circonstanciels se distinguent des compléments d'objet par la propriété qu'ils ont de pouvoir se placer devant le groupe constitué par le verbe et son sujet :

<u>La nuit</u> il boit, <u>le jour</u> il mange.

— En outre, ils n'ont pas la possibilité de devenir sujets du verbe passif : **la nuit est bue par lui* est une phrase impossible.

- Les verbes transitifs indirects
  Pour d'autres verbes, le complément d'objet est introduit par une préposition, généralement *à* ou *de* : ces verbes sont appelés *transitifs indirects*.

Elle ressemble <u>à sa mère</u>, elle parle <u>de linguistique</u>.

        COI du verbe *ressembler*   COI du verbe *parler*

- Les verbes attributifs
  La plupart des verbes d'état introduisent un nom ou un adjectif qui indiquent une caractéristique du sujet :

Pierre est <u>content</u> : il deviendra <u>pilote de ligne</u>.

         adjectif   nom

Ces verbes sont dits *attributifs*, car ils introduisent un attribut du sujet. Les verbes attributifs sont le verbe *être* et ses différentes variantes modalisées : *sembler, paraître, devenir, rester…*

96 Les verbes perfectifs et imperfectifs

Les verbes perfectifs désignent une action qui ne peut pas continuer à se dérouler au-delà d'une limite impliquée par le sens même du verbe : on ne peut pas continuer à *arriver* ou à *trouver* quand on *est arrivé* à son but ou qu'on *a trouvé* ce qu'on cherchait.

Inversement, l'action des verbes imperfectifs peut se dérouler sans limitation : quelqu'un qui *a* déjà longtemps *marché* ou *cherché* peut toujours continuer à *marcher* ou *chercher*.

REM
    — Comme le montrent les exemples cités, les verbes perfectifs et imperfectifs peuvent être selon le cas transitifs ou intransitifs. Les perfectifs intransitifs utilisent normalement l'auxiliaire *être*.

Certains verbes peuvent passer de la classe des imperfectifs à celle des perfectifs quand ils sont employés de façon transitive : *écrire* ou *construire* sont imperfectifs quand ils n'ont pas de complément d'objet, mais deviennent perfectifs quand ils en ont un. On peut *écrire* ou *construire* indéfiniment, mais *écrire une lettre* ou *construire une maison* sont des actions perfectives, qui trouvent nécessairement leur achèvement.

— Les verbes attributifs sont le plus souvent imperfectifs. Toutefois, *devenir* est perfectif.

— On se gardera de confondre l'opposition *perfectif/imperfectif* avec l'opposition *accompli / non accompli* (→ paragraphe 99).

LES SIX CATÉGORIES VERBALES

La conjugaison permet de donner des indications sur différentes notions : la personne, le nombre, le temps et l'aspect, le mode, la voix. Ces notions reçoivent le nom de *catégories verbales*. Elles se combinent entre elles pour chaque forme verbale :

Ils (elles) soignèrent.

Cet exemple relève simultanément de la personne (la 3e), du nombre (le pluriel), du temps et de l'aspect (le passé simple), du mode (l'indicatif) et de la voix (l'actif).

97 La personne

Les variations selon la personne sont spécifiques au verbe et au pronom personnel. C'est l'accord avec le sujet qui confère au verbe les marques de l'accord (→ paragraphes 115 et 116). Elles servent à indiquer la personne (ou, d'une façon plus générale, l'être) qui effectue l'action désignée par le verbe.

Je travaille. Nous travaillons.

La première personne *je* n'est autre que celle qui parle : c'est elle qui est le sujet du verbe. Le mot *je* a donc la propriété d'indiquer à la fois la personne qui parle et le sujet du verbe.

La deuxième personne *tu* est celle à laquelle on s'adresse. Le mot *tu* désigne donc à la fois la personne à qui l'on parle et le sujet du verbe.

Dans ces deux premiers cas, le sujet est toujours un pronom personnel, même si on peut, si c'est nécessaire, lui apposer un nom, commun ou propre :

Toi, <u>Paul</u>,   <u>tu</u>   connais   beaucoup   de   pays.
      nom apposé pronom personnel sujet

La troisième personne *il* indique que le sujet du verbe ne participe pas à la communication qui s'établit entre les deux premières personnes : elle est en quelque sorte absente, et on lui donne parfois le nom de *non-personne*.

À la différence des deux premières personnes, qui sont des êtres humains (ou humanisés, par exemple quand on fait parler un animal ou qu'on s'adresse à un objet), la troisième personne peut indifféremment désigner un être animé ou un objet non animé. Le sujet du verbe à la 3e personne est selon le cas un

pronom personnel de la 3e personne, un nom ou un pronom d'une autre classe que celle des personnels :

Il (elle) sourit.
pronom personnel

Le lac est agité.
nom commun

Tout est fini.
pronom indéfini

- **Les verbes impersonnels**
  C'est aussi à la troisième personne qu'on emploie les verbes impersonnels conjugués. À proprement parler, ils n'ont pas de sujet : est-il vraiment possible de repérer le véritable sujet de *il pleut* ? Mais la conjugaison française exige la présence d'un pronom devant tout verbe conjugué (sauf à l'impératif et, naturellement, aux modes non personnels, → paragraphes 100 et 164-166).
  Dans certains cas, l'élément qui suit le verbe impersonnel peut être interprété comme son « sujet réel » :

Il   m'arrive   une étrange aventure.
pronom personnel   sujet réel

98   Le nombre

La catégorie du nombre est commune au verbe, au nom comme à ses différents adjectifs et à la plupart des pronoms. Dans le cas du verbe, le nombre est associé à la personne. C'est donc également le sujet qui détermine le nombre, par le phénomène de l'accord (→ paragraphes 116 et 128).
Les variations en nombre renseignent sur la quantité des personnes ou des êtres exerçant la fonction de sujet : en français, une seule personne pour le singulier, au moins deux pour le pluriel.

je travaille   nous travaillons

- **La spécificité de *nous***
  Il faut remarquer la spécificité du pluriel de la première personne : *nous* ne désigne pas plusieurs *je* — puisque *je* est par définition unique — mais ajoute à *je* un (ou plusieurs) *tu* ainsi que, éventuellement, un ou plusieurs *il*.

- **Le *vous* de politesse et le *nous* de modestie ou d'emphase**
  En français, c'est la 2e personne du pluriel qu'on utilise comme « forme de politesse » :

Que faites-vous, Madame ?

La première personne du pluriel est parfois utilisée par une personne unique dans un souci de modestie, par exemple dans certains ouvrages :

Nous ne parlerons pas de ces problèmes.

On utilise parfois le *nous* d'emphase :

Nous, préfet de Haute-Corse, prenons l'arrêté suivant.

Le *vous* de politesse et le *nous* de modestie ou d'emphase entraînent l'accord du verbe au pluriel.

99 Le temps et l'aspect

Le verbe donne des indications temporelles sur les réalités qu'il désigne. Ces indications sont de deux types : le temps et l'aspect.

- Le temps

  L'action est située dans le temps par rapport au moment où l'on parle. Ce moment, qui correspond au *présent*, sépare avec rigueur ce qui lui est antérieur *(le passé)* de ce qui lui est ultérieur *(le futur)*.

  L'ensemble des distinctions entre les différents moments où l'action peut se réaliser reçoit en grammaire française le nom de *temps,* nom qui est également utilisé pour désigner chacune des séries de formes telles que le présent, l'imparfait, le futur.

- L'aspect

  Le déroulement de l'action est envisagé en lui-même, indépendamment de sa place par rapport au présent. Ces indications sur la façon dont l'action se déroule constituent la catégorie de l'*aspect.*

  On indique par exemple si les limites temporelles de l'action sont prises en compte ou ne le sont pas.

Alfred travailla.
passé simple

Alfred travaillait.
imparfait

Dans ces deux phrases, l'action est située dans le passé. Cependant, les deux phrases ont un sens différent. Dans la première, l'action de *travailler* est envisagée comme limitée : on pourrait préciser le moment où elle a commencé et celui où elle a fini. La seconde phrase au contraire ne s'intéresse pas aux limites temporelles de l'action. On parle dans ce cas de valeur aspectuelle *limitative* (pour le passé simple) et *non limitative* (pour l'imparfait).

On peut aussi indiquer si l'action est en cours d'accomplissement, c'est-à-dire *non accomplie,* ou si elle est totalement *accomplie.* Dans les phrases suivantes, le verbe au présent indique que l'action est en cours d'accomplissement.

Quand on est seul, on <u>déjeune</u> vite.
En ce moment, les élèves <u>terminent</u> leur travail.

Au contraire, dans les phrases :

Quand on est seul, on <u>a</u> vite <u>déjeuné</u>.
En ce moment, les élèves <u>ont terminé</u> leur travail.

le passé composé ne situe pas l'action dans le passé, mais indique qu'au moment où on parle, l'action est accomplie.

REM L'une des particularités — et, incontestablement, des difficultés — de la conjugaison française est que, contrairement à ce qui s'observe dans d'autres langues, les indications de temps et d'aspect y sont fréquemment données par les mêmes formes, dans des conditions particulièrement complexes. Ainsi, le passé composé a tantôt une valeur aspectuelle d'accompli de présent, tantôt une valeur temporelle de passé. C'est cette particularité qui explique que la catégorie de l'aspect a pu longtemps passer à peu près ou complètement inaperçue, par exemple dans les grammaires scolaires.

100 Le mode

La catégorie du *mode* regroupe les *modes personnels*, qui comportent la catégorie de la *personne* (→ paragraphe 97) et les *modes impersonnels*, qui ne la comportent pas.

• Les modes personnels : indicatif, subjonctif, impératif
En français, les modes personnels sont au nombre de trois : l'indicatif, le subjonctif et l'impératif. Ils comportent une flexion en personnes, complète pour les deux premiers, incomplète pour l'impératif, qui n'a pas de 3e personne, et ne connaît la première personne qu'au pluriel.
Le conditionnel, longtemps considéré comme un mode spécifique, est aujourd'hui rattaché à l'indicatif, pour des raisons de forme et de sens (→ paragraphes 147 à 149).

REM Les tableaux de conjugaison du *Bescherelle* placent le conditionnel du côté de l'indicatif, mais, pour des raisons de tradition, lui conserve son nom et l'isolent de l'indicatif.

Pour les valeurs des trois modes personnels → paragraphes 157 à 163.

• Les modes impersonnels

Les modes impersonnels sont au nombre de trois : l'infinitif, le participe et le gérondif. Ils permettent notamment de conférer au verbe des emplois généralement réservés à d'autres classes.

Pour l'analyse détaillée de ces trois modes, → paragraphes 164 à 166.

101 La voix : voix active, voix passive et construction pronominale

• Définition

La catégorie de la *voix* — on dit parfois, avec le même sens, *diathèse* — permet d'indiquer de quelle façon le sujet prend part à l'action désignée par le verbe.

• La voix active

Quand le verbe est à la *voix active*, le sujet est l'*agent* de l'action, c'est-à-dire qu'il l'effectue :

Le gros chat <u>dévore</u> les petites souris.

• La voix passive

La *voix passive* indique que le sujet est le *patient* de l'action, c'est-à-dire qu'il la subit :

Les petites souris <u>sont dévorées</u> par le gros chat.

Le complément d'objet d'un verbe à la voix active (*les petites souris*) en devient le sujet quand on fait passer le verbe à la voix passive. De son côté, le sujet du verbe actif (*le gros chat*) devient le complément d'agent du verbe passif (*par le gros chat*).

• Quels sont les verbes qui peuvent être à la voix passive ?

La catégorie de la voix passive ne concerne que les verbes transitifs directs. Les autres verbes (transitifs indirects, intransitifs, attributifs : → paragraphe 95) n'ont pas de forme passive.

Toutefois, quelques rares verbes transitifs indirects (notamment *obéir, désobéir* et *pardonner*) peuvent s'employer au passif : *vous serez pardonnés.*

Voix et aspect

Le passage de la voix active à la voix passive (on dit parfois la *transformation passive* ou la *passivation*) a des effets différents sur la valeur aspectuelle (accompli, non accompli) des verbes. La phrase :

Les vieillards <u>sont respectés</u>.
voix passive

conserve la valeur de non accompli de :

On <u>respecte</u> les vieillards.
voix active

Au contraire,

La maison de la culture <u>est construite</u>.
voix passive

prend la valeur d'accompli, en contraste avec la forme active correspondante :

On <u>construit</u> la maison de la culture.
voix active

qui relève du non accompli.

Toutefois, l'adjonction d'un complément d'agent permet à la phrase passive de retrouver la valeur de non accompli. La phrase :

La maison de la culture <u>est construite</u>   <u>par des ouvriers étrangers</u>.
voix passive   complément d'agent

a la même valeur de non accompli que la phrase active correspondante :

Des ouvriers étrangers <u>construisent</u> la maison de la culture.
voix active

Cette différence de traitement est en relation avec la répartition des verbes entre verbes perfectifs et imperfectifs (⟶ paragraphe 96).

- **Valeur passive de la construction pronominale**
  Contrairement à d'autres langues, le français ne connaît que les deux voix active et passive.
  La construction pronominale consiste à donner au verbe un complément sous la forme du pronom personnel réfléchi :

  Elle <u>se promène</u> dans le parc.

  Toutefois, cette construction permet dans certains cas d'obtenir des valeurs très voisines de la voix.

  Ce livre <u>se vend</u> bien.
  construction pronominale

Le verbe employé de façon pronominale prend une valeur passive, sans toutefois pouvoir recevoir un complément d'agent. C'est l'existence de cette valeur passive qui a incité certains grammairiens à parler de *voix pronominale*.

- Les autres valeurs de la construction pronominale : valeur réfléchie
Le sujet exerce l'action sur lui-même. Il peut selon le cas être l'objet de l'action :

L'étudiant se prépare à l'examen. (= il prépare lui-même)

Ou en être le bénéficiaire :

Il se prépare un avenir radieux. (= il prépare un avenir radieux pour lui)

- Les autres valeurs de la construction pronominale : valeur réciproque
Elle s'observe dans le cas d'un sujet au pluriel. Les agents exercent l'action les uns sur les autres, en qualité soit d'objets :

Deux pigeons s'aimaient d'amour tendre.

Soit de bénéficiaires :

Les étudiants s'échangent leurs informations.

- Verbes essentiellement pronominaux
Certains verbes s'emploient exclusivement avec la construction pronominale. Ce sont les verbes essentiellement pronominaux, tels que *s'absenter, s'abstenir, s'arroger, se désister, s'évanouir, se repentir, se souvenir*…

REM   *Valeur lexicale de la construction pronominale.*
Elle consiste à modifier la construction ou la valeur du verbe. Par exemple, s'éveiller et se promener sont les intransitifs correspondant à éveiller et promener ; se mourir est l'imperfectif correspondant à mourir, etc.

Chapitre II

COMMENT SEGMENTER LES FORMES VERBALES ?

Faire la morphologie du verbe, c'est décrire la façon dont sont constituées les formes verbales.

102 Radical et affixes : analyse d'un exemple

Nous procéderons à l'identification des différents éléments d'une forme verbale à partir de l'exemple : *nous aimerons*. Dans cette forme verbale, on distingue successivement les éléments suivants :

- Le pronom personnel *nous*
Nous est le pronom personnel de première personne du pluriel. Il est d'emblée identifiable, car il alterne avec d'autres pronoms — *vous, ils, elles* — qu'on peut lui substituer, à condition de modifier la forme du verbe. Il fournit déjà deux indications capitales : la personne et le nombre.
Ce pronom personnel fait partie de la forme verbale : il est impossible, en français (contrairement à ce qui s'observe dans d'autres langues), d'utiliser un verbe à la première ou à la deuxième personne sans pronom personnel : **aimerons*, tout seul, est absolument impossible.

REM L'impératif fait exception : *aimons !*

- La forme verbale *aimerons*
Comment *segmenter* (c'est le mot des linguistes pour *découper*) cette forme ? Il suffit de comparer *aimerons* à *amuserons* ou à *déciderons*. L'élément *-erons* est commun à ces trois formes : c'est donc qu'une frontière passe dans chacune d'elles immédiatement avant *-erons* D'ailleurs, *-erons* peut se voir substituer

– au prix, naturellement, d'une différence de valeur – d'autres éléments : *-ions (nous amus-ions)*, *-èrent (ils décid-èrent)*, etc. Cette substitution confirme l'existence de la frontière avant *-erons*.

- Le radical *aim-*
On a identifié les éléments *aim-*, *amus-* et *décid-*, qui précèdent les éléments tels que *-erons*, *-ions* ou *-èrent*. Les éléments *aim-*, *amus-* et *décid-* sont porteurs de « sens » différents, spécifiques à chacun des trois verbes, comme on peut le vérifier en consultant le dictionnaire. Cet élément porteur du « sens » du verbe reçoit le nom de *radical*.

- L'élément *-erons*
On lui donnait autrefois les noms traditionnels de *désinence* ou de *terminaison*. Mais ces mots indiquent seulement que l'élément est à la fin de la forme verbale, ce qui est à la fois évident et peu utile. Il faut donc parvenir à une analyse et à une dénomination plus précises. Est-il possible de «segmenter» *-erons* ?

- L'élément *-ons*
Pour segmenter l'élément *-erons*, il faut comparer *nous aimerons* à *nous aimions*. L'élément *-ons* est commun aux deux formes. Associé au pronom personnel *nous*, il marque comme lui la personne (la première) et le nombre (le pluriel). En effet, *-ons* peut être remplacé par *-ez* (*vous aimer-ez*), qui change la personne ou par *-ai* qui change le nombre. Il est donc possible, dans l'élément *-erons*, de faire passer une frontière entre *-er-* et *-ons*.

- L'élément *-er-*
Placés entre le radical d'un côté et les éléments variables tels que *-ons*, *-ez* ou *-ai*, il reste pour *aimerons* (comme pour *aimerez*) l'élément *-er-*, et pour *aimions* (comme pour *aimiez*) l'élément *-i-*. Pour comprendre la fonction de ces éléments, il suffit de comparer la valeur des deux formes : *aimerons* situe l'action dans le futur, *aimions* la situe dans le passé. Les deux formes étant pour le reste parfaitement identiques, c'est donc l'élément *-er-* qui marque le futur, l'élément *-i-* qui marque l'imparfait.

- Conclusion de l'analyse de l'exemple
On voit finalement que les deux formes verbales nous *aimerons* et nous *aimions* se « segmentent » de la façon suivante :
– Le pronom personnel *nous*, chargé d'indiquer la personne (ici la première, en

opposition à la seconde et à la troisième) et le nombre (ici le pluriel, en opposition au singulier) ;
– Le radical *aim-*, porteur du sens spécifique du verbe. Les linguistes parlent de « sens lexical » ;
– Les éléments -*er*- pour *aimerons*, -*i*- pour *aimions*. Le premier est la marque du futur, le second celle de l'imparfait ;
– L'élément -*ons* qui marque à la fois la première personne et le pluriel, répétant ainsi ce qui a déjà été indiqué par le pronom *nous*.

103 Les affixes : définition

Il ne reste plus qu'à donner un nom aux éléments -*er*-, -*i*- et -*ons*. On utilisera ici le terme *affixe*.

C'est l'affixe qui marque, dans la conjugaison de chaque verbe, les catégories de temps, de personne, de nombre… (→ paragraphes 97 à 101).

Souvent, l'affixe est réalisé à l'oral : on *entend* le -*er*-, le -*i*- et le -*ons* de *aimerons*, *aimions* et *aimerions*. Mais il arrive très fréquemment que l'affixe n'apparaisse qu'à l'écrit, sans se faire entendre à l'oral : c'est le cas du -*es* ou du -*ent* de *tu aim-es* et de *ils (elles) aim-ent*. Cette importance des affixes écrits est un caractère spécifique de la grammaire française.

Enfin, l'affixe peut être marqué par l'absence de toute marque écrite ou orale. On parle alors d'*affixe zéro*. Mais il faut, pour qu'on puisse utiliser cette notion, que l'affixe zéro s'oppose à des affixes réalisés. Ainsi, la forme *il défend* comporte, pour la 3e personne du singulier, l'affixe zéro, qui la distingue de la première et de la deuxième personne du singulier ainsi que de la première personne du pluriel :

je (ou tu) défend-s : affixe écrit -s
nous défend-ons : affixe oral -*ons*
il (elle) défend : affixe zéro

• Un, deux ou trois affixes pour une forme verbale
Une forme verbale conjuguée comporte donc nécessairement un radical et un ou plusieurs affixes porteurs des marques des différentes catégories verbales (→ paragraphes 97 à 101). Le présent de l'indicatif se caractérise par rapport à la plupart des autres formes par le fait qu'il enchaîne directement le radical et l'affixe de personne et de nombre : *nous aim-ons* sans rien entre *aim-* et -*ons* à la différence de *nous aim-er-ons* et de *nous aim-i-ons* qui enchaînent deux affixes. La forme dite de « conditionnel » *nous aim-er-i-ons* en enchaîne trois, ce qui est un maximum pour le français (mais non pour d'autres langues).

104 Formes simples et formes composées

Les verbes français présentent deux séries de formes.

- Formes simples

  Dans les formes simples, du type *nous aimerons*, c'est le radical du verbe qui reçoit les différents affixes.

  nous <u>*aim*</u>-<u>*er*</u>-<u>*ons*</u>
       radical affixes

- Formes composées

  Dans les formes composées, le verbe se présente sous la forme du participe passé. Ce participe passé ne se conjugue pas. La forme qui reçoit les affixes est celle d'un des deux verbes auxiliaires, *être* et *avoir* (→ paragraphe 92).
  Dans la forme *nous aurons aimé*, qui est la forme composée correspondant à *nous aimerons*, le verbe *aimer*, sous la forme de son participe passé *aimé*, ne se conjugue pas. C'est l'auxiliaire *avoir* qui reçoit les affixes de temps, de personne et de nombre (ici le -*r*- du futur et le -*ons* de la première personne du pluriel).

  nous au-<u>*r*</u>-<u>*ons*</u> *aimé*
        affixes

REM   Pour les problèmes d'accord en genre et en nombre → paragraphes 131 à 141.

- Correspondance entre formes simples et formes composées

  Une propriété évidente du verbe français est de mettre en relation deux séries de formes, les unes *simples,* les autres *composées.* Chaque forme simple a en face d'elle une forme composée, sur le modèle suivant (pour le mode indicatif) :

INDICATIF

FORMES SIMPLES		FORMES COMPOSÉES	
présent	*il écrit*	passé composé	*il a écrit*
imparfait	*il écrivait*	plus-que-parfait	*il avait écrit*
passé simple	*il écrivit*	passé antérieur	*il eut écrit*
futur simple	*il écrira*	futur antérieur	*il aura écrit*
conditionnel présent	*il écrirait*	conditionnel passé	*il aurait écrit*

On voit que l'auxiliaire des formes *il a écrit, il avait écrit, il eut écrit, il aura écrit,*
il aurait écrit est au même temps que le verbe de la forme simple
correspondante. C'est ainsi qu'au présent correspond le passé composé, à
l'imparfait le plus-que-parfait, au passé simple le passé antérieur, au futur le
futur antérieur et au conditionnel présent le conditionnel passé.
Le parallélisme des formes simples et composées caractérise tous les modes :
en face du présent et de l'imparfait du subjonctif, on trouve le passé
et le plus-que-parfait du subjonctif, sur le modèle suivant :

SUBJONCTIF

FORMES SIMPLES		FORMES COMPOSÉES	
présent	*qu'il écrive*	passé	*qu'il ait écrit*
imparfait	*qu'il écrivît*	plus-que-parfait	*qu'il eût écrit*

Il en va de même à l'impératif :
écris   *aie écrit*

On retrouve enfin la même correspondance aux modes impersonnels :
écrire   *avoir écrit*
écrivant   *ayant écrit*
en écrivant   *en ayant écrit*

La force du système est même telle que des formes surcomposées, construites
à l'aide d'un auxiliaire lui-même composé, se sont constituées : *il a eu écrit,*
il avait eu écrit... ⟶ paragraphes 150 à 154

105 Formes actives et formes passives
Le verbe français comporte, pour les verbes transitifs, deux voix : la voix active
et la voix passive.

nous <u>aimerons</u>   *nous <u>serons aimé(e)s</u>*
forme active   forme passive

Comme les formes composées, les formes passives présentent le verbe sous la
forme du participe passé. Au passif, le participe passé varie en genre et en
nombre selon son sujet, comme le montre l'exemple utilisé, où le participe
passé *aimé (e) s* porte la marque du pluriel de *nous* et, éventuellement, la
marque du féminin.

La forme conjuguée est celle de l'auxiliaire *être*. Il se conjugue au temps de la forme active correspondante. Il existe donc, pour les verbes transitifs, autant de formes passives que de formes actives, même si elles sont beaucoup moins utilisées.

Parmi ces formes, on trouve naturellement les formes passives composées, par exemple le passé composé passif *nous avons été aimé(e)s*, et même les formes passives surcomposées, par exemple *nous avons eu été aimé(e)s*.

REM   Les formes composées et surcomposées et les formes passives, éventuellement composées et surcomposées, sont, paradoxalement, d'une grande simplicité morphologique : les seuls éléments conjugués (à la réserve des faits d'accord du participe) sont les verbes auxiliaires, qui sont connus de tous. Ces formes ne présentent donc aucune difficulté de conjugaison. C'est pourquoi il n'en sera plus question dans ce chapitre de morphologie.

LES RADICAUX

La méthode qui a été exposée sur l'exemple de *nous aimerons* (→ paragraphe 102) est d'une grande facilité d'emploi. Elle permet de décrire immédiatement la morphologie d'un très grand nombre de formes verbales *simples,* au sens qui vient d'être expliqué de *non composées.* Cependant, elle rencontre parfois quelques difficultés apparentes. Ces difficultés sont relatives tantôt au radical, tantôt aux affixes.

106 Radical fixe, radical variable selon les trois groupes de verbes

Dans le cas du verbe *aimer,* le radical *aim-* reste identique pour toutes les formes de la conjugaison. Cette invariabilité du radical est un cas extrêmement fréquent. En effet, en dehors des verbes du 3e groupe, la plupart des verbes ont un radical fixe.

107 Le premier groupe

Le premier groupe réunit les verbes dont l'infinitif est marqué par l'affixe -*er* et la première personne du singulier du présent de l'indicatif par l'affixe -*e*.

REM   *Aller* ne fait donc pas partie de ce groupe, en dépit de son infinitif en -*er,* puisque son présent, à la première personne, est *je vais*.

Tous les verbes du premier groupe (par exemple *aimer* et *travailler*) ont un radical fixe, à quelques rares exceptions près, dans lesquelles le radical reste généralement très facile à reconnaître. Ainsi, *achever* présente son radical tantôt sous la forme *achèv-* (dans *j'achèv-e*), tantôt sous la forme *achev-* (dans *nous achev-ons*).

Envoyer et *renvoyer* sont un peu plus complexes : ils font alterner les trois radicaux *envoi-* [ɑ̃vwa] de *j'envoi-e*, *envoy-* [ɑ̃vwaj] de *nous envoyons* et *enver-* [ɑ̃ve] de *il enverra* (⟶ tableau 19).

Il se trouve que les verbes du premier groupe sont de très loin les plus nombreux. C'est sur le modèle de ce groupe que sont formés la quasi-totalité des verbes nouveaux (ou verbes néologiques).

108 Le deuxième groupe

Le deuxième groupe réunit les verbes dont l'infinitif est marqué par l'affixe *-r* suivant immédiatement un radical terminé par *-i-*. Leur modèle traditionnel est *finir*. Le radical de ces verbes reste intact à toutes les formes de la conjugaison, mais reçoit à certaines formes un « élargissement » de forme *-ss-* : *je fini-s*, *il fini-t*, *il fini-r-a*, *ils fini-rent*, mais *nous fini-ss-ons*, *ils fini-ss-aient*, *fini-ss-ant*. Dès qu'on a enregistré les formes caractérisées par l'élargissement *-ss-* (présent à partir de la 1re personne du pluriel, imparfait, participe présent), l'identification du radical ne pose aucun problème (⟶ tableau 20).

Les verbes du 2e groupe sont au nombre de plus de 300. Certaines formations néologiques se sont faites sur leur modèle, il est vrai à date déjà assez ancienne : l'onomatopée *vrombir*, la brève série *atterrir*, *amerrir*, *alunir*.

109 Le troisième groupe

Le troisième groupe réunit tous les autres verbes (environ 370) :
– Le verbe *aller*, avec son infinitif en *-er* ; ⟶ tableau 23
– Les verbes à infinitif en *-ir* sans élargissement : *courir*, *nous cour-ons*, *ils cour-aient*, *ils cour-r-ont* (où le deuxième *-r-* ne fait pas partie du radical, mais est l'affixe du futur), *cour-ant*, etc. ⟶ tableaux 24 à 37
– Les verbes à infinitif en *-oir* : *devoir*, *pouvoir*, l'auxiliaire *avoir*, etc.
⟶ tableaux 40 à 57
– Les verbes à infinitif en *-re* : *conclure*, *coudre*, *paraître*, *vaincre*, l'auxiliaire *être*, etc. ⟶ tableaux 58 à 68

- Verbes du troisième groupe à radical unique
  Certains de ces verbes du 3ᵉ groupe, par exemple *courir* et *conclure* ont un radical qui reste intact dans toutes les formes de la conjugaison.

- Verbes comportant un radical sous deux formes différentes
  Ouvrir présente en alternance son radical sous la forme *ouvr-* (*il ouvr-e*, *il ouvr-ait*) et sous la forme *ouvri-* (*il ouvri-r-a*). *Écrire, lire, croire, vivre*… présentent également leur radical sous deux formes.

- Verbes comportant un radical sous trois formes différentes
  Devoir présente en alternance les formes de radical *doi-* (*il doi-t*), *doiv-* (*ils doiv-ent*) et *dev-* (*il dev-ait, dev-oir*). Sont dans le même cas, par exemple, *voir* (*voi-* dans *il voi-t*, *voy-* dans *nous voy-ons*, *ver-* dans *il ver-ra*), *dormir, boire*…

- Verbes comportant quatre formes différentes de leur radical
  Tenir fait apparaître son radical sous les formes *tien-* (*il tien-t*), *ten-* (*nous ten-ons*), *tienn-* (*qu'il tienn-e*), *tiend-* (*je tiend-rai*). Sont dans le même cas, par exemple, *prendre* et *savoir*.
  Le verbe *aller* appartient en principe à cette classe : on observe l'alternance des radicaux *v-* (*je v-ais, tu v-as*), *all-* (*nous all-ons*), *i-* (*nous i-r-ons*) et *aill-* (*que j'aill-e*). Mais à la différence des autres verbes, les radicaux qui alternent dans sa conjugaison sont totalement différents les uns des autres. On parle dans ce cas de *radicaux supplétifs*. Cette différence complète des radicaux ainsi que la spécificité des affixes du présent incitent à classer *aller* parmi les verbes irréguliers (⟶ voir ci-dessous).

- Verbes comportant cinq formes différentes de leur radical
  Il s'agit de *vouloir* (*veu-* dans *il veu-t*, *voul-* dans *nous voul-ons*, *veul-* dans *ils veul-ent*, *voud-* dans *je voud-r-ai*, *veuill-* dans *veuill-ez*) et de *pouvoir* (*peu-* dans *il peu-t*, *pouv-* dans *nous pouv-ons*, *peuv-* dans *ils peuv-ent*, *pour-* dans *je pour-r-ai*, *puiss-* dans *qu'il puiss-e*).

- Verbes « irréguliers »
  On considère généralement comme « irréguliers » le verbe *aller* ainsi que les deux verbes *faire* et *dire* et les deux auxiliaires *être* et *avoir*. Le classement de ces verbes comme « irréguliers » s'explique par les traits suivants :

— Le nombre des formes du radical est élevé (jusqu'à huit, selon certaines analyses, pour le verbe *être*), et ces formes sont parfois très différentes les unes des autres. Pour l'auxiliaire *être*, on identifie notamment les radicaux *s-* (*ils s-ont*), *ê-* (*vous ê-tes*), *ét-* (*il ét-ait*), *f-* (*il f-ut*), *se-* (*il se-r-a*), *soy-* (*soy-ez*)...

— Il est parfois impossible de distinguer le radical de l'affixe : où passe la frontière qui les sépare dans *il a* ou dans *ils ont* ? *a* est identique au *-a* de *v-a*, qui est visiblement un affixe ; *ont* est identique au *-ont* de *f-ont*, *s-ont* et *v-ont*, qui est lui aussi un affixe. Comme il est impossible de poser que dans *il a* et *ils ont* la forme verbale se réduit à un affixe, on considère que le verbe *avoir* « amalgame » dans ces deux formes radical et affixe.

— Les affixes ont eux-mêmes des formes parfois insolites, voire uniques : le *-ommes* de *s-ommes* est unique, le *-tes* de *vous ê-tes*, *vous fai-tes* et *vous di-tes* est spécifique à ces trois verbes.

REM Pour le dénombrement des formes du radical de chaque verbe, on n'a pas tenu compte des formes de passé simple ni de participe passé, qui, pour plusieurs verbes du 3ᵉ groupe, auraient encore augmenté le nombre des radicaux : ainsi pour *vivre*, il aurait fallu ajouter le radical *vec-* de *il vécut* et de *vécu* ; pour *devoir*, il aurait fallu tenir compte du radical *du-* de *il dut* et de *dû*, pour *naître* des radicaux *naqu-* de *naqu-is* et *n-* de *n-é*, etc.

CLASSEMENT DES AFFIXES → tableau 6

Les affixes se placent à la suite du radical. On les répartit en deux classes selon leur ordre d'apparition après le radical.

110 Affixes n'apparaissant jamais en position finale

Ce sont les deux affixes *-(e)r-* (pour le futur et le « conditionnel ») et *-ai-/-i-* (pour l'imparfait et le « conditionnel »). Ils ont une valeur temporelle. Toutefois le second intervient aussi dans la formation du subjonctif.

- L'affixe de futur et de « conditionnel » *-(e)r-*

  Il apparaît toujours immédiatement après le radical. Ses deux variantes *-er-* et *-r-* alternent selon les sons (ou les lettres) qui les précèdent : *il travaill-er-a*, *il fini-r-a*, *il coud-r-a*.

  Il est directement suivi, pour le futur, d'un des affixes de la deuxième classe : *nous travaill-er-ons*.

  Pour le conditionnel, l'affixe *-ai-/-i-* s'intercale entre lui et l'affixe terminal : *nous travaill-er-i-ons*.

- L'affixe d'imparfait et de conditionnel -*ai*- [ɛ] / -*i*- [j]
Cet affixe apparaît immédiatement après le radical pour l'imparfait. Pour le
conditionnel, il est précédé de l'affixe -*(e)r*-. La forme -*ai*- caractérise
les trois personnes du singulier et la troisième du pluriel : *je travaill-ai-s,
ils décid-er-ai-ent.* La forme -*i*- [j] caractérise les première et deuxième
personnes du pluriel de l'imparfait et du conditionnel (*nous travaill-i-ons, vous
amus-er-i-ez*), ainsi que, aux mêmes personnes, les formes de subjonctif présent
([*que*] *nous travaill-i-ons*) et imparfait ([*que*] *vous travaill-ass-i-ez*).

III   Affixes apparaissant toujours en position finale

Ces affixes concernent toutes les formes verbales. Toujours à la finale absolue
du verbe, ils sont, selon le cas, placés immédiatement après le radical, ou
séparés de lui par l'un et / ou l'autre des deux affixes -*(e)r*- et -*ai*- / -*i*-.

- Les affixes du présent de l'indicatif
Sauf pour les cinq verbes irréguliers *être, avoir, faire, dire* et *aller* (voir leurs
tableaux), les affixes du présent de l'indicatif sont décrits par le tableau 6.

- Les affixes personnels de l'imparfait de l'indicatif et du « conditionnel »
Ces affixes sont identiques à ceux du présent pour les trois personnes du
pluriel : *nous travaill-i-ons, vous fini-r-i-ez, ils (elles) se-r-ai-ent.*
Au singulier, on a les affixes -*s* (pour les première et deuxième personnes)
et -*t* (pour la troisième) : *je cous-ai-s, tu i-r-ai-s, il (elle) fe-r-ai-t.*
Pour l'imparfait, ils apparaissent après l'affixe -*ai*- / -*i*-, lui-même précédé,
pour le conditionnel, de l'affixe -*er*- / -*r*-.

- Les affixes personnels du futur
Ces affixes sont identiques pour tous les verbes. → tableau 6.

- Les affixes du passé simple → tableau 6

- Les affixes du subjonctif présent
Ils ont les formes -*e*, -*es*, -*e*, -*ons*, -*ez*, -*ent.*
Aux trois personnes du singulier et à la troisième du pluriel, ils suivent
directement le radical. Aux deux premières personnes du pluriel, ils suivent
l'affixe -*i*-.

REM   Pour les verbes *être* et *avoir*, voir les tableaux correspondants.

- Les affixes du subjonctif imparfait

  Le subjonctif imparfait utilise le radical du passé simple, suivi de l'élément temporel de son affixe, soit, selon le cas, *-a-* et *-â-*, *-i-* et *-î-*, *-u-* et *-û-*, *-in-* et *-în-* (avec l'accent circonflexe à la troisième personne du singulier). La base ainsi formée est traitée de la façon suivante :

  – À la troisième personne du singulier, elle est suivie de l'affixe *-t*, qui ne se prononce pas : *(qu')il travaill-â-t, (qu')il pr-î-t, (qu')il mour-û-t, (qu')il v-în-t*.

  – Aux deux premières personnes du singulier et à la troisième du pluriel, elle est suivie par l'élargissement *-ss-*, lui-même suivi par les affixes *-e*, *-es* et *-ent* : *(que) je travaill-a-ss-e, (que) tu pr-i-ss-es, (qu')ils v-in-ss-ent*.

  – Les deux premières personnes du pluriel insèrent entre l'élargissement *-ss-* et les affixes personnels *-ons* et *-ez* l'affixe *-i-* : *(que) nous travaill-a-ss-i-ons, (que) vous fini-ss-i-ez, (que) vous v-in-ss-i-ez*.

- Les affixes de l'impératif

  – Les trois formes de l'impératif présent (seconde personne au singulier et au pluriel, première personne seulement au pluriel) se confondent avec les formes d'indicatif présent, utilisées sans pronom personnel sujet. Toutefois, pour les verbes à l'infinitif en *-er*, l'*-s* final disparaît à la deuxième personne du singulier : *tu travailles, tu vas*, mais *travaille, va*. L'*-s* réapparaît, dans l'écriture et dans la prononciation, sous la forme de [z], devant *en* et *y* : *manges-en, vas-y*.

  – *Être, avoir, savoir* et *vouloir* empruntent leurs formes d'impératif présent au subjonctif correspondant, en effaçant l'*-s* final de la deuxième personne du singulier quand il suit *-e-* : *aie, sache, veuille* (mais *sois*). *Sachons* et *sachez* effacent l'*-i-* du subjonctif.

- Les affixes de l'infinitif

  L'infinitif est caractérisé par l'élément *-r*, souvent suivi dans l'orthographe d'un *-e*. Toujours présent dans l'écriture, il n'est prononcé qu'après une consonne ou une voyelle autre que [e] : *atterrir, courir, suffire, pleuvoir* [pløvwaʀ], *croire, taire, faire, clore, plaindre, peindre*, mais *aimer, aller*, etc.

- Les affixes du participe présent et du gérondif

  Pour ces deux modes impersonnels, on utilise l'affixe *-ant*. En cas de radical variable, la forme de la 1re personne du pluriel du présent de l'indicatif est utilisée. Font exception ét-*ant*, formé sur le radical de l'imparfait, ay-*ant* et sach-*ant*, formés sur le radical du subjonctif.

  Le participe présent reste toujours invariable, sauf quand il passe dans la classe de l'adjectif → paragraphe 165. Le gérondif utilise la forme du participe

présent précédée par la préposition *en* : *(Tout) en travaillant, il poursuit ses études.*

• Les affixes du participe « passé »
Le participe passé présente des phénomènes complexes, tant pour les radicaux que pour les affixes.
– Quelques participes passés sont terminés au masculin par une consonne prononcée. Leur féminin se marque par la consonne [t] suivie dans l'orthographe d'un *-e* muet (*mort* [mɔʀ], *morte* [mɔʀt], *offert, offerte*, etc.).
– Pour certains verbes, le participe passé se termine à l'écrit par une consonne qui n'apparaît à l'oral qu'au féminin : *assis, assise, clos, close, dit, dite*, etc.

REM   *Absoudre* et *dissoudre* ont un participe passé terminé au masculin par *-s* et au féminin par *-te* : *absous, absoute.*

– Les participes passés des autres verbes ont pour affixes la voyelle *-é* (pour le premier groupe et pour *aller*), la voyelle *-i* (pour le deuxième groupe et certains verbes du troisième : *servi, fui*, etc.), enfin la voyelle *-u* (pour d'autres verbes du troisième groupe : *chu, couru, tenu, venu*, etc.).

LES VERBES DÉFECTIFS

112 Définition des verbes défectifs

Un certain nombre de verbes comportent des lacunes dans leur conjugaison qui est, à des degrés divers, incomplète. On les appelle *défectifs,* c'est-à-dire « comportant un manque ».

113 Classement des verbes défectifs

• Les verbes exclusivement impersonnels
Ces verbes ne sont pour l'essentiel défectifs que pour la personne, dont ils ne possèdent que la troisième, au singulier. Mais cette lacune en entraîne d'autres. Ils ne possèdent nécessairement pas d'impératif, puisque celui-ci n'a pas de 3e personne. Leur participe présent et leur gérondif sont d'emploi rarissime, puisqu'ils exigent en principe l'identité du sujet avec celui d'un verbe à un mode personnel. Parmi eux, on distingue les verbes météorologiques tels que *neiger, pleuvoir,* etc. et une brève série de verbes généralement suivis d'un complément (nominal ou propositionnel) tels *falloir (il faut), s'agir (il s'agit de)* et l'expression impersonnelle *il y a.*

• Autres verbes défectifs → tableaux 31, 38, 39, 45, 52, 53, 55, 56, 57, 66, 71, 76, 78

Chapitre III

114 Qu'est-ce que la syntaxe ?

Étudier la *syntaxe* du verbe, c'est décrire les relations que le verbe entretient, dans le discours et spécifiquement dans la phrase, avec les différents éléments de son entourage. La morphologie, comme on l'a vu dans le chapitre précédent, étudie les formes verbales *isolément*. La syntaxe, au contraire, s'intéresse non seulement au verbe lui-même, mais aussi à tous les éléments qui entrent en relation avec lui.

Dans ces conditions, le champ de la syntaxe du verbe est très étendu : il comprend par exemple l'étude des différents *compléments* du verbe, quelle que soit la nature de ces compléments : noms, adverbes, propositions, etc. Compte tenu des visées spécifiques de cet ouvrage et de ses limites, on n'a retenu de la syntaxe du verbe que les problèmes qui entraînent pour les formes verbales des variations, notamment orthographiques. Il s'agit des phénomènes d'*accord*.

115 Qu'est-ce que l'accord ? Analyse d'un exemple

Le petit garçon promène son chien.

Dans cette phrase, le nom *garçon* comporte plusieurs catégories morphologiques. Il possède par lui-même le *genre masculin*. Il est utilisé au *singulier*, *nombre* qu'on emploie quand la personne ou l'objet dont on parle est unique. Il relève enfin de la *3e personne* : on pourrait le remplacer par le pronom personnel de 3e personne *il*.

Ces trois catégories morphologiques possédées par le nom *garçon* se communiquent aux éléments de la phrase qui entrent en relation avec lui. L'article *le* et l'adjectif *petit* prennent les marques des deux catégories du *genre masculin* et du *nombre singulier*, mais non celle de la *3e personne*, parce qu'ils ne peuvent pas marquer cette catégorie. De son côté, le verbe prend les marques de la *3e personne* et du *nombre singulier*, mais non celle du *genre masculin*, parce qu'il ne peut pas marquer cette catégorie.

116 Accord du verbe avec son sujet

Les formes personnelles du verbe s'accordent en personne et en nombre avec leur sujet :

Les élèves   travaillent ;   nous, nous ne faisons rien.
3e pers. pl.   3e pers. pl.   1re pers. pl.   1re pers. pl.

- Accord en personne

Le verbe ne s'accorde à la première et à la deuxième personnes que lorsque le sujet est un pronom personnel de l'une de ces deux personnes (*je* et *tu* pour le singulier, *nous* et *vous* pour le pluriel) :

Je   suis   grammairien.
1re pers. sing.   1re pers. sing.

Tu   as   de bonnes notions de conjugaison.
2e pers. sing.   2e pers. sing.

Nous   adorons   la syntaxe.
1re pers. pl.   1re pers. pl.

Vous   avez   horreur de la morphologie.
2e pers. pl.   2e pers. pl.

Tous les autres types de sujet (nom commun introduit par un déterminant, nom propre, pronom autre que *je, tu, nous* ou *vous*, verbe à l'infinitif…) entraînent l'accord à la 3e personne :

Paul   frémit   en pensant au participe.
nom propre   3e pers.

Personne   ne peut   négliger l'orthographe.
pronom indéfini   3e pers.

Fumer   est   dangereux pour la santé.
infinitif   3e pers.

- Accord en nombre

Pour le nombre, le sujet au singulier détermine l'accord au singulier, le sujet au pluriel l'accord au pluriel :

La grammaire est vraiment passionnante.
sujet singulier   verbe singulier

Les élèves travaillent.
sujet pluriel   verbe pluriel

Ils se   moquent des problèmes d'accord.
sujet pluriel   verbe pluriel

Certains   préfèrent le caviar au foie gras.
sujet pluriel   verbe pluriel

Le *vous* de politesse comme le *nous* de modestie ou d'emphase entraînent l'accord du verbe au pluriel.

117 Accord du verbe avec le pronom relatif

Le pronom relatif *qui* peut avoir pour antécédent un pronom personnel de la première ou de la deuxième personne. Dans ce cas, l'accord en personne se fait avec le pronom personnel :

C'est moi   qui   ai raison ; c'est toi   qui   as tort.
antécédent 1re pers.   1re pers.   antécédent 2e pers.   2e pers.

Toutefois, les expressions telles que *le premier (la première) qui, le seul (la seule) qui, celui (celle) qui,* dépendant d'un verbe à la première ou à la deuxième personne, acceptent l'accord à la troisième :

Je suis le premier qui ai / a écrit sur ce sujet.
1re pers.   1re ou 3e pers.

Tu es celle qui m'as / m'a aimé.
2e pers.   2e ou 3e pers.

Pour *un (une) des (…) qui,* il faut, pour faire correctement l'accord, repérer si l'antécédent de *qui* est le pronom singulier *un* ou le nom au pluriel qui en est le complément :

C'est un des élèves qui a remporté le prix.

(= un seul élève a remporté le prix)

C'est un des meilleurs livres qui aient été publiés.

(beaucoup de livres ont été publiés)

118 Accord du verbe avec les titres d'œuvres

Les titres d'œuvres (littéraires, picturales, musicales, cinématographiques, etc.) constitués par un nom au pluriel déterminent l'accord au singulier ou au pluriel, selon des variables très complexes :

Les Pensées *de Pascal sont admirables,* les Harmonies poétiques *se laissent encore lire.*

Mais :

Les enfants du Paradis *est* (plutôt que *sont*) *l'un des meilleurs films de tous les temps.*
Les dieux ont soif *est* (à l'exclusion de *sont*) *le meilleur roman d'Anatole France.*

119 Accord avec les noms collectifs (*foule, masse, centaine...*)

Les noms tels que *foule, multitude, infinité, troupe, masse, majorité...* ainsi que les approximatifs *dizaine, douzaine, vingtaine, centaine...* sont morphologiquement au singulier, mais désignent une pluralité d'êtres ou d'objets. Quand ils sont utilisés seuls, ils déterminent l'accord au singulier :

La foule se déchaîne.

Mais quand ils sont déterminés par un nom au pluriel, ils peuvent faire apparaître l'accord du verbe au pluriel :

Une foule de manifestants se déchaîne ou *se déchaînent.*
      nom pluriel   singulier   pluriel

C'est ce qu'on appelle la *syllepse de nombre.*

120 Accord avec les noms de fractions (*une moitié, un tiers...*)

Les fractions marquées par un nom tel que *la moitié, le tiers, le quart* sont au singulier, mais visent évidemment, quand elles s'appliquent à des êtres ou des objets distincts, plusieurs de ces êtres ou de ces objets : *la moitié des députés, le tiers des candidats.*
Les expressions de ce genre déterminent généralement, toujours par syllepse, l'accord au pluriel :

La moitié des députés sortants ont été battus.
      pluriel   pluriel

On trouve même parfois, après la suppression du complément au pluriel lorsqu'il est connu par le contexte, des accords du type :

La moitié <u>ont</u> été battu<u>s</u>.
pluriel

Toutefois, le singulier reste à la rigueur possible, même avec le complément au pluriel :

Le tiers des députés sortants <u>a</u> été battu.

Quand le complément de ces fractions désigne une matière où l'on ne peut pas reconnaître d'unités distinctes, l'emploi du pluriel est absolument exclu :

La moitié de la récolte <u>a</u> pourri sur place.

121 Accord avec les indications de pourcentage

Le cas des indications de pourcentage est légèrement différent de celui des fractions. En effet, les expressions telles que *29 %* sont par elles-mêmes au pluriel.

* 29 % des députés sortants a été battu est une phrase très peu vraisemblable. Inversement, l'accord au pluriel est possible, même quand le complément désigne une matière indistincte :

29 % de la récolte <u>ont</u> été perdu<u>s</u>.

122 Accord avec les adverbes de quantité *(beaucoup, trop, peu…)*

Il s'agit de *beaucoup, peu, pas mal, trop, peu, assez, plus, moins, tant, autant,* de l'interrogatif (et exclamatif) *combien,* de l'exclamatif *que* et de quelques autres. Ces adverbes sont souvent complétés par un nom au pluriel :

beaucoup d'<u>élèves</u>
nom pluriel

pas mal d'<u>élèves</u>
nom pluriel

Ils ont alors le même sens qu'un article au pluriel *(pas mal d'élèves = des élèves)* et imposent au verbe l'accord au pluriel :

Peu de candidats <u>ont</u> échoué : moins de cent s'<u>étaient</u> présenté<u>s</u>.

Sans complément, certains de ces adverbes – mais non tous – conservent cette propriété : *peu ont échoué* reste possible, mais ** moins s'étaient présentés* est impossible.

REM — *La plupart*, même avec un complément au pluriel, garde la possibilité de l'accord au singulier : *La plupart des élèves travaillent* ou *travaille*.

— Bizarrement, *plus d'un* exige l'accord au singulier, et *moins de deux* le pluriel : *Plus d'un est venu, moins de deux sont repartis*.

123 Accord des verbes impersonnels

Le problème tient ici à l'absence de véritable sujet, au sens d'agent de l'action : où est, en ce sens, le sujet de *il pleut* ou de *il fallait* ? Le français a réglé le problème en imposant aux verbes impersonnels le pronom de la 3e personne du singulier (→ paragraphe 97) et, nécessairement, l'accord au singulier. Cet accord au singulier se maintient même quand le verbe est pourvu d'un « sujet réel » au pluriel :

Il pleut des hallebardes.
        sujet réel pluriel

124 Accord du verbe avec plusieurs sujets de même personne

Il est très fréquent qu'un verbe ait pour sujets plusieurs noms, communs ou propres, ou plusieurs pronoms coordonnés ou juxtaposés. Le principe général est que le verbe muni de plusieurs sujets (c'est-à-dire, en français, au moins deux) s'accorde au pluriel :

Le général et le colonel ne s'entendent pas bien.
   singulier   singulier   pluriel

Ferdinand et René   ont fait de la linguistique.
   singulier   singulier   pluriel

Celui-ci et celui-là travailleront correctement.
   singulier   singulier   pluriel

Elle et lui ne font rien.
 singulier singulier   pluriel

REM *Cas particulier d'archaïsme.* On fait parfois l'accord avec un seul des sujets, même quand ils sont de sens très différent :

Leur sommeil et leur réveil en fut tout parfumé. ANATOLE FRANCE
       sujet   sujet

Le cas de *l'un et l'autre*, qui continue dans certains cas à déterminer l'accord au singulier *(l'un et l'autre se dit* ou se *disent)*, entre dans cette catégorie.

125 Accord avec des sujets coordonnés par *ou* et *ni... ni*

Ces deux cas ne semblent pas poser de problème : il y a au moins deux sujets, et l'accord au pluriel paraît s'imposer.

Cependant, certains grammairiens présentent les raisonnement suivants :

- Sujets coordonnés par *ou*

  Coordonnés par *ou*, les deux sujets entraînent l'accord au singulier quand *ou* est exclusif. On fera donc l'accord au singulier pour :

  Une valise ou un gros sac m'est indispensable.

  (= un seul des deux objets, à l'*exclusion* de l'autre, m'est indispensable)

  On fera l'accord au pluriel pour :

  Une valise ou un sac faciles à porter ne se trouvent pas partout.

  (= les deux objets sont également difficiles à trouver)

  Malgré sa subtilité et la difficulté de son application pratique, ce raisonnement est acceptable. Il laisse d'ailleurs une trace dans l'accord avec *l'un ou l'autre* et *tel ou tel,* qui se fait le plus souvent au singulier, le *ou* y étant exclusif.

- Sujets coordonnés par *ni... ni*

  Coordonnés par la conjonction de sens négatif *ni... ni*, aucun des deux sujets n'est en mesure d'effectuer l'action du verbe, qui devrait donc rester au singulier :

  Ni <u>Henri V</u> ni <u>Charles XI</u> n'<u>a</u> été roi.
       sujet   sujet   singulier

  Ce raisonnement est discutable : si on le suivait totalement, on s'interdirait d'accorder au pluriel les verbes des phrases négatives, où les sujets n'effectuent pas réellement l'action. Dans la pratique, on peut, à sa guise, faire l'accord au singulier ou au pluriel.

REM   L'expression *ni l'un ni l'autre* entraîne alternativement l'accord au singulier et au pluriel : *ni l'un ni l'autre ne travaille* ou *ne travaillent.*

126 Accord avec des sujets unis par *comme, ainsi que, de même que, autant que, au même titre que...*

L'accord se fait au pluriel quand l'expression qui unit les sujets a la fonction d'une coordination :

Le latin <u>comme</u> le grec ancien <u>sont</u> des langues mortes. (= le latin et le grec)
                            pluriel

L'accord au singulier indique que l'expression qui unit les termes conserve sa valeur comparative. C'est notamment ce qui se produit dans les cas d'incises isolées par des virgules :

Mexico, au même titre que Tokyo et São Paulo, est une mégapole.

singulier

127 Accord avec des sujets désignant le même objet ou la même personne

Si les sujets sont de sens absolument distinct, mais désignent le même objet ou la même personne, l'accord se fait au singulier :

Le Premier Ministre et le Président du Conseil peut être le même homme.

sujet   sujet   singulier

C'est l'année où mourut mon oncle et (mon) tuteur.

          singulier   sujet   sujet

REM   Dans le deuxième exemple, il est possible de ne pas répéter le déterminant devant le second sujet : … *mon oncle et tuteur.*

Si les sujets sont de sens apparenté et s'appliquent à la même réalité, l'accord au singulier est le plus fréquent.

La joie et l'allégresse s'empara de lui. (= synonymie)

L'irritation, le courroux, la rage avait envahi son cœur. (= gradation)

128 Accord avec plusieurs infinitifs sujets

Une suite de plusieurs infinitifs sujets détermine normalement l'accord au singulier. Mais on trouve parfois le pluriel :

Manger, boire et dormir est agréable.
Manger, boire et dormir sont permis.

REM   Pour la plupart des cas difficiles d'accord (→ paragraphes 118 à 127) qui viennent d'être décrits, l'arrêté de 1976 autorise les deux possibilités.

129 Accord avec des sujets qui ne sont pas à la même personne

- **Accord en nombre**
  Quand les différents sujets relèvent de personnes différentes,
  l'accord en nombre se fait également au pluriel.

- Accord en personne
La première personne prévaut sur les deux autres.

Toi et moi (nous) adorons la grammaire.

Toi, Ernest et moi (nous) passons notre temps à faire de la syntaxe.

La deuxième personne prévaut sur la troisième :

Émile et toi (vous) avez dévoré un énorme plat de choucroute.

On remarque dans ces exemples la présence facultative (marquée par les parenthèses) d'un pronom personnel récapitulatif qui indique la personne déterminant l'accord.

130 Accord du verbe *être* avec l'attribut (*c'était... c'étaient...*)
Quand le verbe *être* a pour sujet le pronom démonstratif *ce* (ou, parfois, les démonstratifs *ceci* ou *cela,* souvent précédés de *tout*) et qu'il introduit un attribut au pluriel (ou une suite d'attributs juxtaposés ou coordonnés), il peut, par exception à la règle générale d'accord du verbe, prendre la marque du pluriel, c'est-à-dire s'accorder avec l'attribut :

Ce sont eux.

Tout ceci sont des vérités.

C'étaient un capitaine, un lieutenant et un adjudant-chef.

Mais **ce sont nous,*ce sont vous* sont impossibles.
Ce phénomène insolite d'accord avec l'attribut est légèrement archaïsant. Il était beaucoup plus fréquent aux périodes anciennes de l'histoire de la langue.

L'ACCORD DU PARTICIPE PASSÉ

131 Quelques remarques sur l'accord du participe passé
La question de l'accord du participe passé donne lieu à des développements considérables, qui peuvent laisser penser qu'il s'agit d'un des points les plus importants de la langue. Pour prendre la mesure de l'intérêt du problème, il est utile de ne pas perdre de vue les remarques suivantes.

- Un problème d'orthographe
L'accord du participe passé est un phénomène à peu près exclusivement orthographique. L'accord en genre ne se fait entendre à l'oral que pour un petit nombre de participes : par exemple, *offert, offerte.* Les participes passés de

loin les plus nombreux sont terminés au masculin par *-é, -i* ou *-u* et ne marquent le féminin que dans l'orthographe : *-ée, -ie, -ue.* Quant à l'accord en nombre, il n'a jamais de manifestation orale, sauf dans les cas de liaisons, eux-mêmes assez rares.

• Des règles peu respectées
Même dans les cas où l'accord en genre apparaît à l'oral, on observe fréquemment, dans la langue contemporaine, que les règles n'en sont pas observées, notamment pour l'accord du participe passé avec un complément d'objet direct antéposé.
On entend très souvent :
les règles que nous avons enfreint ou : *les fautes que nous avons commis,* au lieu des formes régulières *enfreintes* et *commises.*

• Une règle artificielle
La règle de l'accord du participe passé avec le complément d'objet antéposé est l'une des plus artificielles de la langue française. On peut en dater avec précision l'introduction ; c'est le poète Clément Marot qui l'a formulée en 1538. Marot prenait pour exemple la langue italienne, qui a, depuis, partiellement renoncé à cette règle.

• Un problème politique ?
Il s'en est fallu de peu que la règle instituée par Marot ne fût abolie par le pouvoir politique. En 1900, un ministre de l'Instruction publique courageux, Georges Leygues, publia un arrêté qui « tolérait » l'absence d'accord.
Mais la pression de l'Académie fut telle que le ministre fut obligé de remplacer son arrêté par un autre texte qui, publié en 1901, supprime la tolérance de l'absence d'accord, sauf dans le cas où le participe est suivi d'un infinitif ou d'un participe présent ou passé : *les cochons sauvages que l'on a trouvé* ou *trouvés errant dans les bois.* → paragraphe 139

132 Accord du participe passé employé sans auxiliaire

La règle générale découle du statut du participe passé : verbe transformé en adjectif, il adopte les règles d'accord de l'adjectif. Il prend donc les marques de genre et de nombre du groupe nominal dont il dépend. La règle s'applique quelle que soit la fonction du participe par rapport au groupe nominal : épithète, apposition, attribut.

Les petites filles <u>assises</u> sur un banc regardaient les voitures.
épithète féminin pluriel

<u>Assises</u> sur un banc, elles regardaient les voitures.
apposition féminin pluriel

Elles étaient <u>assises</u> sur un banc, regardant les voitures.
attribut féminin pluriel

Ce phénomène d'accord adjectival n'exclut naturellement pas la possibilité pour le participe d'avoir des compléments à la manière d'un verbe :

Expulsés <u>par leur propriétaire</u>, les locataires ont porté plainte.
Ces jeunes personnes semblent <u>satisfaites</u> <u>de leur condition</u>.

La règle de l'accord du participe passé employé sans auxiliaire ne comporte que des exceptions apparentes.

- *Attendu, y compris, non compris, excepté, passé, supposé, vu*
  Placés devant un groupe nominal (c'est-à-dire avant le déterminant du nom), ces participes passés prennent en réalité la fonction d'une préposition : ils deviennent invariables.

<u>Vu</u>   <u>les conditions atmosphériques</u>, la cérémonie est reportée.
participe   groupe nominal
invariable

- *Étant donné*
  Il arrive que ce participe passé passif s'accorde. C'est qu'il est compris comme une proposition participiale avec sujet postposé :

<u>Étant donné(es)</u> <u>les circonstances</u>...
                        féminin pluriel

- *Ci-joint, ci-annexé, ci-inclus*
  Caractéristiques de la correspondance administrative, ils obéissent en principe aux règles suivantes :
  − Ils restent invariables devant le groupe nominal.

Ci-joint la photocopie de mon chèque.

  − Ils s'accordent quand ils sont placés après le nom.

Voir la photocopie ci-<u>jointe</u>.

— Ils s'accordent aussi quand, même antéposés, ils sont considérés comme des attributs du nom.

Vous trouverez ci-jointe une photocopie de mon chèque.

133 Accord du participe passé employé avec *être* : règle générale

Employé avec l'auxiliaire *être*, le participe passé s'accorde en genre et en nombre avec le sujet du verbe. Cette règle vaut pour les verbes à la voix passive et pour les formes composées des verbes recourant à l'auxiliaire *être*.

Voix passive : *Les voyageurs sont bloqués sur l'autoroute par la neige.*

Voix active : *Quelques jeunes filles sont descendues sur la chaussée.*

passé composé du verbe *descendre*

REM   Le pronom *on* détermine normalement l'accord du participe au masculin singulier : *On est arrivé.* Cependant, l'accord peut se faire au pluriel, masculin le plus souvent, féminin quand les personnes désignées par *on* sont toutes des femmes : *On est reparties.* Plus rare, l'accord au féminin singulier indique que *on* vise une femme unique : *Alors, on est devenue bergère ?*

134 Accord du participe passé employé avec *avoir* : règle générale

Le participe passé conjugué avec l'auxiliaire *avoir* ne s'accorde jamais avec le sujet du verbe.

Claudine n'aurait jamais fait cela.

sujet féminin   participe passé invariable

Lorsqu'il est précédé par un complément d'objet direct, le participe passé s'accorde avec ce complément :

Ces histoires, il les a racontées. (*les = histoires* = féminin pluriel)

complément   participe passé
d'objet direct   féminin pluriel

Le participe *racontées* s'accorde en genre et en nombre avec le complément d'objet direct qui le précède, le pronom personnel *les,* lui-même représentant le nom féminin pluriel *ces histoires.*

La règle d'accord du participe passé avec le complément d'objet direct antéposé s'applique somme toute peu souvent. Elle exige en effet deux conditions, finalement assez rares :

— Le verbe doit avoir un complément d'objet direct, ce qui exclut les verbes intransitifs, attributifs et même les transitifs construits sans complément d'objet.

— Le complément d'objet doit être placé avant le participe, ce qui ne s'observe normalement que dans les interrogatives où l'objet est placé en tête de phrase :

Quelles grammaires avez-vous consultées ?

dans les phrases où l'objet est un pronom personnel :

Je jette les grammaires dès que je les ai lues.

et dans les relatives où le pronom relatif est objet :

Les grammaires que j'ai acquises sont bien médiocres.

135 Accord du participe passé des verbes pronominaux

- **La règle**

Dans la plupart des cas, on observe l'accord avec le sujet, quelle que soit la valeur de la construction pronominale :

Ils se sont lavés. (valeur réfléchie)
Elles se sont battues. (valeur réciproque)
La porte s'est ouverte d'elle-même. (valeur passive)
Ils se sont souvenus, elles se sont évanouies. (verbes essentiellement pronominaux)

- **Les exceptions**

— Dans la phrase suivante, l'accord avec le sujet ne se fait pas :

Elles se sont préparé une bonne soupe.

En effet, le pronom réfléchi se n'est pas le complément d'objet direct du verbe, mais désigne le bénéficiaire de l'action. Le complément d'objet du verbe est le nom *soupe*, comme le montre l'accord du participe passé quand le complément *soupe* est placé avant lui :

La soupe qu'elles se sont préparée était bonne.

— Les verbes tels que se *complaire,* se *nuire,* se *parler,* se *plaire,* se *succéder...* ne déterminent pas l'accord du participe :

Plusieurs reines se sont succédé.
Elles se sont plu les unes aux autres.

Comme dans le cas précédent, le pronom réfléchi n'est pas le complément d'objet du verbe : les reines n'ont pas succédé *les* reines (complément d'objet direct), elles ont succédé *aux* reines (complément d'objet indirect).

- Interprétation de la règle et des exceptions
  Le pronom réfléchi désigne par définition le même objet ou la même personne que le sujet. Dans *ils se sont lavés*, *ils*, sujet, et *se*, complément d'objet, désignent la même personne. On peut donc formuler de deux façons la règle d'accord :
  1. L'accord se fait avec le sujet, comme dans les autres cas d'emploi de l'auxiliaire *être*.
  2. L'accord se fait avec le complément d'objet placé avant le participe, comme avec l'auxiliaire *avoir*, dont *être* n'est ici que le substitut.
  Un argument en faveur de la deuxième solution est fourni par les cas où le réfléchi n'est pas complément d'objet. Dans : *Elles se sont préparé une bonne soupe*, l'auxiliaire *être* fonctionne comme l'auxiliaire *avoir*, qui apparaîtrait si le verbe était construit sans pronom réfléchi : *Elles ont préparé une bonne soupe*.

REM Le cas du verbe *s'arroger* est très voisin : *Elles se sont arrogé des droits immérités*, sans accord au féminin pluriel. La seule particularité de *s'arroger* est qu'il est essentiellement pronominal.

136 Accord du participe passé employé avec l'auxiliaire *avoir* : les verbes impersonnels

Le participe passé des verbes impersonnels reste toujours invariable, même dans le cas où il est précédé par un complément évoquant formellement le complément d'objet :

les soins qu'il leur a <u>fallu</u>
    COD pluriel   participe passé invariable

137 Accord du participe passé après *en, l'* (pour *le* neutre), *combien*

Ces éléments à valeur pronominale ne comportent ni la catégorie du genre, ni celle du nombre. Ils sont donc en principe inaptes à déterminer l'accord du participe :

Des grammaires, j'<u>en</u> ai <u>lu</u> à foison !
                participe passé invariable

La crise dure plus longtemps qu'on ne <u>l'</u>avait <u>prévu</u>.
                    participe passé invariable

<u>*Combien*</u> *en as-tu <u>lu</u> ?*
    participe passé invariable

Toutefois, on fait parfois l'accord selon le genre et le nombre des noms représentés par ces pronoms, surtout quand ces noms sont exprimés sous forme de compléments :

Combien de <u>livres</u> as-tu acheté<u>(s)</u> ?

138 Accord avec les compléments de verbes tels que *durer, peser, coûter*
Ces compléments ne présentent que certains traits des compléments d'objet : ainsi, ils ne peuvent pas donner lieu à la transformation passive. Placés avant un participe, ils ne déterminent pas, en principe, l'accord :

les <u>heures</u> que le voyage a <u>duré</u>
les <u>sommes</u> que cela lui a <u>coûté</u>

Toutefois, ces verbes ont parfois un emploi authentiquement transitif, qui déclenche l'accord :

les trois <u>bébés</u> que la sage-femme a <u>pesés</u>

On observe souvent des confusions entre ces deux types d'emplois.

139 Accord du participe passé suivi d'un infinitif
• Participe passé d'un verbe de mouvement *(emmener, envoyer)* ou de sensation *(écouter, entendre, sentir, voir)*

les <u>cantatrices que</u> j'ai <u>entendues</u> chanter

Dans cette phrase, on fait l'accord, parce que le pronom *que*, représentant *les cantatrices*, est l'objet de *j'ai entendu(es)*.
Au contraire, dans la phrase suivante, on ne fait pas l'accord, car le pronom *que*, représentant *les opérettes*, est l'objet de *chanter*, et non d'*entendre* :

les opérettes que j'ai entendu chanter

Règle :
On fait donc l'accord quand le complément antéposé est le complément de la forme composée avec le participe (cas des *cantatrices*). On ne fait pas l'accord quand le complément antéposé est le complément de l'infinitif (cas des *opérettes*).
Un bon moyen de distinguer les deux cas consiste à remplacer le relatif par son antécédent. On oppose ainsi *j'ai entendu les cantatrices chanter* (où *cantatrices* est bien l'objet de *j'ai entendu*) à *j'ai entendu chanter les opérettes* (où *opérettes* est bien l'objet de *chanter*).

Toutefois, les confusions restent possibles, et l'arrêté de 1976 tolère les deux possibilités dans tous les cas.

- Participe passé de *faire* ou de *laisser*
Traditionnellement, le participe passé du verbe *faire* (employé avec *avoir*) reste invariable :

Les <u>députés</u>   *que*   *le Président a <u>fait</u> élire ont l'air sérieux.*
masculin pluriel   COD   participe passé invariable

Cela s'explique sans doute par le fait que l'accord de *faire* au féminin se manifesterait oralement : **la petite fille que j'ai faite jouer* (on trouve parfois des exemples littéraires de cette bizarrerie).
En principe, *laisser* — dont l'accord est strictement graphique — était soumis à la même règle que les verbes de mouvement et de sensation (→ plus haut). Le Conseil supérieur de la langue française, en 1990, en a recommandé l'invariabilité dans tous les cas, sur le modèle de *faire*. On écrira donc :

Les <u>musiciennes</u>   *que*   *j'ai* <u>laissé</u> *jouer* *sont* *remarquables.*
féminin pluriel   COD   participe passé invariable

140 Accord du participe passé suivi d'un adjectif ou d'un autre participe
C'est en principe la règle générale qui s'applique. Le participe s'accorde avec son complément d'objet direct antéposé :

Je <u>vous</u> aurais crue<u>s</u> plus scrupuleuses.
<u>Une lettre</u> *que j'aurais préféré<u>e</u> écrite à la main.*

Elle semble toutefois encore moins observée que dans les autres cas.
— On a vu plus haut que l'arrêté de 1901 conservait dans ce cas la tolérance du non-accord.

141 Accord des participes passés des formes surcomposées
En principe, c'est seulement le second participe passé qui s'accorde, le premier (nécessairement *eu*) restant invariable :

Dès que je <u>les</u> ai <u>eu</u> tué<u>s</u>, j'ai plumé mes canards.

REM   On trouve quelques rares exemples d'accord de *eu(es)* chez certains écrivains.

Chapitre IV

142 Organisation des valeurs verbales

Les valeurs verbales sont fondées sur les différences : un présent se distingue
d'un imparfait et d'un passé simple, qui eux-mêmes se distinguent entre eux.
Un subjonctif se distingue d'un indicatif et d'un impératif. Il convient donc
d'étudier les valeurs des formes non pas en elles-mêmes, mais dans le système
de différences qu'elles constituent.

REM   Ce chapitre ne décrit que les valeurs relatives à l'aspect et au temps (on parle, pour
faire bref, de valeurs temporelles) ainsi qu'au mode. Les valeurs des autres
catégories verbales (la personne, le nombre et la voix), moins complexes, ont été
décrites aux paragraphes 97 à 101.

VALEURS DES FORMES TEMPORELLES

143 Le présent : le moment où l'on parle

Le présent — qui est la forme verbale la plus fréquemment employée —
occupe une place centrale, en opérant la distinction fondamentale entre le
passé et le futur. C'est donc par le présent qu'il faut commencer l'étude des
valeurs des formes temporelles.

La valeur fondamentale du présent est de marquer — comme d'ailleurs son
nom le suggère — la coïncidence temporelle entre le moment où l'on parle et
l'action dont on parle. Quand je dis *Paul travaille*, l'action se déroule au
moment même où je suis en train d'en parler au présent. C'est par là que *Paul
travaille* se distingue de *Paul travaillait* (l'action est antérieure au moment où
je parle) comme de *Paul travaillera* (l'action est postérieure au moment où
je parle).

Cependant, quand je dis *Paul travaille*, il est inévitable que l'action — le travail de Paul — ait commencé au moins depuis quelques instants, et se prolonge un peu après que la phrase sera terminée : la durée de l'action dont on parle déborde de part et d'autre de la durée nécessaire à l'énonciation de la phrase. C'est ce phénomène de débordement qui explique les différentes valeurs que peut prendre le présent.

- Présent d'actualité
  Les actions se déroulent au moment où je parle, mais leur durée est plus longue que celle de mon discours :

Il pleut : je travaille.

REM   *Les énoncés performatifs.* Dans certains cas, on observe la coïncidence absolue entre les limites temporelles de l'action et celles de la phrase. Quand je dis : *je déclare la séance ouverte*, j'effectue par là-même l'action d'ouvrir la séance. Cette action a donc nécessairement la même durée exacte que la phrase qui me permet de l'effectuer. Il en va de même pour des phrases telles que *je te promets de venir demain, je jure de travailler, je parie cent francs sur la victoire de Jacques* ou, dans un autre registre, *je te baptise Alfred.* Les phrases de ce type — qui sont toujours à la première personne — reçoivent le nom *d'énoncés performatifs.*

- Présent de validité permanente ou de vérité générale
  Les limites temporelles des actions dont on parle sont très éloignées. L'action d'énoncer la phrase se situe nécessairement entre ces limites, souvent si éloignées ou si difficiles à envisager que la phrase prend une valeur intemporelle (ou omnitemporelle) :

La terre tourne autour du soleil.
L'argent ne fait pas le bonheur.
Tous les hommes sont mortels.

- Présent de répétition et d'habitude
  L'action se répète au cours d'une période, plus ou moins longue, qui englobe le moment où l'on parle.
  On parle de *présent de répétition* quand le sujet est non animé :

Le téléphone sonne.
Le geyser jaillit toutes les deux heures.

Quand le sujet est un être animé, on parle généralement de *présent d'habitude* :

Je <u>vais</u> à la piscine deux fois par semaine.

- Passé récent et futur proche
  Dans ces deux cas, l'action est présentée par la personne qui parle comme proche dans le passé ou dans l'avenir. C'est cette proximité qui permet l'emploi du présent, sous l'effet du phénomène de débordement signalé plus haut :

J'<u>arrive</u> à l'instant de Nanterre.
Nous <u>partons</u> mercredi prochain pour Nouakchott.

Le futur proche est considéré comme totalement programmé au moment de l'énonciation, même si, objectivement, l'action peut être assez éloignée dans l'avenir :

Je <u>prends</u> ma retraite dans dix ans.

Le présent s'utilise aussi pour une action future dans la subordonnée conditionnelle d'une phrase dont le verbe principal est au futur :

Si tu <u>viens</u> demain, j'en <u>serai</u> ravi.
     présent   futur

- Présent de narration ou présent historique
  Dans ce cas, l'action décrite n'est évidemment pas contemporaine de la phrase par laquelle on la décrit. Mais la personne qui parle fait comme si elle assistait actuellement aux actions qu'elle évoque :

Louis XVI <u>meurt</u> le 21 janvier 1793.
              présent

Le présent historique permet donc de rendre présents les événements passés. Cette valeur est toujours plus ou moins ressentie par l'auditeur ou le lecteur, même quand le présent de narration est utilisé systématiquement par la personne qui raconte les événements.

- Présent injonctif
  Il arrive parfois que le présent prenne la valeur modale d'un impératif : la phrase *on se calme !* adressée à un groupe d'enfants agités n'est pas une constatation, mais un ordre.

144 Les formes simples du passé : l'imparfait et le passé simple

- Valeurs comparées de l'imparfait et du passé simple

  Contrairement à d'autres langues (par exemple, l'anglais et l'allemand),
  le français dispose de deux formes simples de passé. En effet, le passé simple,
  dans tous ses emplois, et l'imparfait, le plus souvent, ont une valeur de passé,
  qui les oppose l'un et l'autre au présent. Le problème est alors de savoir
  comment ces deux temps du passé se distinguent l'un de l'autre.

  La comparaison de deux exemples le montrera :

  – Quand on dit *il travaillait,* à l'imparfait, on ne s'intéresse pas aux moments
  qui ont marqué le début et la fin de l'action. C'est pourquoi on peut dire
  il travaillait déjà en 1907, alors qu' on ne peut pas dire, au passé simple,
  *il travailla déjà en 1907.

  – Quand on dit *il travailla,* on indique que l'action — qui peut avoir duré
  longtemps — a eu un début et une fin. C'est pourquoi on peut dire
  il travailla de 1902 à 1937, alors qu'on ne peut pas normalement dire,
  à l'imparfait, **il travaillait de 1902 à 1937.*

  C'est ce phénomène qui explique les valeurs différentes prises par des séries
  de verbes à l'imparfait et au passé simple.

  L'imparfait indique normalement des actions simultanées ou alternatives :

  Elle dansait, sautait et chantait. (comprendre : elle faisait tout cela en même temps)

  Le passé simple marque généralement des actions successives :

  Elle dansa, sauta et chanta. (comprendre : elle fit successivement les trois actions)

  Quand les deux temps interviennent dans la même phrase, le passé simple
  marque une action limitée qui s'insère au sein de l'action illimitée marquée par
  l'imparfait :

  L'avion <u>volait</u> à haute altitude quand l'incident <u>survint</u>.

- Registres d'emploi de l'imparfait et du passé simple

  L'imparfait s'emploie, à l'oral et à l'écrit, à toutes les personnes. Au contraire,
  le passé simple est, dans la langue contemporaine, à peu près exclusivement
  réservé à la 3ᵉ personne. C'est ce qui explique l'aspect démodé que prennent
  les formes de 1ʳᵉ et de 2ᵉ personnes, notamment au pluriel : *nous arrivâmes,*
  vous partîtes. On leur préfère le passé composé : *nous sommes arrivés,*
  vous êtes partis (→ paragraphe 151). Sans être absolument absent à l'oral,
  le passé simple caractérise surtout l'usage écrit, notamment littéraire.

REM La situation du passé simple était différente au XIXe siècle : le passé simple s'utilisait à toutes les personnes, vraisemblablement à l'oral comme à l'écrit. De très longs récits autobiographiques pouvaient être rédigés au passé simple à la première personne, ce qui est devenu exceptionnel aujourd'hui, et révèle des intentions particulières : l'imitation archaïsante des textes du passé ou l'intention de marquer la séparation complète entre le *je* qui écrit et le *je* dont l'histoire est racontée.

- **Valeurs particulières de l'imparfait**
  L'imparfait peut signifier qu'une action ne s'est pas réalisée. C'est ce qu'on appelle *l'imparfait d'imminence* contrecarrée :

Un peu plus la bombe explosait. (comprendre : finalement, elle n'a pas explosé)

REM Cette valeur de l'imparfait explique certains phénomènes d'ambiguïté. Ainsi, la phrase *cinq minutes après, la bombe explosait* peut renvoyer à deux situations différentes : 1. la bombe a finalement explosé cinq minutes après ; 2. la bombe a été désamorcée avant le délai des cinq minutes, et n'a pas explosé.

C'est cette aptitude de l'imparfait à s'appliquer à des actions non réalisées qui explique deux de ses valeurs :
– L'emploi de l'imparfait pour présenter de façon atténuée – comme si on ne la présentait pas vraiment – une demande ou une supplique :

Je venais vous demander une augmentation de traitement.

– La valeur *modale* d'irréel ou de potentiel qu'il prend dans les subordonnées des systèmes hypothétiques :

Si j'avais de l'argent, je t'en donnerais.

Dans ces phrases, l'imparfait prend selon le cas une valeur de présent (*si j'avais de l'argent aujourd'hui…*) ou de futur (*si demain j'avais de l'argent…*).

145 Le futur et le conditionnel

Contrairement à d'autres langues (notamment l'anglais et l'allemand), le futur et le conditionnel français sont des formes simples. Toutefois, ce n'est pas un hasard si dans les désinences en *-ai* et *-ais*, *-as* et *-ais*, *-a* et *-ait*, *-ons* et *-ions*, *-ez* et *-iez*, *-ont* et *-aient* on reconnaît, partiellement ou totalement selon les cas, les formes de la conjugaison du verbe *avoir*. C'est que le futur et le conditionnel ont été, étymologiquement, formés par l'adjonction des formes de présent et d'imparfait du verbe *avoir* à l'infinitif du verbe.

REM La forme de l'infinitif du verbe ne permet cependant pas de prévoir à coup sûr les formes de futur et de conditionnel : à côté de *travaillerai(s)*, *finirai(s)*, *coudrai(s)*, on trouve *enverrai(s)*, *courrai(s)* et *irai(s)*, où l'infinitif n'est pas reconnaissable.

146 Le futur

- **Valeur temporelle du futur**

  Le futur marque que le procès signifié par le verbe est situé dans l'avenir par rapport au moment où on parle :

  Il neigera demain.

  Selon le cas, le futur envisage ou non les limites temporelles de l'action :

  Il neigera jusqu'à demain.
  Il neigera sans discontinuer.

  C'est ce qui explique qu'une série de verbes au futur peut selon le cas viser des actions successives, simultanées ou alternatives.
  Les actions se succèdent dans :

  Ils se marieront (d'abord) et auront (ensuite) beaucoup d'enfants.

  Elles sont simultanées ou alternatives dans :

  Au cours de leur soirée d'adieu, ils mangeront, boiront et fumeront.
  (comprendre : ils feront ces trois actions en même temps ou tour à tour)

- **Le futur historique**

  Le futur historique permet de raconter des événements passés comme s'ils étaient ultérieurs au moment de l'énonciation. Un historien peut, en 1999, écrire :

  La première guerre mondiale finira par éclater en 1914.

- **Valeurs modales du futur**

  Il existe toujours une dose d'incertitude dans les emplois du futur : on ne peut jamais être certain de la réalisation d'une action située dans l'avenir. Selon que l'action est considérée comme plus ou moins certaine, le futur peut donner lieu à des emplois divers, parfois aussi proches du mode que du temps.
  – Le futur est souvent utilisé comme équivalent de l'impératif. Le professeur qui dit à ses élèves : *Vous me remettrez vos devoirs mardi prochain,* donne en réalité un ordre… qui ne sera peut-être pas exécuté par tout le monde.

– Le futur sert souvent à exprimer une idée de façon atténuée :

Je ne vous cacherai pas que je suis très étonné de votre attitude.

– Le futur marque parfois la probabilité, surtout avec le verbe *être* :

Le téléphone sonne : ce sera sans doute l'un de mes enfants.

- Les concurrents du futur : le présent
  Le présent (→ paragraphe 143) se distingue du futur moins par la proximité
  temporelle de l'action que par son caractère totalement programmé. Dans un
  wagon de métro encombré, la question *vous descendez à la prochaine ?*
  interroge, au présent, sur les intentions de la personne pour son futur proche :
  a-t-elle prévu de descendre à la prochaine ? La réponse au futur *non, mais je
  descendrai*, indique que l'action n'était pas programmée : la personne ne
  prévoyait pas de descendre, mais elle le fera pour rendre service.
  Sur les phrases du type *si tu viens demain, j'en serai ravi*, → paragraphe 143.
  Le futur est en principe impossible dans la subordonnée. Le semi-auxiliaire
  devoir suivi de l'infinitif peut servir à souligner la valeur de futur :

Si tu dois venir demain, j'en serai ravi.
semi-auxiliaire *devoir*   verbe *venir* à l'infinitif

- Les concurrents du futur : les périphrases verbales
  Les deux périphrases verbales *aller* et *être sur le point de + infinitif* insistent sur
  l'imminence (objective ou présentée comme telle) de l'action :

Je vais partir
Je suis sur le point de craquer.

147 Le conditionnel : à la fois futur et passé
La morphologie du conditionnel comporte à la fois une marque de futur
(l'affixe -*(e)r*-) et une marque de passé (les affixes -*ais*, -*ait* et -*i*- de -*ions*
et -*iez*, communs au conditionnel et à l'imparfait). C'est cette particularité qui
explique à la fois ses valeurs temporelles et ses valeurs modales :
— Du point de vue temporel, le conditionnel marque un futur vu du passé.
— Du point de vue modal, il cumule les éléments modaux du futur et de
l'imparfait (→ paragraphes 146 et 144), ce qui l'oriente vers une valeur
hypothétique.

148 Valeurs temporelles du conditionnel

- Emplois en subordonnée

Le conditionnel est le substitut du futur quand l'action est envisagée à partir du passé. Il n'y a dans les emplois de ce type aucune nuance de condition.

Paul espérait que Martine viendrait.
      passé   conditionnel

Dans cette phrase, le conditionnel est l'équivalent du futur de la phrase suivante, dont la principale est au présent :

Paul espère que Martine viendra.
      présent   futur

- Emplois en indépendante

La même valeur temporelle du conditionnel s'observe, dans des propositions indépendantes, pour marquer des actions futures par rapport à un récit au passé :

Jacques pensait à Marie : viendrait-elle le voir bientôt ?
(comparer à : *Jacques pense à Marie : viendra-t-elle le voir bientôt ?*)

REM   Cet emploi du conditionnel caractérise *le discours indirect libre*, procédé par lequel on rapporte les propos ou les réflexions de quelqu'un sans les faire dépendre d'un verbe principal.

149 Valeurs modales du conditionnel

- Irréel du présent et potentiel

Le conditionnel apparaît dans la principale des phrases hypothétiques dont la subordonnée est à l'imparfait :

Si j'avais de l'argent, je t'en donnerais.
      imparfait   conditionnel

Sans précision temporelle, l'action peut être interprétée comme située dans le présent :

Si j'avais maintenant de l'argent, je t'en donnerais.

La personne qui prononce cette phrase n'a pas d'argent pour l'instant, et de ce fait n'en donne pas. C'est pourquoi on parle pour ce cas d'*irréel du présent*.

Mais la même phrase peut aussi être interprétée comme visant le futur :

Si demain j'avais de l'argent, je t'en donnerais.

La personne qui prononce cette phrase envisage comme possible d'avoir de l'argent le lendemain, et, de ce fait, d'en donner. C'est pourquoi on parle dans ce cas de *potentiel*.
Pour l'expression de l'irréel du passé, → conditionnel passé, paragraphe 153.

REM Au même titre que le futur, le conditionnel ne s'emploie normalement pas dans la subordonnée introduite par *si*. On en trouve toutefois des exemples dans l'usage familier : *si je voudrais, je pourrais*. Cet emploi, jugé incorrect, doit être évité.

• Expression d'un conseil, d'une demande, d'une opinion rapportée
Le conditionnel est également utilisé avec les valeurs suivantes :
– Expression atténuée d'un conseil ou d'une demande :

Il faudrait tout changer. (conseil)
Je voudrais avoir un entretien avec vous. (demande)

– Formulation d'une opinion émanant d'une autre personne :

L'épidémie serait en voie de généralisation.

Cet emploi du conditionnel, fréquent dans la presse, permet à l'auteur d'émettre des réserves sur la validité de l'information. Il est parfois commenté par des formules du type *selon l'intéressé, selon les milieux bien informés, etc.*

– Mise en place d'un monde imaginaire. Cette valeur s'observe fréquemment dans l'usage des enfants :

On serait dans une île déserte. On ferait la chasse aux sangliers.

150 Les deux valeurs fondamentales des formes composées
Par rapport aux formes simples qui leur correspondent (→ paragraphe 104), les formes composées sont pourvues alternativement de deux valeurs.

• Valeur d'accompli
Elles marquent la valeur aspectuelle d'accompli. Quand on dit, au présent :

J'écris ma lettre de réclamation.

on montre l'action en train de se faire : on est dans l'inaccompli (ou le non-accompli).

Mais si, toujours dans le présent, on veut montrer l'action accomplie,
on emploie la forme composée correspondant au présent :

J'ai écrit ma lettre de réclamation.

La forme passive correspondant à cette valeur d'accompli est le présent passif :
ma lettre de réclamation est écrite, phrase qui ne peut en aucune façon être
comprise comme montrant la lettre en train de s'écrire.

• Antériorité temporelle
Mise en perspective, dans la même phrase, avec la forme simple qui lui
correspond, la forme composée marque l'antériorité par rapport à la forme
simple :

Dès que j'ai écrit ma lettre de réclamation, je l'envoie.

Dans ce cas, l'antériorité par rapport au présent relève nécessairement
du passé : c'est ce qui explique la faculté qu'a le passé composé de s'orienter
vers la valeur temporelle de passé.

L'opposition des formes simples et composées vaut pour tous les modes : ainsi,
le subjonctif passé est selon le cas un accompli ou un antérieur.

151 Le passé composé

Le passé composé est la forme la plus litigieuse du système temporel français.
Il cumule en effet deux valeurs nettement différentes, qui sont toutefois l'une
et l'autre désignées par la même appellation traditionnelle de *passé composé.*

• L'expression d'une action accomplie dans le présent
Dans certains de ses emplois, le passé composé est l'accompli du présent.
Il est absolument impossible de lui substituer une forme quelconque de passé.
Si je dis :

Quand on est seul, on a vite déjeuné.

il est impossible de substituer aux formes de passé composé une forme
d'imparfait ou de passé simple. Les indications temporelles fournies par la
subordonnée au présent indiquent que l'action décrite se situe dans le présent.
On a donc affaire à la valeur aspectuelle d'accompli de présent.

C'est cette valeur qui permet au passé composé de prendre une valeur de futur proche identique, dans l'accompli, à celle du présent dans le non-accompli.

Je suis revenu dans cinq minutes.

Cette phrase signifie que, dans cinq minutes, j'aurai accompli l'action de revenir.

- L'expression du passé
La même forme de passé composé est apte à marquer une action passée. Le passé composé peut alors, sans différence de sens appréciable, être remplacé par le passé simple :

La marquise <u>est sortie</u> à cinq heures.
    passé composé

La marquise <u>sortit</u> à cinq heures.
    passé simple

Ces deux phrases rapportent exactement le même événement. Dans cet emploi de passé, le passé composé s'oppose à l'imparfait de la même façon que le passé simple :

Les élèves <u>chahutaient</u> quand le proviseur <u>est entré</u> ou *<u>entra</u>.*
    imparfait   passé composé   passé simple

Cependant, le passé composé donne, par opposition au passé simple, l'impression de la présence de la personne qui parle.

152   Le plus-que-parfait et le passé antérieur

Le plus-que-parfait est la forme composée qui correspond à l'imparfait, le passé antérieur celle qui correspond au passé simple. Ces deux temps ont donc par rapport aux formes simples correspondantes les deux valeurs attendues : valeur d'accompli et valeur d'antériorité.

- Valeur aspectuelle d'accompli
Les actions désignées par le verbe sont présentées comme accomplies à un moment du passé.

Le 20 janvier, j'<u>avais terminé</u> mon travail.
    plus-que-parfait

Il <u>eut fini</u> en un instant.
    passé antérieur

- Valeur temporelle d'antériorité
  Les actions rapportées au plus-que-parfait ou au passé antérieur marquent
  une antériorité par rapport à celles qui sont rapportées à l'imparfait
  ou au passé simple.

  Dès qu'il avait terminé son travail, il partait se promener.
  <u>plus-que-parfait</u>

  L'action de *terminer le travail* est antérieure, dans le passé, à celle de *se
  promener.*

  Quand il eut écrit ses lettres, il les envoya.
  passé antérieur

  L'action d'*écrire les lettres* est antérieure, dans le passé, à celle de *les envoyer.*

- Le plus-que-parfait : valeurs spécifiques
  Le plus-que-parfait comporte certaines valeurs analogues à celles de
  l'imparfait, par exemple l'emploi dans des demandes présentées de façon
  atténuée :

  J'étais venu vous demander un service.

  Le plus-que-parfait a la valeur modale d'irréel du passé dans la subordonnée
  introduite par *si* d'une phrase hypothétique :

  Si j'avais eu (hier) de l'argent, je t'en aurais donné.
  plus-que-parfait   conditionnel passé

- Le passé antérieur : spécificités d'emploi
  Le passé antérieur comporte les mêmes limitations d'emploi que le passé
  simple : son emploi aux deux premières personnes est devenu très rare, et la
  troisième personne s'observe surtout dans l'usage écrit.

REM   On se gardera de confondre le passé antérieur avec le plus-que-parfait du subjonctif,
qui, à la 3ᵉ personne du singulier, se confond avec lui à l'oral, et, à l'écrit, ne se
distingue de lui que par la présence de l'accent circonflexe :

il eut écrit — il eût écrit
il fut revenu — il fût revenu

Le futur antérieur et le conditionnel passé

Le futur antérieur et le conditionnel passé sont les formes composées qui correspondent respectivement au futur et au conditionnel présent. Leurs valeurs sont conformes à ce que laisse attendre l'opposition générale des formes composées aux formes simples : valeur aspectuelle d'accompli et valeur temporelle d'antériorité.

- Valeurs du futur antérieur

Le futur antérieur marque l'accompli dans le futur :

J'aurai terminé mon roman à la fin du mois.

Il marque aussi l'antériorité par rapport au futur simple :

Dès que Jacques aura fini son travail, il viendra nous voir.
      futur antérieur   futur simple

Comme le futur simple, il est apte à marquer la probabilité :

Pierre n'est pas arrivé : son train aura encore pris du retard.

- Valeurs temporelles du conditionnel passé

Dans une subordonnée dépendant d'un verbe au passé, le conditionnel passé se substitue au futur antérieur. À la phrase :

Il prétend qu'il aura fini aujourd'hui.
  verbe principal   futur antérieur
  au présent

correspond :

Il prétendait qu'il aurait fini aujourd'hui.
  verbe principal   conditionnel passé
  au passé

REM   Il en va de même dans le discours indirect libre, qui rapporte les propos (ou les réflexions) de quelqu'un sans les faire dépendre d'un verbe principal :
Il réfléchissait à son emploi du temps : il aurait fini son roman en janvier.

- Valeurs modales du conditionnel passé

Dans un système hypothétique, le conditionnel passé marque, dans la principale, l'irréel du passé :

Si j'avais eu de l'argent hier, je t'en aurais donné.
  plus-que-parfait   conditionnel passé

La personne qui prononce cette phrase n'avait pas d'argent, et de ce fait n'en a pas donné : c'est pourquoi on parle d'*irréel du passé*.

REM
— Dans ce type d'emploi, le conditionnel passé dans la principale ainsi que le plus-que-parfait de l'indicatif dans la subordonnée, sont parfois, dans l'usage littéraire, l'un et l'autre remplacés par le plus-que-parfait du subjonctif :

Si j'eusse eu de l'argent, je t'en eusse donné.

C'est cet usage vieilli qui explique l'appellation de conditionnel passé deuxième forme qu'on donnait autrefois à cet emploi du plus-que-parfait du subjonctif.
— Le conditionnel passé ne s'emploie en principe jamais dans la subordonnée. Toutefois, l'usage familier l'utilise parfois :

Si j'aurais su, j'aurais pas venu. LOUIS PERGAUD

Enfin, le conditionnel passé a les valeurs modales du conditionnel présent, mais leur confère en outre la valeur aspectuelle d'accompli (→ paragraphes 99 et 150) :

J'aurais bien voulu vous parler.
(demande présentée de façon atténuée)

L'épidémie aurait enfin été jugulée.
(information attribuée à une source extérieure)

On serait revenus de l'Eldorado.
(construction d'un monde imaginaire)

154 Les formes surcomposées

La plus fréquente de ces formes, constituées à l'aide d'un auxiliaire lui-même composé (→ paragraphe 92), est le passé surcomposé, qui sert surtout, dans l'usage contemporain, à marquer l'antériorité par rapport à un passé composé :

Quand il a eu terminé son devoir, il est sorti de la salle d'examen.

On rencontre parfois le plus-que-parfait surcomposé :

Dès qu'il avait eu fini son devoir, il était sorti.

Le futur antérieur surcomposé est encore plus rare :

Il sera sorti dès qu'il aura eu fini.

155 Temps et modes : une frontière poreuse

Il n'existe pas de frontière absolument étanche entre la catégorie du temps et celle du mode. Certaines formes temporelles (l'imparfait, le futur, et même le présent) ont des valeurs modales. Le conditionnel, aujourd'hui considéré comme un temps de l'indicatif, a longtemps été présenté comme un mode spécifique. De plus, la catégorie traditionnelle du mode regroupe deux séries de formes de statut bien différent : les modes personnels (indicatif, subjonctif, impératif) et impersonnels (infinitif, participe, gérondif). Enfin, les deux catégories du temps et du mode se combinent entre elles : un subjonctif peut être présent ou imparfait, un « passé » peut relever de l'impératif ou du participe, etc.

156 Approche de la notion de mode

Dans ces conditions, il est difficile de donner une définition précise de la notion de mode.

- Les modes personnels

Pour les trois modes personnels, on dit souvent qu'ils correspondent à trois façons différentes d'envisager l'action signifiée par le verbe : l'indicatif la présenterait comme réelle, le subjonctif comme virtuelle, l'impératif lui donnerait la forme d'un ordre. Mais ces répartitions sont fréquemment contredites par les emplois. Il n'y a rien de réel dans l'indicatif *viendra* :

Paul s'est mis en tête l'idée fausse que Jeanne <u>viendra</u> le voir.

Il n'y a rien de virtuel dans le subjonctif *travaille* :

Bien qu'il <u>travaille</u>, Jean ne réussit pas.

Et l'impératif *travaillez* est interprété comme une condition (« si vous travaillez, vous réussirez ») plutôt que comme une injonction.

<u>Travaillez</u> : vous réussirez.

- Les modes impersonnels

Les trois modes impersonnels sont, entre eux, plus homogènes. Ils permettent en effet de conférer à un verbe (muni éventuellement de tous ses compléments et, parfois, de son sujet) les fonctions généralement exercées par un mot d'une autre classe : nom pour l'infinitif, adjectif pour le participe, adverbe pour le gérondif.

- Modes et temps

Parmi les modes, l'indicatif se distingue par la richesse de son système temporel.

Le subjonctif ne dispose que de quatre temps.

L'impératif et l'infinitif n'ont que deux temps.

Le participe a trois formes : la forme simple de participe présent *(travaillant)* et la forme composée correspondante *(ayant travaillé)* ne posent pas de problème particulier.

La troisième forme, simple *(travaillé)*, est souvent appelée « participe passé ».

Il est vrai que c'est cette forme qui sert à constituer par exemple le passé composé.

Mais on a vu (→ paragraphe 151) que ce temps a fréquemment la valeur aspectuelle d'accompli de présent. En outre, ce prétendu participe « passé » sert aussi à former le présent passif des verbes transitifs *(Les enfants sont aimés par leurs parents)*, où il n'a évidemment aucune valeur de passé.

Enfin, pour le gérondif, on n'utilise communément que la forme simple *(en travaillant)*. On rencontre cependant parfois la forme composée correspondante *(en ayant travaillé)*.

157 Les valeurs de l'indicatif

L'indicatif est fondamentalement le mode qu'on emploie chaque fois qu'il n'y a pas une raison déterminante d'utiliser un autre mode personnel. Par la variété de ses formes temporelles, il est apte à situer l'action dans le temps. De ce fait, il se prête le plus souvent à exprimer une action réelle ou présentée comme telle. L'indicatif est donc le mode habituel des phrases assertives (affirmatives et négatives) et interrogatives.

- Emplois de l'indicatif par rapport au subjonctif

Deux types d'emplois illustrent clairement la valeur de l'indicatif en faisant apparaître son opposition avec le subjonctif :

– Dans la dépendance de la gamme d'adjectifs *certain, probable, possible,* la frontière entre l'indicatif et le subjonctif passe généralement entre *probable* et *possible* :

Il est <u>probable</u> qu'il <u>viendra</u>.
indicatif

Il est <u>possible</u> qu'il <u>vienne</u>.
subjonctif

— *Vraisemblable* accepte les deux modes, mais il suffit de le dénier ou même de le quantifier par *peu* pour rendre l'indicatif impossible :

Il n'est pas vraisemblable (ᵒᵘ il est peu vraisemblable) qu'il vienne.
subjonctif

— Dans une subordonnée temporelle introduite par *après que*, on emploie normalement l'indicatif. L'action est présentée comme réelle.

après qu'il est venu
après qu'il sera venu

Inversement, la subordonnée introduite par *avant que* présente l'action comme virtuelle, et comporte le subjonctif :

avant qu'il soit venu
avant qu'il vienne

Toutefois, l'usage du subjonctif a tendance, dans la langue contemporaine, à gagner les subordonnées introduites par *après que*.

Dans plusieurs autres cas, l'indicatif s'emploie pour des actions absolument irréelles, par exemple pour le contenu d'opinions explicitement données pour fausses.

Paul s'est mis en tête l'idée fausse que Jeanne viendra le voir.
indicatif

Dans cette phrase l'indicatif est seul possible.

Dans d'autres cas, il peut alterner avec le subjonctif :

On doute que le conditionnel est (ᵒᵘ soit) un mode.

158   Les valeurs du subjonctif

Le subjonctif présente seulement quatre formes « temporelles ». Deux d'entre elles — l'imparfait et le plus-que-parfait — sont aujourd'hui d'un usage très rare, notamment aux 1ʳᵉ et 2ᵉ personnes : *(que) tu limasses, (que) nous sussions, (que) tu eusses travaillé* ne se rencontrent plus guère que dans les tableaux de conjugaison des grammaires. Même à l'époque où elles étaient d'emploi plus fréquent, elles ne servaient le plus souvent qu'à mettre en concordance le temps du verbe au subjonctif de la subordonnée avec le temps du passé de la principale, sans donner aucune indication temporelle sur l'action :

J'exige qu'il vienne demain. J'exigeais qu'il vînt demain.
présent   présent   imparfait   imparfait

J'exige que tu aies terminé. J'exigeais que tu eusses terminé.
présent   passé   imparfait   plus-que-parfait

En outre, les deux formes réellement utilisées — le présent et le passé — s'opposent souvent par une différence aspectuelle (→ paragraphes 150 et 99), et non proprement temporelle :

Je veux qu'il <u>achève</u> son travail aujourd'hui.
Je veux qu'il <u>ait achevé</u> son travail aujourd'hui.

En opposition avec l'indicatif, le subjonctif a donc peu d'aptitude à situer les actions dans le temps. Ainsi, c'est le présent du subjonctif qu'on utilise pour une action future (alors qu'il existe un futur du subjonctif dans d'autres langues). Quant aux rares emplois de l'imparfait et même du plus-que-parfait, ils peuvent eux aussi, sous l'effet de la règle de concordance, viser le futur, comme le montrent les exemples qui viennent d'être cités. De cette inaptitude du mode à situer les actions dans le temps, on tire fréquemment l'idée que le subjonctif convient aux actions « irréelles » ou « virtuelles ». Vérifiée dans de nombreux cas, cette hypothèse est cependant infirmée par plusieurs types d'emplois. La présence de Paul n'a rien d'« irréel » dans :

Je suis irrité que Paul <u>soit</u> là.
subjonctif

Ni dans :

Bien que Benjamin <u>soit</u> présent, je reste.
subjonctif

Non plus que dans :

Le fait que Paul <u>soit</u> ici est bien fâcheux.
subjonctif

159 Valeurs du subjonctif en proposition indépendante ou principale

- Valeur injonctive

Le subjonctif se prête à l'expression d'un ordre :

Que le chien <u>reste</u> dehors !
Qu'il <u>soit</u> prêt pour le goûter !

Le subjonctif pallie ici l'absence de la 3e personne de l'impératif.

- Valeur optative

Le subjonctif se prête à l'expression d'un souhait :

Que les hommes <u>mettent</u> fin à la guerre !

Cette valeur d'optatif permet d'observer certains·emplois du subjonctif non précédé de *que*, dans des expressions plus ou moins figées : *Vive la Croix-Rouge, puisses-tu revenir, plaise au ciel…* (parfois, à l'imparfait, *plût au Ciel que…,* expression marquant le regret). On remarquera que dans ces emplois le sujet est placé après le verbe au subjonctif.

- **Valeur exclamative de possibilité refusée**

Moi, que j'<u>écrive</u> un livre de grammaire !

- **Valeur de réfutation polémique d'une opinion**
On rencontre cette valeur avec le verbe *savoir* à la première personne du singulier, non précédé de *que* dans une phrase négative :

<u>Je ne sache pas</u> que la grammaire soit ennuyeuse.

Cet emploi se rencontre parfois à la première personne du pluriel : *Nous ne sachions pas que la conjugaison soit difficile.* On remarquera aussi le subjonctif de la subordonnée.

160 Emplois de l'indicatif et du subjonctif en proposition subordonnée complétive

- **Emploi obligatoire de l'indicatif**
Le subjonctif est impossible, et laisse donc place à l'indicatif après les verbes d'assertion ou d'opinion tels que *affirmer, assurer, dire* (quand il est utilisé de façon déclarative), *espérer, être certain, penser…*employés dans des phrases affirmatives.

- **Emploi obligatoire du subjonctif**
Le subjonctif est seul possible après *attendre, décider, décréter, dire* (quand il a une valeur injonctive), *défendre, douter, être nécessaire, être possible, exiger, falloir, interdire, ordonner, préférer, souhaiter…*

- **Alternance de l'indicatif et du subjonctif**
Le subjonctif apparaît en alternance avec l'indicatif après des verbes tels que *admettre, comprendre, expliquer, supposer,* ainsi qu'après les verbes d'assertion ou d'opinion utilisés de façon négative :

Je pense que tu <u>peux</u> travailler.
indicatif

Je ne pense pas que tu <u>puisses</u> (ou <u>peux</u>) travailler.
subjonctif   indicatif

La forme interrogative de la phrase peut parfois rendre possible l'emploi du subjonctif en alternance avec l'indicatif :

*Penses-tu que je puisse (*ou *peux) travailler ?*
  subjonctif   indicatif

Inversement, c'est l'indicatif qui devient possible quand *douter* (ou *être douteux*) est utilisé négativement :

Je doute qu'il vienne.
  subjonctif

*Je ne doute pas qu'il viendra (*ou *vienne).*
  indicatif   subjonctif

La subordonnée placée avant la principale peut passer au subjonctif, même dans la dépendance d'une expression marquant la certitude :

*Qu'il ait (*ou *qu'il a) été refusé au brevet, c'est certain.*
  subjonctif   indicatif

161 Emplois du subjonctif et de l'indicatif en proposition relative

Dans certains types de propositions relatives, on trouve en alternance le subjonctif et l'indicatif :

Je cherche dans ce village une maison qui ait une tourelle.
  subjonctif

La relative au subjonctif *(qui ait une tourelle)* indique le critère de sélection de la maison cherchée, sans indiquer si elle existe réellement dans le village.

Je cherche dans ce village une maison qui a une tourelle.
  indicatif

À l'indicatif, la relative présuppose l'existence, dans le village, d'une maison à tourelle.

162 Emplois du subjonctif en proposition circonstancielle

• Le subjonctif dans les temporelles

On trouve le subjonctif après *avant que* et *jusqu'à ce que*. Dans ces phrases, le subjonctif passé (et éventuellement plus-que-parfait) marquent la postériorité de l'action :

Tu es parti avant qu'il soit arrivé.
Tu étais parti avant qu'il fût arrivé. (Son arrivée a été postérieure à ton départ.)

L'analogie d'*avant que* fait parfois apparaître le subjonctif avec *après que*.

L'homophonie à la 3e personne du singulier entre le passé antérieur de l'indicatif et le plus-que-parfait du subjonctif (toutefois distingués dans l'orthographe par l'accent circonflexe) a pu favoriser cette extension : Après *qu'il eut/eût* [y] *terminé son travail, il sortit de la salle.*

- **Le subjonctif dans les causales**
  Le subjonctif apparaît après *non que*, qui sert à marquer une cause rejetée :

  Il a de l'argent, non qu'il <u>ait travaillé</u>, mais il a hérité.
  subjonctif

  On remarque ici la valeur d'antériorité du subjonctif passé.

- **Le subjonctif dans les concessives**
  Le subjonctif est le mode obligatoire des concessives (introduites par *quoique, bien que…*) :

  Quoiqu'il <u>soit</u> tard, il fait encore jour.
  subjonctif

  Si paresseux qu'il <u>soit</u>, il a été reçu à son examen.
  subjonctif

⚠ Seules les concessives introduites par *tout* + *adjectif* + *que* emploient l'indicatif :

  Tout paresseux qu'il <u>est,</u> il a été reçu à son examen.
  indicatif

On trouve parfois l'indicatif après *quoique*. Il vaut mieux ne pas imiter cet usage.

- **Le subjonctif dans les finales**
  Le subjonctif est le mode obligatoire des finales.

  On écrit des livres pour qu'ils <u>soient lus</u>.
  subjonctif

Quand le sujet de la principale se confond avec celui du verbe subordonné, on emploie l'infinitif sans en expliciter le sujet : *On écrit pour être lu.***Pour qu'on soit lu* est très peu vraisemblable.

- Le subjonctif dans les consécutives
Le subjonctif n'apparaît parfois, en alternance avec l'indicatif, qu'après *de façon que* et *de manière que* :

Jacques agit de manière que Paul <u>réussisse</u> ou *<u>réussit</u>.*
subjonctif   indicatif

REM   Pour l'emploi du subjonctif plus-que-parfait dans les systèmes hypothétiques avec subordonnée introduite par *si* → paragraphe 153, remarque 2.

- Choix des temps du subjonctif
Dans les subordonnées, le temps du subjonctif est déterminé à la fois par sa valeur propre et par le temps du verbe de la principale :
– Le verbe de la principale au présent ou au futur entraîne dans la subordonnée le présent ou le passé du subjonctif. Le verbe de la principale à un temps quelconque du passé entraîne normalement dans la subordonnée l'imparfait ou le plus-que-parfait du subjonctif :

Je souhaite qu'il <u>vienne</u> ou *qu'il <u>soit venu</u>.*
subjonctif présent   subjonctif passé

Je souhaitais qu'il <u>vînt</u> ou *qu'il <u>fût venu</u>.*
subjonctif imparfait   subjonctif plus-que-parfait

On a vu au paragraphe 158 que cette règle de « concordance des temps » n'est plus guère observée aujourd'hui.
– Le choix entre les formes simples (présent et imparfait) et composées (imparfait et plus-que-parfait) se fait sur le modèle expliqué au paragraphe 158 : la forme composée fournit selon le cas une valeur aspectuelle d'accompli ou une valeur temporelle d'antériorité.

163   Les valeurs de l'impératif

Contrairement à d'autres langues, le français ne connaît l'impératif qu'à la deuxième personne, au singulier et au pluriel, ainsi qu'à la première personne du pluriel (le *je* s'associe alors avec un ou plusieurs *tu*).

- L'expression de l'ordre et de la défense
La valeur fondamentale de l'impératif est d'énoncer un ordre, qui peut se moduler de la prière la plus humble au commandement le plus énergique :

<u>Pardonne-nous</u> nos offenses.
<u>Portez</u>, armes !

Sous la forme négative, l'impératif marque la défense :

Ne succombons pas à la tentation.

Ordre et défense s'adressent normalement à des humains. Il est cependant fréquent d'humaniser des animaux, voire des êtres inanimés ou des abstractions personnalisées :

Cherche ! Chasse ! Ramène ! (ordres adressés à un chien de chasse)
Ô Temps, suspends ton vol ! LAMARTINE

- Les concurrents de l'impératif : le subjonctif
  Pour pallier l'absence des formes de 3ᵉ personne, on recourt au subjonctif. La relation de ce mode avec l'impératif est marquée par le fait que certains des verbes les plus fréquents de la langue (*être, avoir, savoir, vouloir*) utilisent les mêmes formes pour les deux modes (*sois, aie, sache, veuille*).

- Les concurrents de l'impératif : l'infinitif
  Un ordre ou une défense adressés à une collectivité anonyme sont souvent formulés à l'infinitif, notamment dans l'usage écrit (recettes de cuisine, consignes administratives…) : *faire cuire à feu doux, ne pas se pencher au-dehors.*

- Les concurrents de l'impératif : le présent et le futur de l'indicatif
  Le présent et le futur de l'indicatif sont souvent utilisés avec la valeur de l'impératif (→ paragraphes 143 et 146).

- Expression indirecte de l'ordre ou de la demande
  Un ordre ou une demande peuvent être formulés de façon indirecte, par exemple par une question :

Pouvez-vous me passer le sel ?

Voire par une phrase apparemment assertive :

Il fait bien chaud ici.

Cette phrase est en effet souvent le déguisement de *Ouvrez la fenêtre.*

- Des verbes qui ne s'emploient pas à l'impératif
  Pour des raisons de sens, certains verbes ne s'emploient pas à l'impératif, ou le font dans des conditions spécifiques. Il est difficile de demander à quelqu'un de

pouvoir et de *devoir*. Le verbe *savoir* utilisé à l'impératif prend le sens spécifique de *apprendre* :

Sachez que je vous ai légué tous mes biens.

- Valeur des temps de l'impératif

  Un ordre ou une défense ne peuvent par définition se réaliser qu'après avoir été énoncés. L'impératif, présent ou « passé », a donc nécessairement une valeur temporelle de futur. La différence entre le présent et sa forme composée (dite « impératif passé ») est le plus souvent d'ordre aspectuel :

Reviens à minuit.
Sois revenu à minuit.

La forme composée marque parfois l'antériorité :

Ayez terminé avant mon retour.

164 Les valeurs de l'infinitif

- Un verbe prenant les fonctions d'un nom

  L'infinitif a pour valeur fondamentale de permettre au verbe de fonctionner comme un nom, sans perdre ses propriétés verbales à l'égard des éléments qui dépendent de lui.

Je veux ramasser des châtaignes tous les dimanches.

Dans cette phrase, *ramasser* est bien, comme un nom, le complément d'objet de *je veux* (comparer avec *je veux des châtaignes*). Mais cela ne l'empêche pas de conserver son propre complément d'objet et un complément circonstanciel. Ainsi employé, l'infinitif peut exercer toutes les fonctions du nom.

REM C'est cette transformation du verbe en nom qui explique que, dans les dictionnaires français, on a choisi la forme d'infinitif pour servir d'entrée aux formes verbales.

Dans certains cas, le verbe à l'infinitif peut même conserver son sujet :

Je fais travailler mes étudiants.
sujet de *travailler*

Je laisse mes enfants manger du chocolat.
sujet de *manger*

C'est ce qu'on appelle la proposition infinitive. En principe, on exige de la proposition infinitive qu'elle comporte, comme dans les deux exemples cités, un sujet explicite. On peut cependant étendre la notion de proposition infinitive aux cas où le sujet n'est pas exprimé :

J'entends marcher dans le jardin.

L'infinitif sert aussi à former, avec les semi-auxiliaires (⟶ paragraphe 93), les périphrases verbales.

Il va manger.
Elle vient de se lever.

REM L'infinitif peut passer totalement dans la classe du nom. Il perd alors ses propriétés verbales, et adopte tous les caractères du nom : présence d'un déterminant, possibilité de recevoir un adjectif, etc. Cette possibilité a été exploitée au cours de l'histoire de la langue, et a fourni au lexique de nombreux noms : *le rire, le sourire, le savoir-faire, etc.*

• L'infinitif comme substitut de modes personnels
L'infinitif de narration, précédé de la préposition *de*, caractérise surtout la littérature classique. Il a la fonction d'un indicatif :

Et grenouilles de se plaindre, et Jupin de leur dire... LA FONTAINE

L'infinitif délibératif sert à marquer, dans une phrase interrogative, la perplexité de la personne qui parle :

Que faire ? Où aller ?

L'infinitif est souvent un substitut commode de l'impératif (⟶ paragraphe 163). L'infinitif prend souvent une valeur exclamative, analogue à celle du subjonctif (⟶ paragraphe 159) :

Moi, écrire un livre de grammaire ! Quelle horreur !

L'infinitif se substitue fréquemment à l'indicatif ou au subjonctif et constitue alors l'équivalent d'une subordonnée complétive ou circonstancielle. La condition de cette substitution est que le sujet de l'infinitif soit le même que celui du verbe dont il dépend. Selon le cas, cette substitution est facultative :

Je pense partir demain. Je = sujet de *penser* et de *partir*
Je pense que je pars demain. Je = sujet de *penser* et de *partir*
    subordonnée complétive

Ou obligatoire :

Je veux <u>partir</u> demain. Je = sujet de *vouloir* et de *partir*
<u>Paul</u> travaille pour <u>réussir</u>. Je = sujet de *travailler* et de *réussir*

REM   *Paul travaille pour qu'il réussisse* est possible, mais à condition que *il* désigne une autre personne que Paul.

• Le choix des temps de l'infinitif
Les deux formes, simple et composée, de l'infinitif ont alternativement, comme pour les autres modes, une valeur aspectuelle d'accompli (→ paragraphes 99 et 150) ou temporelle d'antériorité. L'infinitif présent marque selon le cas une action contemporaine ou postérieure à celle du verbe dont il dépend :

J'aime faire de la grammaire. (action contemporaine)
Je veux apprendre l'arabe. (action postérieure)

L'infinitif passé peut marquer l'antériorité par rapport au présent, mais aussi au passé et au futur :

Il se flatte (ou se flattait, ou se flattera) d'avoir eu de nombreux succès.

165 Les valeurs du participe

• Un verbe prenant les fonctions d'un adjectif
Le participe a pour valeur fondamentale de permettre au verbe de fonctionner comme un adjectif, sans perdre ses propriétés verbales à l'égard des éléments qui dépendent de lui.

On cherche un secrétaire connaissant le portugais et familiarisé avec l'informatique.

Les deux participes *connaissant* et *familiarisé* sont des adjectifs épithètes du nom *secrétaire*, et ils conservent leurs propres compléments (*le portugais, avec l'informatique*).
Dans certains cas, le verbe au participe peut même conserver son sujet, dont il devient une épithète.

<u>Paul</u> parti, Jacques est arrivé.
Paul est le sujet de *parti*, qui est grammaticalement son épithète.

• La proposition participiale
Le verbe au participe a un sujet différent du sujet du verbe principal.

La proposition ainsi constituée a la valeur d'un complément circonstanciel :

Son fils ayant été arrêté, Pierre s'est ruiné en frais de justice.
proposition participiale
à valeur de complément de cause

- Les différents types de participes
  Le participe passé de forme simple est le seul à pouvoir exercer toutes les
  fonctions de l'adjectif : épithète, apposition et attribut. On l'emploie le plus
  souvent dans les formes actives composées de tous les verbes :

J'ai travaillé.   Je serai revenu.
passé composé   futur antérieur

et dans les formes passives des verbes transitifs :

La maison est construite.
verbe *construire* au passif

Les lois sont respectées.
verbe *respecter* au passif

Le participe présent et sa forme composée peuvent être épithètes :

une situation créant des difficultés
épithète de *situation*

Ils peuvent aussi se construire en apposition :

Ayant dormi, Paul sera sûrement de meilleure humeur.
apposition de *Paul*

Mais ils ne peuvent pas prendre la fonction d'attribut, à moins de passer
totalement dans la classe de l'adjectif.

Paul est tolérant.
adjectif attribut

- Les adjectifs verbaux
  Le participe présent et le participe passé de forme simple sont aptes à se
  transformer totalement en adjectifs, ce qui leur fait perdre la possibilité d'avoir
  des compléments. On parle alors d'*adjectifs verbaux*. Pour le participe présent,
  ce passage entraîne non seulement la variation en genre et en nombre, mais

encore, dans de nombreux cas, un changement orthographique. Les participes en *-guant* et *-quant* deviennent des adjectifs verbaux en *-gant* et *-cant* :

une personne <u>provoquant</u> des catastrophes

participe présent

une personne (très) <u>provocante</u>

adjectif verbal

D'autres participes présents se transforment en adjectifs en *-ent* :

une personne <u>influant</u> sur les décisions politiques

participe présent

une personne <u>influente</u>

adjectif verbal

Pour le participe passé de forme simple, la transformation en adjectif verbal n'a pas de conséquence orthographique, mais entraîne parfois des risques de confusion : l'identité de forme entre le passé composé actif d'un verbe construit avec l'auxiliaire *être* et l'emploi comme attribut de l'adjectif verbal (voire, dans certains cas, la forme de présent passif) pose en effet un problème. *Cet usage est disparu* est-il le passé composé du verbe *disparaître* construit avec l'auxiliaire *être* ? ou emploie-t-il le participe *disparu* comme adjectif verbal ?

- Valeurs temporelles des participes
  Le participe présent et sa forme composée peuvent situer l'action indifféremment à toute époque. La forme composée a, selon le cas, la fonction d'antérieur ou d'accompli de la forme simple.
  Quant au participe « passé » de forme simple, il n'a de passé que le nom (→ paragraphe 151).

  Pour le problème de l'accord du participe, → paragraphes 131 à 141

166 Les valeurs du gérondif

- Un verbe prenant les fonctions d'un adverbe
  Le gérondif a pour valeur fondamentale de préciser les circonstances de l'action exprimée par le verbe principal, c'est-à-dire de fonctionner comme un adverbe. Il n'en conserve pas moins la possibilité de recevoir des compléments comme un verbe :

<u>En écrivant</u> des livres, on devient écrivain.

gérondif   complément d'objet de *en écrivant*

En devenant professeur, on apprend la pédagogie.

gérondif   attribut

Dans ces deux exemples, les gérondifs *en écrivant* et *en devenant* fonctionnent comme des adverbes par rapport aux verbes *on devient* ou *on apprend*. Toutefois, ces gérondifs conservent respectivement leur complément *(des livres)* ou l'attribut de leur sujet implicite *(professeur)*.

- Emploi du gérondif
  Le sujet du gérondif, non exprimé, est nécessairement celui du verbe dont il dépend : dans les deux exemples précédents, *on* est à la fois le sujet du gérondif et celui du verbe principal.

REM Dans certaines expressions figées, le gérondif a un autre sujet que celui du verbe dont il dépend :

L'appétit vient en mangeant. (Ce n'est pas l'appétit qui mange)
La fortune vient en dormant. (Ce n'est pas la fortune qui dort.)

- Les temps du gérondif
  La seule forme couramment utilisée du gérondif est la forme simple. Très rare, la forme composée marque l'accompli ou l'antériorité.
  Dans la phrase suivante, l'élément *tout,* antéposé à *en,* souligne la valeur concessive prise ici par le gérondif.

Tout en ayant beaucoup travaillé, il n'est pas sûr d'être reçu.

• Abréviations utilisées

Pour une plus grande facilité d'utilisation, certaines de ces abréviations sont répétées au bas de chaque double page. Figurent également des précisions complémentaires, qui se veulent une aide pour accorder les participes passés de chaque verbe.

Par exemple, à chaque double page, nous rappelons qu'un verbe de construction intransitive a un participe passé invariable.

Apparaissent enfin des indications de type sémantique, lorsque le verbe change de conjugaison, de construction ou d'auxiliaire en fonction de son sens. Par exemple, le verbe *ressortir* apparaît deux fois :

26 ressortir *(sortir à nouveau)* ..... I, T, être ou avoir

20 ressortir *(être du ressort de)* .... Ti, être

• Bibliographie

Pour l'inventaire des verbes, ont été utilisés les dictionnaires suivants (outre le *Trésor de la Langue Française*, le *Littré*, le *Dictionnaire général de la langue française*, le *Grand Larousse*, le *Grand Robert*) :

Belgicismes. Inventaire des particularités lexicales du français en Belgique, Éd. Duculot, 1994

Dictionnaire de l'argot, Éd. Larousse, 1995

Dictionnaire du français non conventionnel, Jacques Cellard et Alain Rey, Éd. Hachette, 1991

Inventaire des particularités lexicales du français en Afrique Noire, Édicef-Aupelf, 1988

LISTE ALPHABÉTIQUE DES VERBES

Les numéros renvoient aux tableaux.

a

7	abaisser	T
7	s'abaisser	P
7	abandonner	T
7	s'abandonner	P
20	abasourdir	T
20	abâtardir	T
20	s'abâtardir	P
60	abattre	I, T
60	s'abattre	P
11	abcéder	I
11	s'abcéder	P
7	abdiquer	I, T
7	aberrer	I
20	abêtir	T
20	s'abêtir	P
7	abhorrer	T
7	abîmer	T
7	s'abîmer	P
7	abjurer	I, T
7	ablater	T
7	s'ablater	P
7	abloquer	T
20	abolir	T
7	abomber afr.	I
7	abominer	T
7	abonder	I
7	abonner	T
7	s'abonner	P
20	abonnir	T
20	s'abonnir	P
7	aborder	I, T, être ou avoir
7	s'aborder	P
7	aboucher	T
7	s'aboucher	P
7	abouler	I, T
7	s'abouler	P
7	abouter	T
20	aboutir	I, Ti, être ou avoir
18	aboyer	I, T
7	abraser	T
7	s'abraser	P
15	abréger	T

15	s'abréger	P
7	abreuver	T
7	s'abreuver	P
7	abricoter	T
7	abriter	T
7	s'abriter	P
9	abroger	T
20	abrutir	T
20	s'abrutir	P
7	absenter afr.	T
7	s'absenter	P
7	absorber	T
7	s'absorber	P
78	absoudre	T
24	s'abstenir	P
66	abstraire	T, D
	pas de passé simple	
	ni de subj. imparfait	
66	s'abstraire	P
7	abuser	T, Ti
7	s'abuser	P
7	s'acagnarder	P
7	accabler	T
7	accaparer	T
7	accastiller	T
11	accéder	Ti
11	accélérer	I, T
11	s'accélérer	P
7	accentuer	T
7	s'accentuer	P
7	accepter	T, Ti
7	s'accepter	P
7	accessoiriser	T
7	accidenter	T
7	acclamer	T
7	acclimater	T
7	s'acclimater	P
7	s'accointer	P
7	accoler	T
7	s'accoler	P
7	accommoder	T
7	s'accommoder	P
7	accompagner	T
7	s'accompagner	P

20	accomplir	T
20	s'accomplir	P
7	accorder	T
7	s'accorder	P
7	accorer	T
7	accoster	T
7	s'accoster	P
7	accoter	T
7	s'accoter	P
7	accoucher	I, T, Ti
	être ou avoir	
7	s'accouder	
7	accouer	T
7	accoupler	T
7	s'accoupler	P
20	accourcir	I, T
34	accourir	I, être ou avoir
7	accoutrer	T
7	s'accoutrer	P
7	accoutumer	T
7	s'accoutumer	P
7	accréditer	T
7	s'accréditer	P
7	accrocher	I, T
7	s'accrocher	P
	accroire	T, D
	seulement à l'infinitif	
73	accroître	T, Ti, être ou avoir
73	s'accroître	P
20	s'accroupir	P
29	accueillir	T
7	aculer	T
7	acculturer	T
7	accumuler	I, T
7	s'accumuler	P
7	accuser	T
7	s'accuser	P
7	acenser	T
11	acérer	T
16	acétifier	T
7	acétyler	T
7	achalander	T
7	achaler québ.	T
7	acharner	T

abaisser — affubler

7	s'acharner	P	9	s'adjuger	P	7	affamer	T
7	acheminer	T	7	adjurer	T	9	afféager	T
7	s'acheminer	P	61	admettre	T	7	affecter	T
13	acheter	I,T	7	administrer	T	7	s'affecter	P
13	s'acheter	P	7	s'administrer	P	7	affectionner	T
10	achever	T	7	admirer	T	11	afférer	I
10	s'achever	P	7	s'admirer	P	7	affermer	T
7	achopper	Ti	7	admonester	T	20	affermir	T
7	s'achopper	P	7	s'adoniser	P	20	s'affermir	P
7	achromatiser	T	7	adonner	I	7	afficher	T
16	acidifier	T	7	s'adonner	P	7	s'afficher	P
16	s'acidifier	P	7	adopter	T	7	affiler	T
7	aciduler	T	7	adorer	T	16	affilier	T
11	aciérer	T	7	s'adorer	P	16	s'affilier	P
13	aciseler	T	7	adosser	T	7	affiner	T
7	s'acoquiner	P	7	s'adosser	P	7	s'affiner	P
25	acquérir	T	7	adouber	I,T	7	affirmer	T
25	s'acquérir	P	20	adoucir	T	7	s'affirmer	P
8	acquiescer	I,Ti	20	s'adoucir	P	7	affleurer	I,T
7	acquitter	T	7	adresser	T	9	affliger	T
7	s'acquitter	P	7	s'adresser	P	9	s'affliger	P
7	acter	T	7	adsorber	T	7	afflouer	T
7	actionner	T	7	aduler	T	7	affluer	I
7	activer	I,T	11	adultérer	T	7	affoler	T
7	s'activer	P	24	advenir	I, être, D	7	s'affoler	P
7	actualiser	T		seulement à l'infinitif		9	affouager	T
7	adapter	T		et à la 3e personne		7	affouiller	T
7	s'adapter	P	7	adverbialiser	T	7	affourcher	T
7	additionner	T	11	aérer	T	9	affour(r)ager	T
7	s'additionner	P	11	s'aérer	P	20	affranchir	T
11	adhérer	Ti	7	affabuler	I,T	20	s'affranchir	P
7	adirer	T, D	20	affadir	T	11	affréter	T
	seulement à l'infinitif		20	s'affadir	P	7	affriander	T
	et au part. passé adiré		20	affaiblir	T	7	affricher	T
84	s'adire belg.	P	20	s'affaiblir	P	7	affrioler	T
7	adjectiver	T	7	s'affairer	P	7	affriter	T
7	adjectiviser	T	7	affaisser	T	7	affronter	T
63	adjoindre	T	7	s'affaisser	P	7	s'affronter	P
63	s'adjoindre	P	7	affaler	T	7	affruiter	I,T
9	adjuger	T	7	s'affaler	P	7	affubler	T

T : transitif direct (p. p. variable) — Ti : transitif indirect (p. p. invariable) — I : intransitif (p. p. invariable) —
P : construction pronominale — imp. : verbe impersonnel — D : verbe défectif — être : verbe conjugué
avec l'auxiliaire être — être ou avoir : verbe se conjuguant avec les deux auxiliaires

7 amender ....T	16 analgésier ....T	7 antéposer ....T
7 s'amender ....P	7 analyser ....T	7 anticiper ....I,T
10 amener ....T	7 s'analyser ....P	7 antidater ....T
10 s'amener ....P	7 anastomoser ....T	7 aoûter ....T
7 amenuiser ....T	7 s'anastomoser ....P	7 apaiser ....T
7 s'amenuiser ....P	7 anathématiser ....T	7 s'apaiser ....P
7 américaniser ....T	7 ancrer ....T	9 apanager ....T
7 s'américaniser ....P	7 s'ancrer ....P	7 apatamer afr. I
20 amerrir .....I, être ou avoir	20 anéantir ....T	40 apercevoir ....T
20 ameublir ....T	20 s'anéantir ....P	40 s'apercevoir ....P
7 ameuter ....T	16 anémier ....T	7 apeurer ....T
7 s'ameuter ....P	16 anesthésier ....T	7 apiquer ....T
7 amidonner ....T	7 anglaiser ....T	18 apitoyer ....T
20 amincir ....I,T	7 angliciser ....T	18 s'apitoyer ....P
20 s'amincir ....P	7 s'angliciser ....P	20 aplanir ....T
7 aminer belg. I	7 angoisser ....I,T	20 s'aplanir ....P
16 amnistier ....T	7 s'angoisser ....P	20 aplatir ....T
7 amocher ....T	11 anhéler I	20 s'aplatir ....P
7 s'amocher ....P	7 animaliser ....T	7 aplomber québ. ....T
16 amodier ....T	7 animer ....T	7 s'aplomber québ. ....P
20 amoindrir ....T	7 s'animer ....P	16 apostasier I
20 s'amoindrir ....P	7 aniser ....T	7 aposter ....T
20 amollir ....T	7 ankyloser ....T	7 apostiller ....T
20 s'amollir ....P	7 s'ankyloser ....P	7 apostropher ....T
12 amonceler ....T	12 anneler ....T	7 s'apostropher ....P
12 s'amonceler ....P	7 annexer ....T	7 appairer ....T
8 amorcer ....I,T	7 s'annexer ....P	69 apparaître .I, être ou avoir
8 s'amorcer ....P	7 annihiler ....T	7 appareiller ....I,T
8 amordancer ....T	7 s'annihiler ....P	7 s'appareiller ....P
20 amortir ....T	8 annoncer ....T	7 apparenter ....T
20 s'amortir ....P	8 s'annoncer ....P	7 s'apparenter ....P
7 s'amouracher ....P	7 annoter ....T	16 apparier ....T
7 amourer afr. ....T	7 annualiser ....T	16 s'apparier ....P
16 amplifier ....T	7 annuler ....T	apparoir ....I, D
16 s'amplifier ....P	7 s'annuler ....P	seulement à l'infinitif
7 amputer ....T	20 anoblir ....T	et à la 3e pers. du sing.
20 s'amuïr ....P	20 s'anoblir ....P	de l'ind. prés. : il appert
7 amurer ....T	7 anodiser ....T	24 appartenir ....Ti
7 amuser ....T	7 ânonner ....I,T	24 s'appartenir ....P
7 s'amuser ....P	20 anordir I	7 appâter ....T

T : transitif direct (p. p. variable) — Ti : transitif indirect (p. p. invariable) — I : intransitif (p. p. invariable) —

P : construction pronominale — imp. : verbe impersonnel — D : verbe défectif — être : verbe conjugué

avec l'auxiliaire être — être ou avoir : verbe se conjuguant avec les deux auxiliaires

7	assister	I,T	7	s'attaquer	P	7	s'auréoler	P
16	associer	T	7	s'attarder	P	16	aurifier	T
16	s'associer	P	62	atteindre	T,Ti	7	ausculter	T
7	assoiffer	T	12	atteler	I,T	16	authentifier	T
7	assoler	T	12	s'atteler	P	7	authentiquer	T
20	assombrir	T	58	attendre	I,T	7	s'autocensurer	P
20	s'assombrir	P	58	s'attendre	P	88	s'autodétruire	P
7	assommer	T	20	attendrir	T	7	s'autodéterminer	P
7	s'assommer	P	20	s'attendrir	P	8	autofinancer	T
7	assoner	I	7	attenter	I,Ti	8	s'autofinancer	P
20	assortir	T	7	atténuer	T	16	autographier	T
20	s'assortir	P	7	s'atténuer	P	7	s'autoguider	P
20	assoupir	T	7	atterrer	T	7	automatiser	T
20	s'assoupir	P	20	atterrir	I, être ou avoir	7	s'autoproclamer	P
20	assouplir	T	7	attester	T	16	autopsier	T
20	s'assouplir	P	20	attiédir	T	7	autoriser	T
20	assourdir	I,T	20	s'attiédir	P	7	s'autoriser	P
20	s'assourdir	P	7	attifer	T	7	s'autosuggestionner	P
20	assouvir	T	7	s'attifer	P	7	s'autotomiser	P
20	s'assouvir	P	9	attiger	I,T	20	avachir	I,T
20	assujettir	T	7	attirer	T	20	s'avachir	P
20	s'assujettir	P	7	s'attirer	P	7	avaler	T
7	assumer	I,T	7	attiser	T	7	avaliser	T
7	s'assumer	P	7	attitrer	T	8	avancer	I,T
7	assurer	I,T	7	attraper	T	8	s'avancer	P
7	s'assurer	P	7	s'attraper	P	9	avantager	T
7	asticoter	T	7	attribuer	T	16	avarier	T
7	astiquer	T	7	s'attribuer	P	16	s'avarier	P
62	astreindre	T	7	attriquer	T	62	aveindre	T
62	s'astreindre	P	7	attrister	T	24	avenir	I,T, D
18	atermoyer	I	7	s'attrister	P		seulement au part. présent	
7	atomiser	T	7	attrouper	T	7	aventurer	T
7	s'atomiser	P	7	s'attrouper	P	7	s'aventurer	P
16	atrophier	T	7	auditionner	I,T	11	avérer	T
16	s'atrophier	P	7	augmenter	I,T	11	s'avérer	P
7	attabler	T		être ou avoir		20	avertir	T
7	s'attabler	P	7	s'augmenter	P	7	aveugler	T
7	attacher	I,T	7	augurer	I,T	7	s'aveugler	P
7	s'attacher	P	7	auner	T	20	aveulir	T
7	attaquer	T	7	auréoler	T	20	s'aveulir	P

T : transitif direct (p. p. variable) — Ti : transitif indirect (p. p. invariable) — I : intransitif (p. p. invariable) —
P : construction pronominale — imp. : verbe impersonnel — D : verbe défectif — être : verbe conjugué
avec l'auxiliaire *être* — être ou avoir : verbe se conjuguant avec les deux auxiliaires

20 avilir .... T
20 s'avilir .... P
7 aviner .... T
7 aviser .... I, T
7 s'aviser .... P
7 avitailler .... T
7 s'avitailler .... P
7 aviver .... T
7 avocasser .... T
7 avoiner .... T
2 avoir .... T
7 avoisiner .... T
7 s'avoisiner .... P
7 avorter .... I, T, être ou avoir
7 avouer .... T
7 s'avouer .... P
19 avoyer .... T
7 axer .... T
7 axiomatiser .... T
7 azimuter .... T
7 azimuther .... T
7 azurer .... T

b

13 babeler belg. I
7 babiller I
7 bâcher .... T
7 bachoter I
7 bâcler .... I, T
7 bader .... T
7 badigeonner .... T, Ti
7 se badigeonner .... P
7 badiner I
7 baffer .... T
7 bafouer .... T
7 bafouiller .... I, T
7 bâfrer .... I, T
7 bagarrer I
7 se bagarrer .... P
7 bagoter I
7 bagotter I
7 bagouler I
7 baguenauder I
7 se baguenauder .... P
7 baguer .... T
7 baigner .... I, T
7 se baigner .... P
7 bailler *(la bailler belle)* .... T
7 bâiller *(bâiller d'ennui)* I
7 bâillonner .... T
7 baiser .... I, T
7 baisser .... I, T, être ou avoir
7 se baisser .... P
7 balader .... T
7 se balader .... P
7 balafrer .... T
8 balancer .... I, T
8 se balancer .... P
7 balanstiquer .... T
17 balayer .... T
16 balbutier .... I, T
7 baleiner .... T
7 baligander belg. I
7 baliser .... I, T
7 balkaniser .... T
7 se balkaniser .... P
7 ballaster .... T
7 baller I
7 ballonner .... T
7 ballotter .... I, T
7 bal(l)uchonner .... T
7 se bal(l)uchonner .... P
7 balter belg. .... T
7 bambocher I
7 banaliser .... T
7 se banaliser .... P
7 bananer .... T
7 bancher .... T
7 bander .... I, T
7 se bander .... P
7 banner .... T
20 bannir .... T
7 banquer I
12 banqueter I
7 baptiser .... T
7 se baquer .... P
7 baquer belg. .... T
12 baqueter .... T
7 baragouiner .... I, T
7 baraquer .... I, T
7 baratiner .... I, T
7 baratter .... T
7 barber .... T
7 se barber .... P
16 barbifier .... T
16 se barbifier .... P
7 barboter .... I, T
7 barbouiller .... T
7 barder .... T
7 barder .... I, imp. : *ça barde*
11 baréter I
7 barguigner I
7 barioler .... T
7 barjaquer I
7 barloquer belg. I
7 baronner .... T
7 barouder I
7 barrer .... I, T
7 se barrer .... P
7 barricader .... T
7 se barricader .... P
20 barrir I
7 basaner .... T
7 basculer .... I, T
7 baser .... T
7 se baser .... P
7 bassiner .... T
7 baster I
7 bastillonner .... T
7 bastionner .... T
7 bastonner .... T
7 se bastonner .... P
7 batailler I
7 se batailler .... P
12 bateler I
7 bâter .... T
7 batifoler I
20 bâtir .... T
20 se bâtir .... P
7 bâtonner .... T
60 battre .... I, T, Ti

60	se battre	P	
9	se bauger	P	
7	bavarder	I	
7	bavasser	I	
7	baver	I	
7	bavocher	I	
17	bayer (aux corneilles)	I	
7	bazarder	T	
16	béatifier	T	
7	bêcher	I, T	
13	bêcheveter	T	
7	bécoter	T	
7	se bécoter	P	
7	becquer	T	
12	becqueter	T	
7	becter	T, D	

employé surtout à l'infinitif
et au participe passé

7	bedonner	I	
14	béer	I, D	

surtout à l'infinitif, à l'ind.
imparfait, au part. présent
(*béant*) et dans l'expression
bouche bée

7	bégaler	T	
17	bégayer	I, T	
11	béguer ᵃᶠʳ.	I	
13	bégueter	I	
7	bêler	I	
7	beloter ᵃᶠʳ.	I	
7	bémoliser	T	
16	bénéficier	Ti	
20	bénir	T	

participe passé *béni, e, is, ies*,
à ne pas confondre
avec l'adjectif : *eau bénite*

7	benner ᵇᵉˡᵍ.	T	
11	béquer	T	
12	béqueter	T	
7	béquiller	I, T	

8	bercer	T	
8	se bercer	P	
7	berdeller ᵇᵉˡᵍ.	I, T	
7	berlurer	I	
7	se berlurer	P	
7	berner	T	
7	besogner	I	
16	bêtifier	I, T	
16	se bêtifier	P	
7	bêtiser	I	
7	bétonner	I, T	
7	beugler	I, T	
7	beurrer	T	
7	se beurrer	P	
7	biaiser	I, T	
7	bibarder	I	
7	bibeloter	I	
7	biberonner	I	
7	bicher	I	
7	bichonner	T	
7	se bichonner	P	
7	bichoter	I, imp. : *ça bichote*	
7	se bider	P	
7	bidonner	I, Ti	
7	se bidonner	P	
7	bidouiller	T	
	bienvenir	I, D	

seulement à l'infinitif

7	biffer	T	
7	biffetonner	I	
7	bifurquer	I	
7	bigarrer	T	
7	bigler	I, T	
7	biglouser	I	
7	bigophoner	I	
7	bigorner	T	
7	se bigorner	P	
7	bigrer ᵃᶠʳ.	I	
7	bilaner ᵃᶠʳ.	I	
7	se biler	P	

7	billebauder	I	
7	biller	I	
7	billonner	T	
7	biloquer	T	
7	se biloter	P	
7	biner	I, T	
7	biologiser	T	
7	biquer ᵇᵉˡᵍ.	I	
7	biscuiter	T	
7	biseauter	T	
7	bisegmenter	T	
7	biser	I, T	
7	bisquer	I	
7	bisser	T	
7	bistourner	T	
7	bistrer	T	
7	biter	T	
7	bitonner	I	
7	bitter	T	
7	bitumer	T	
7	bituminer	T	
7	se bit(t)urer	P	
7	bivouaquer	I	
7	bizuter	T	
7	blablater	I	
7	blackbouler	T	
7	blaguer	I	
7	blairer	T	
7	blâmer	T	
7	se blâmer	P	
20	blanchir	I, T	
20	se blanchir	P	
7	blaser	T	
7	se blaser	P	
7	blasonner	T	
11	blasphémer	I, T	
11	blatérer	I	
7	bleffer ᵇᵉˡᵍ.	I	
20	blêmir	I	
11	bléser	I	

T : transitif direct (p. p. variable) — **Ti** : transitif indirect (p. p. invariable) — **I** : intransitif (p. p. invariable) —
P : construction pronominale — **imp.** : verbe impersonnel — **D** : verbe défectif — **être** : verbe conjugué
avec l'auxiliaire *être* — **être ou avoir** : verbe se conjuguant avec les deux auxiliaires

7	blesser	T
7	se blesser	P
20	blettir	I
20	bleuir	I,T
7	bleuter	T
7	blinder	I,T
7	se blinder	P
7	blinquer belg.	I,T
7	blobloter	I
20	blondir	I,T
18	blondoyer	I
7	bloquer	T
7	se bloquer	P
20	se blottir	P
7	blouser	I,T
7	se blouser	P
7	bluffer	I,T
7	bluter	T
7	blutiner	I
7	bobiner	T
7	bocarder	T
7	boetter	T
75	boire	I,T
75	se boire	P
7	boiser	T
7	boiter	I
7	boitiller	I
7	bolcheviser	T
7	bombarder	T
7	bomber	I,T
7	bonder	T
7	bondériser	T
20	bondir	I
7	bondonner	T
16	bonifier	T
16	se bonifier	P
7	bonimenter	I
20	bonir	T
20	bonnir	T
7	boquillonner	I
7	bordéliser	T
7	border	T
7	bordurer	T
7	borgnoter	T

7	borner	T
7	se borner	P
18	bornoyer	I,T
12	bosseler	T
7	bosser	I,T
7	bossuer	T
7	bostonner	I
7	botaniser	I
12	botteler	T
7	botter	I,T
7	se botter	P
7	bottiner	I,T
7	boubouler	I
7	boucaner	I,T
7	boucharder	T
7	boucher	T
7	se boucher	P
7	bouchonner	I,T
7	se bouchonner	P
7	boucler	I,T
7	se boucler	P
7	bouder	I,T
7	se bouder	P
7	boudiner	T
7	bouffer	I,T
7	se bouffer	P
20	bouffir	I,T
7	bouffonner	I
9	bouger	I,T
9	se bouger	P
7	bougonner	I,T
32	bouillir	I,T
7	bouillonner	I,T
7	bouillotter	I
9	boulanger	I,T
7	bouler	I,T
7	bouleverser	T
7	bouliner	T
7	boulocher	I
7	boulonner	I,T
7	boulotter	I,T
7	boumer	I
	imp. : ça boume	
7	bouquiner	I,T

7	bourder	I
7	bourdonner	I
7	bourgeonner	I
7	bourlinguer	I
12	bourreler	T
7	bourrer	I,T
7	se bourrer	P
7	boursicoter	I
7	boursouf(f)ler	T
7	se boursouf(f)ler	P
7	bousculer	T
7	se bousculer	P
7	bousiller	I,T
7	boustifailler	I
7	bouteiller afr.	T
7	bouter	T
7	boutonner	I,T
7	se boutonner	P
7	bouturer	T
7	boxer	I,T
7	boxonner	I
7	se boyauter	P
7	boycotter	T
7	braconner	I,T
7	brader	T
7	brailler	I,T
7	se brailler afr.	P
66	braire	I,T, D
	surtout aux 3es personnes,	
	ind. prés., futur	
	et cond. présent	
7	braiser	T
7	bramer	I
7	brancarder	T
7	brancher	I,T
7	se brancher	P
7	brandiller	I,T
20	brandir	T
7	branler	I,T
7	branlocher	T
7	braquer	I,T
7	se braquer	P
7	braser	T
7	brasiller	I

7 brasser ....T	7 broquanter I	7 se bureaucratiser ......P
7 se brasser ....P	7 broquer belg. I	7 buriner ....T
17 brasseyer ....T	7 brosser ....I,T	7 buser afr. ....T
7 braver ....T	7 se brosser ....P	7 buter ....I,T
17 brayer ....T	7 brouetter ....T	7 se buter ....P
7 bredouiller ....I,T	7 brouillasser............I	7 butiner ....I,T
7 brêler ....T	imp. : il brouillasse	7 butter ....T
7 breller ....T	7 brouiller ....T	7 buvoter I
7 brésiller ....I,T	7 se brouiller ....P	
7 se brésiller ....P	7 brouillonner ....I,T	**C**
12 bretteler ....T	7 brouter ....I,T	7 cabaler I
7 bretter ....T	18 broyer ....T	7 cabaner ....T
12 breveter ....T	7 bruiner I	7 cabiner afr. I
7 bricoler ....I,T	imp. : il bruine	7 câbler ....T
7 brider ....T	20 bruire ....I, D	7 cabosser ....T
9 bridger I	sutout au part. présent	7 caboter I
7 briefer ....T	(bruissant), aux 3es personnes	7 cabotiner I
7 briffer ....I,T	de l'ind. présent et imparfait	7 cabrer ....T
7 brigander ....I,T	(il bruit/ils bruissent	7 se cabrer ....P
7 briguer ....T	Il bruissait/ilsbruissaient),	7 cabrioler I
7 brillanter ....T	au subj. présent	7 cacaber I
7 brillantiner ....T	(qu'il bruisse/qu'ils bruissent).	7 cacarder I
7 briller I	Part. passé invariable (brui)	7 cacher ....T
7 brimbaler ....I,T	7 bruisser I	7 se cacher ....P
7 brimer ....T	7 bruiter ....T	12 cacheter ....T
7 bringuebaler ....I,T	7 brûler ....I,T	7 cachetonner I
7 brinqueballer ....I,T	7 se brûler ....P	7 cadancher I
7 briocher ....T	7 brumasser I	7 cadastrer ....T
7 briquer ....T	imp. : il brumasse	7 cadeauter afr. ....T
12 briqueter ....T	7 brumer I	7 cadenasser ....T
7 briser ....I,T	imp. : il brume	8 cadencer ....T
7 se briser ....P	20 brunir ....I,T	7 cadoter afr. ....T
7 broadcaster ....T	20 se brunir ....P	7 cadrer ....I,T
7 brocanter ....I,T	7 brusquer ....T	7 cafarder ....I,T
7 brocarder ....T	7 brutaliser ....T	7 cafeter ....I,T
7 brocher ....T	7 bûcher ....I,T	7 cafouiller I
7 broder ....I,T	7 budgéter ....T	7 cafter ....I,T
7 broncher I	7 budgétiser ....T	7 cagnarder I
7 bronzer ....I,T	7 buller I	7 cagner I
7 se bronzer ....P	7 bureaucratiser ....T	7 caguer I

7 castagner .... I,T
7 se castagner .... P
7 castrer .... T
7 cataloguer .... T
7 catalyser .... T
7 catapulter .... T
7 catastropher .... T
7 catcher I
7 catéchiser .... T
7 catiner ^{québ.} .... I,T
20 catir .... T
7 cauchemarder I
7 causer .... I,T
7 cautériser .... T
7 cautionner .... T
7 cavacher ^{afr.} I
7 cavalcader I
7 cavaler .... I,T
7 se cavaler .... P
7 caver .... I,T
7 se caver .... P
7 caviarder .... T
11 céder .... I,T,Ti
7 cégotter ^{afr.} .... T
62 ceindre .... T
62 se ceindre .... P
7 ceinturer .... T
11 célébrer .... T
13 celer .... T
7 cémenter .... T
7 cendrer .... T
7 censurer .... T
7 center ^{afr.} .... T
7 centraliser .... T
7 centrer .... I,T
9 centrifuger .... T
7 centupler .... I,T
7 cercler .... T
7 cerner .... T
16 certifier .... T

7 césariser .... T
7 cesser .... I,T,Ti
7 chabler .... T
7 chagriner .... T
7 chahuter .... I,T
7 chaîner .... T
9 challenger .... T
chaloir .... D
surtout à la 3e personne
du sing. de l'ind. présent
(peu lui chaut)
7 chalouper I
7 se chamailler .... P
7 chamarrer .... T
7 chambarder .... T
7 chambouler .... T
7 chambrer .... T
7 chameauser ^{afr.} I
7 chamoiser .... T
7 champagniser .... T
10 champlever .... T
12 chanceler I
7 chancetiquer I
20 chancir I
20 se chancir .... P
7 chanfreiner .... T
9 changer .... I,T,Ti
être ou avoir
9 se changer .... P
7 chansonner .... T
7 chanstiquer .... I,T
7 chanter .... I,T
7 chantonner .... I,T
7 chantourner .... T
7 chaparder .... I,T
7 chapeauter .... T
12 chapeler .... T
7 chaperonner .... T
7 chapitrer .... T
7 chaponner .... T

7 chaptaliser .... T
7 charbonner .... I,T
7 charcuter .... T
7 se charcuter .... P
9 charger .... I,T
9 se charger .... P
7 chariboter I
7 charlater ^{afr.} I
7 charmer .... I,T
7 charpenter .... T
16 charrier .... I,T
18 charroyer .... T
7 chartériser .... T
7 chasser .... I,T
7 châtaigner I
7 se châtaigner .... P
16 châtier .... T
16 se châtier .... P
7 chatonner I
7 chatouiller .... T
18 chatoyer I
7 châtrer .... T
7 chauffer .... I,T
7 se chauffer .... P
7 chauler .... T
7 chaumer .... I,T
7 chausser .... I,T
7 se chausser .... P
chaut .... → chaloir
20 chauvir I
7 chavirer .... I,T, être ou avoir
7 chawer ^{afr.} I
7 chelinguer I
7 cheminer I
7 chemiser .... T
7 chercher .... I,T
7 se chercher .... P
11 chérer I
20 chérir .... T
7 cherrer I

T : transitif direct (p. p. variable) — **Ti** : transitif indirect (p. p. invariable) — **I** : intransitif (p. p. invariable) —
P : construction pronominale — **imp.** : verbe impersonnel — **D** : verbe défectif — **être** : verbe conjugué
avec l'auxiliaire *être* — **être ou avoir** : verbe se conjuguant avec les deux auxiliaires

7 chevaler ....T	7 choser afr. ....I,T	7 clamecer I
7 chevaucher ....I,T	16 chosifier ....T	7 clamer ....T
7 se chevaucher ....P	7 chouchouter ....T	7 clamper ....T
7 cheviller ....T	7 choufer ....T	7 clamser I
12 chevreter I	7 chouraver ....T	7 claper ....T
7 chevronner ....T	7 chourer ....T	20 clapir I
7 chevroter I	7 chouriner ....T	20 se clapir ....P
7 chiader ....T	18 choyer ....T	7 clapoter I
7 chialer I	7 christianiser ....T	7 clapper I
7 chicaner ....I,T,Ti	7 chromer ....T	7 clapser I
7 se chicaner ....P	7 chroniquer I	7 claquemurer ....T
7 se chicorer ....P	11 chronométrer ....T	7 se claquemurer ....P
7 se chicorner ....P	7 chroumer ....I,T	7 claquer ....I,T
7 chicoter I	7 chuchoter ....I,T	7 se claquer ....P
7 chicotter afr. ....T	7 chuinter I	12 claqueter I
7 chienner I	7 chuter I	16 clarifier ....T
16 chier ....I,T	7 cibler ....T	16 se clarifier ....P
7 chiffonner ....I,T	7 cicatriser ....I,T	7 classer ....T
7 se chiffonner ....P	7 se cicatriser ....P	7 se classer ....P
7 chiffrer ....I,T	7 cigler ....T	16 classifier ....T
7 se chiffrer ....P	7 ciller I	7 claudiquer I
7 chigner I	7 cimenter ....T	7 claustrer ....T
7 chimer ....T	7 se cimenter ....P	7 se claustrer ....P
7 chiner ....T	16 cinématographier ...T	7 claver ....T
7 chinoiser I	7 cingler ....I,T	12 clavet(t)er ....T
7 chiper ....T	7 se cingler ....P	7 clayonner ....T
7 chipoter I	7 cintrer ....T	11 cléber I
7 chiquer ....I,T	87 circoncire ....T	7 clicher ....T
16 chirographier ....T	part. passé : circoncis, se, ses	7 clienter afr. ....T
7 chlinguer I	86 circonscrire ....T	7 cligner ....I,T,Ti
7 chlorer ....T	86 se circonscrire ....P	7 clignoter I
7 chloroformer ....T	16 circonstancier ....T	7 climatiser ....T
7 chlorurer ....T	24 circonvenir ....T	7 cliquer I
7 chocotter I	7 circuler I	12 cliqueter I
7 chofer ....T	7 cirer ....T	7 cliquoter belg. I
55 choir ....I, D, être ou avoir	7 cisailler ....T	7 clisser ....T
20 choisir ....T	13 ciseler ....T	7 cliver ....T
7 chômer ....I,T	7 citer ....T	7 se cliver ....P
7 choper ....T	7 civiliser ....T	7 clochardiser ....T
7 chopiner I	7 se civiliser ....P	7 se clochardiser ....P
7 chopper I	7 clabauder I	7 clocher I
7 choquer ....T	7 claboter ....I,T	7 cloisonner ....T
7 se choquer ....P	7 clacher belg. ....T	7 cloîtrer ....T
16 chorégraphier ....I,T	7 claironner ....I,T	7 se cloîtrer ....P

T : transitif direct (p. p. variable) — **Ti** : transitif indirect (p. p. invariable) — **I** : intransitif (p. p. invariable) —
P : construction pronominale — **imp.** : verbe impersonnel — **D** : verbe défectif — **être** : verbe conjugué
avec l'auxiliaire *être* — **être ou avoir** : verbe se conjuguant avec les deux auxiliaires

7 contagionner ....T	7 contre-indiquer ....T	II coopérer ....I,Ti
7 containeriser ....T	7 contremander ....T	7 coopter ....T
7 contaminer ....T	7 contre-manifester I	7 coordonner ....T
7 contempler ....T	7 contremarquer ....T	7 copermuter ....T
7 se contempler ....P	7 contre-miner ....T	16 copier ....I,T
7 conteneuriser ....T	7 contre-murer ....T	7 copiner I
24 contenir ....T	7 contre-passer ....T	7 copiner I
24 se contenir ....P	7 contre-plaquer ....T	7 coposséder ....T
7 contenter ....T	7 contrer ....I,T	88 coproduire ....T
7 se contenter ....P	7 contre-sceller ....T	7 copuler I
7 conter ....T	7 contresigner ....T	7 coquer ....T
7 contester ....I,T	7 contre-tirer ....T	12 coqueter I
7 contingenter ....T	24 contrevenir ....Ti	7 coquiller I
7 continuer ....I,T,Ti	7 contribuer ....Ti	7 coraniser afr. ....T
7 se continuer ....P	7 contrister ....T	12 cordeler ....T
7 contorsionner ....T	7 contrôler ....T	7 corder ....T
7 se contorsionner ......P	7 se contrôler ....P	7 cordonner ....T
7 contourner ....T	7 controuver ....T	7 cornancher ....T
7 contracter ....T	7 controverser ....I,T	7 se cornancher ....P
7 se contracter ....P	7 contusionner ....T	7 cornaquer ....T
7 contractualiser ....T	65 convaincre ....T	7 corner ....I,T
7 contracturer ....T	65 se convaincre ....P	7 correctionnaliser ....T
64 contraindre ....T	24 convenir ....I,Ti	II corréler ....T
64 se contraindre ....P	être ou avoir	58 correspondre ....I,Ti
16 contrarier ....T	24 se convenir ....P	58 se correspondre ....P
16 se contrarier ....P	p. p. invariable	9 corriger ....T
7 contraster ....I,T	7 conventionner ....T	9 se corriger ....P
7 contre-attaquer I	9 converger I	7 corroborer ....T
8 contrebalancer ....T	7 converser I	7 corroder ....T
8 s'en contrebalancer ..P	20 convertir ....T	58 corrompre ....T
60 contrebattre ....T	20 se convertir ....P	58 se corrompre ....P
7 contrebouter ....T	16 convier ....T	18 corroyer ....T
7 contrebraquer ....T	7 convivialiser ....I,T	7 corser ....T
7 contrebuter ....T	7 convoiter ....I,T	7 se corser ....P
7 contrecarrer ....T	7 convoler I	13 corseter ....T
84 contredire ....T	7 convoquer ....T	7 cosigner ....T
84 se contredire ....P	18 convoyer ....T	7 cosmétiquer ....T
67 contrefaire ....T	7 convulser ....T	7 cosser I
7 se contrefiche ....P	7 se convulser ....P	7 costumer ....T
58 se contrefoutre ......P,D	7 convulsionner ....T	7 se costumer ....P

T : transitif direct (p. p. variable) — Ti : transitif indirect (p. p. invariable) — I : intransitif (p. p. invariable) —
P : construction pronominale — imp. : verbe impersonnel — D : verbe défectif — être : verbe conjugué
avec l'auxiliaire être — être ou avoir : verbe se conjuguant avec les deux auxiliaires

7 crotter ...... I,T	7 daigner (+ inf.) ...... T
7 se crotter ...... P	7 daller ...... T
7 crouler ...... I, être ou avoir	7 damasquiner ...... T
7 croupionner I	7 damasser ...... T
20 croupir ...... I, être ou avoir	7 damer ...... I,T
7 croustiller I	7 damner ...... I,T
7 croûter ...... I,T	7 se damner ...... P
7 se croûtonner ...... P	7 dandiner ...... T
16 crucifier ...... T	7 se dandiner ...... P
7 crypter ...... T	7 danser ...... I,T
16 cryptographier ...... T	7 dansotter I
7 cuber ...... I,T	7 darder ...... I,T
29 cueillir ...... T	7 se darder ...... P
7 cuirasser ...... T	7 dater ...... I,T
7 se cuirasser ...... P	7 dauber ...... I, T
88 cuire ...... I,T	7 déactiver ...... T
7 cuisiner ...... I,T	7 dealer ...... T
7 se cuiter ...... P	7 déambuler I
7 cuivrer ...... T	7 se déambuler afr. ...... P
7 culbuter ...... I,T	7 débâcher ...... I,T
7 culer ...... I,T	7 débâcler ...... I,T
7 culminer I	7 débagouler ...... I,T
7 culotter ...... T	7 débâillonner ...... T
7 se culotter ...... P	7 déballer ...... I,T
7 culpabiliser ...... I,T	7 se déballonner ...... P
7 cultiver ...... T	7 débalourder ...... T
7 se cultiver ...... P	7 débanaliser ...... T
7 cumuler ...... T	7 débander ...... I,T
7 curer ...... T	7 se débander ...... P
7 se curer ...... P	7 débaptiser ...... T
12 cureter ...... T	7 débarboter afr. ...... T
12 cuveler ...... T	7 débarbouiller ...... T
7 cuver ...... I,T	7 se débarbouiller ...... P
7 cyanoser ...... T	7 débarder ...... T
7 cylindrer ...... T	7 débarquer ...... I,T
	7 débarrasser ...... I,T
	7 se débarrasser ...... P
d	7 débarrer ...... T
16 dactylographier ...... T	7 débâter ...... T
7 daguer ...... T	20 débâtir ...... T

60 débattre ...... T
60 se débattre ...... P
7 débaucher ...... T
7 se débaucher ...... P
7 débecter ...... T
12 débe(c)queter ...... T
12 se débe(c)queter ...... P
7 débiliter ...... T
7 débillarder ...... T
7 débiner ...... T
7 se débiner ...... P
7 débiter ...... T
11 déblatérer I
17 déblayer ...... T
20 débleuir ...... T
7 débloquer ...... I,T
7 débobiner ...... T
7 déboguer ...... T
7 déboiser ...... T
7 déboîter ...... I,T
7 se déboîter ...... P
7 débonder ...... T
7 se débonder ...... P
7 déborder ...... I,T
   être ou avoir
7 se déborder ...... P
12 débosseler ...... T
7 débotter ...... T
7 se débotter ...... P
7 déboucher ...... I,T
7 déboucler ...... T
7 débouder ...... I,T
7 se débouder ...... P
32 débouillir ...... T
7 débouler ...... I,T
7 déboulonner ...... T
7 débouquer I
7 débourber ...... T
7 débourrer ...... I,T
7 débourser ...... T

T : transitif direct (p. p. variable) — Ti : transitif indirect (p. p. invariable) — I : intransitif (p. p. invariable) —
P : construction pronominale — imp. : verbe impersonnel — D : verbe défectif — être : verbe conjugué
avec l'auxiliaire être — être ou avoir : verbe se conjuguant avec les deux auxiliaires

7 déboussoler ....T	7 décapiter ....T	7 décheviller ....T
7 débouter ....T	7 décapoter ....T	7 déchiffonner ....T
7 déboutonner ....T	7 décapsuler ....T	7 déchiffrer ....I,T
7 se déboutonner ......P	7 décapuchonner ......T	12 déchiqueter ....T
7 débraguetter ....T	7 décarburer ....T	7 déchirer ....T
7 se débraguetter ....P	7 décarcasser ....T	7 se déchirer ....P
7 se débrailler ....P	7 se décarcasser ....P	7 déchlorurer ....T
7 débrancher ....T	7 décarpiller ....T	57 déchoir ...I, être ou avoir, D
7 se débrancher ....P	12 décarreler ....T	7 déchristianiser ......T
17 débrayer ....I,T	7 décarrer I	7 se déchristianiser .....P
7 débrider ....I,T	7 décartonner ....T	7 déchromer ....T
7 débriefer ....T	20 décatir ....T	7 décider ....T,Ti
7 débrocher ....T	20 se décatir ....P	7 se décider ....P
7 débrôler belg. ....T	7 décauser belg. ....T	7 décimaliser ....T
7 débrouiller ....T	7 décavaillonner ....T	7 décimer ....T
7 se débrouiller ....P	7 décaver ....T	7 décintrer ....T
7 débroussailler ....T	7 se décaver ....P	7 déclamer ....I,T
7 débrousser afr. ....T	11 décéder ....I, être	7 déclarer ....T
7 débucher ....I,T	13 déceler ....T	7 se déclarer ....P
7 débudgétiser ....T	11 décélérer I	7 déclasser ....T
7 débugger ....T	7 décentraliser ....T	12 déclaveter ....T
7 débuller ....T	7 se décentraliser ....P	7 déclencher ....T
7 débureaucratiser .....T	7 décentrer ....T	7 se déclencher ....P
7 débusquer ....T	7 se décentrer ....P	7 décléricaliser ....T
7 débuter ....I,T	7 décercler ....T	7 décliner ....I,T
12 décacheter ....T	7 décérébrer ....T	7 se décliner ....P
7 décadenasser ....T	7 décerner ....T	12 décliqueter ....T
7 décadrer ....T	12 décerveler ....T	7 décloisonner ....T
7 décaféiner ....T	7 décesser ....T	76 déclore ....T, D
7 décaisser ....T	40 décevoir ....T	seulement à l'infinitif
7 décalaminer ....T	7 déchagriner ....T	et au participe passé
7 décalcariser belg. ....T	7 déchaîner ....T	7 déclouer ....T
16 décalcifier ....T	7 se déchaîner ....P	7 décocher ....T
16 se décalcifier ....P	7 déchanter I	7 décoder ....T
7 décaler ....T	7 déchaper ....T	7 décoffrer ....T
7 décalotter ....T	7 déchaperonner ....T	7 décoiffer ....T
7 décalquer ....T	9 décharger ....I,T	7 se décoiffer ....P
7 décamper ..I, être ou avoir	9 se décharger ....P	8 décoincer ....T
7 décaniller I	7 décharner ....T	11 décolérer I
7 décanter ....I,T	7 déchaumer ....T	7 décoller ....I,T
7 se décanter ....P	7 déchausser ....I,T	7 se décoller ....P
12 décapeler ....T	7 se déchausser ....P	12 décolleter ....T
7 décaper ....T	11 décher ....T	12 se décolleter ....P
7 décapitaliser ....T	7 déchevêtrer ....T	7 décoloniser ....T

7	décolorer ....T	7	découcher ....:...........I	7	décrypter ....T
7	se décolorer ....P	79	découdre ....T	88	décuire ....T
7	décommander ....T	79	se découdre ....P	7	décuivrer ....T
7	se décommander .....P	7	découler ....I,Ti	7	déculasser ....T
61	décommettre ....T	7	découper ....T	7	déculotter ....T
7	décommuniser ....T	7	se découper ....P	7	se déculotter ....P
7	décompenser I	7	découpler ....T	7	déculpabiliser ....T
7	décomplexer ....T	9	décourager ....T	7	décupler ....I,T
7	décomposer ....T	9	se décourager ....P	7	décuver ....T
7	se décomposer ....P	7	découronner ....T	7	dédaigner ....T,Ti
7	décompresser ....I,T	28	découvrir ....T	8	dédicacer ....T
7	décomprimer ....T	28	se découvrir ....P	16	dédier ....T
7	décompter ....I,T	7	décrambuter ....I,T	84	dédire ....T
7	déconcentrer ....T	7	décramponner ....T	84	se dédire ....P
7	se déconcentrer ....P	7	décrapouiller ....T	9	dédommager ....T
7	déconcerter ....T	7	se décrapouiller ....P	9	se dédommager ....P
7	se déconcubiner ......P	7	décrasser ....T	7	dédorer ....T
7	déconditionner ....T	7	se décrasser ....P	7	dédouaner ....T
87	déconfire ....T	7	décrédibiliser ....T	7	se dédouaner ....P
13	décongeler ....T	7	décréditer ....T	7	dédoubler ....T
7	décongestionner .....T	7	se décréditer ....P	7	se dédoubler ....P
7	déconnecter ....T	7	décrêper ....T	7	dédramatiser ....I,T
7	déconner I	20	décrépir ....T	88	déduire ....T
7	déconseiller ....T	20	se décrépir ....P	88	se déduire ....P
11	déconsidérer ....T	7	décrépiter ....I,T	30	défaillir I
11	se déconsidérer ....P	11	décréter ....T	67	défaire ....T
7	déconsigner ....T	7	décreuser ....T	67	se défaire ....P
7	déconstiper ....T	16	décrier ....T	7	défalquer ....T
88	déconstruire ....T	7	décriminaliser ....T	7	défarder ....T
7	décontaminer ....T	86	décrire ....T	7	défarguer ....T
8	décontenancer ....T	7	décrisper ....T	7	défatiguer ....I,T
8	se décontenancer .....P	7	se décrisper ....P	7	se défatiguer ....P
7	décontracter ....T	7	décrocher ....I,T	7	défaucher ....T
7	se décontracter ....P	7	se décrocher ....P	7	défaufiler ....T
8	décorcer afr. ....T	7	décroiser ....T	7	défausser ....T
7	décorder ....T	73	décroître ...I, être ou avoir	7	se défausser ....P
7	se décorder ....P	7	décrotter ....T	7	défavoriser ....T
7	décorer ....I,T	7	décroûter ....T	58	défendre ....T
7	décorner ....T	7	décruer ....T	58	se défendre ....P
7	décortiquer ....T	7	décruser ....T	7	défenestrer ....T

T : transitif direct (p. p. variable) — Ti : transitif indirect (p. p. invariable) — I : intransitif (p. p. invariable) —
P : construction pronominale — imp. : verbe impersonnel — D : verbe défectif — être : verbe conjugué
avec l'auxiliaire *être* — être ou avoir : verbe se conjuguant avec les deux auxiliaires

7 déhotter ....I,T
7 déhouiller ....T
16 déifier ....T
7 déjanter ....T
9 déjauger I
20 déjaunir ....T
12 déjeter ....T
12 se déjeter ....P
7 déjeuner I
7 déjouer ....T
7 déjucher ....I,T
9 se déjuger ....P
7 délabialiser ....T
7 se délabialiser ....P
7 délabrer ....T
7 se délabrer ....P
7 délabyrinther ....T
8 délacer ....T
7 délainer ....T
7 délaisser ....T
7 délaiter ....T
7 délarder ....T
7 délasser ....I,T
7 se délasser ....P
7 délatter ....T
7 se délatter ....P
7 délaver ....T
17 délayer ....T
7 déléaturer ....T
7 délecter ....T
7 se délecter ....P
7 délégitimer ....T
11 déléguer ....T
7 délester ....T
7 se délester ....P
11 délibérer ....I,Ti
16 délier ....T
16 se délier ....P
16 délignifier ....T
7 délimiter ....T

14 délinéer ....T
7 délirer I
7 délisser ....I,T
7 déliter ....T
7 se déliter ....P
7 délivrer ....T
7 se délivrer ....P
7 délocaliser ....T
7 se délocaliser ....P
9 déloger ....I,T
7 déloquer ....T
7 se déloquer ....P
7 délover ....T
7 délurer ....T
7 délustrer ....T
7 déluter ....T
7 démaçonner ....T
7 démagnétiser ....T
20 démaigrir ....I,T
7 démailler ....T
7 se démailler ....P
7 démailloter ....T
7 démancher ....T
7 se démancher ....P
7 demander ....T
7 se demander ....P
9 démanger ....I,T
13 démanteler ....T
7 démantibuler ....T
7 se démantibuler ....P
7 se démaquer ....P
7 démaquiller ....T
7 se démaquiller ....P
7 démarabouter afr. ......T
7 démarcher ....T
16 démarier ....T
16 se démarier ....P
7 démarquer ....T
7 se démarquer ....P
7 démarrer ....I,T

7 démascler ....T
7 démasquer ....T
7 se démasquer ....P
7 démastiquer ....T
7 démâter ....I,T
7 dématérialiser ....T
7 démazouter ....T
7 démédicaliser ....T
7 démêler ....T
7 se démêler ....P
7 démembrer ....T
9 déménager ....I,T
   être ou avoir
10 se démener ....P
26 démentir ....T
26 se démentir ....P
7 se démerder ....P
9 démerger belg. ....T
7 démériter I
7 déméthaniser ....T
61 démettre ....T
61 se démettre ....P
7 démeubler ....T
7 demeurer ..I, être ou avoir
7 démieller ....T
7 démilitariser ....T
7 déminer ....T
7 déminéraliser ....T
7 démissionner ....I,Ti
7 démobiliser ....I,T
7 se démobiliser ....P
7 démocratiser ....T
7 se démocratiser ....P
7 démoder ....T
7 se démoder ....P
7 démoduler ....T
20 démolir ....T
7 démonétiser ....T
7 démonter ....T
7 se démonter ....P

7	dépolariser	T	9	dérager	I	7 se désaccorder	P
20	dépolir	T	20	déraidir	T	7 désaccoupler	T
20	se dépolir	P	20	se déraidir	P	7 désaccoutumer	T
7	dépolitiser	T	7	dérailler	I	7 se désaccoutumer	P
7	se dépolitiser	P	7	déraisonner	I	16 désacidifier	T
7	dépolluer	T	7	déramer	I,T	7 désaciérer	T
7	dépolymériser	T	9	déranger	T	7 désacraliser	T
7	dépontiller	I	9	se déranger	P	7 désactiver	T
7	déporter	T	7	déraper	I	7 désadapter	T
7	se déporter	P	7	déraser	T	7 se désadapter	P
7	déposer	I,T	7	dérater	T	11 désaérer	T
7	se déposer	P	7	dératiser	T	7 désaffecter	T
11	déposséder	T	17	dérayer	I,T	7 se désaffectionner	P
7	dépoter	T	7	déréaliser	T	16 désaffilier	T
7	dépoudrer	T	7	dérésumenter	T	8 désagencer	T
7	dépouiller	T	11	dérégler	T	7 désagrafer	T
7	se dépouiller	P	11	se dérégler	P	15 désagréger	T
42	dépourvoir	T,D	7	déresponsabiliser	T	15 se désagréger	P
42	se dépourvoir	P,D	7	dérider	T	7 désaimanter	T
11	dépoussiérer	T	7	se dérider	P	7 désaisonnaliser	T
7	dépraver	T	7	dériver	I,T,Ti	7 désajuster	T
16	déprécier	T	7	dérober	T	11 désaliéner	T
16	se déprécier	P	7	se dérober	P	7 désaligner	T
59	se déprendre	P	7	dérocher	I,T	7 désalper	I
7	dépressuriser	T	7	déroder	T	11 désaltérer	T
7	déprimer	I,T	9	déroger	Ti	11 se désaltérer	P
7	se déprimer	P	20	dérondir	T	7 désamarrer	T
7	dépriser	T	20	dérougir	I	7 désambiguïser	T
7	déprogrammer	T	7	dérouiller	I,T	7 se désâmer québ.	P
7	déprolétariser	T	7	se dérouiller	P	7 désamianter	T
7	dépropaniser	T	7	dérouler	T	7 désamidonner	T
15	déprotéger	T	7	se dérouler	P	7 désaminer	T
12	dépuceler	T	7	dérouter	T	8 désamorcer	T
7	dépulper	T	7	se dérouter	P	8 se désamorcer	P
7	dépurer	T	7	désabonner	T	7 désannexer	T
7	député	T	7	se désabonner	P	7 désaper	T
16	déqualifier	T	7	désabuser	T	7 se désaper	P
7	déquiller	T	7	désaccentuer	T	16 désapparier	T
7	déraciner	T	7	désacclimater	T	7 désappointer	T
7	dérader	I	7	désaccorder	T	59 désapprendre	T

7	désirer ....T	7	se dessaper ....P	7	détecter ....T
7	se désister ....P	11	dessécher ....T	62	déteindre ....I,T
20	désobéir ....I,Ti	11	se dessécher ....P	12	dételer ....I,T
	accepte la voix passive	7	desseller ....T	58	détendre ....T
9	désobliger ....T	7	desserrer ....T	58	se détendre ....P
7	désobstruer ....T	7	se desserrer ....P	24	détenir ....T
7	désocialiser ....T	20	dessertir ....T	9	déterger ....T
7	désoccuper ....T	36	desservir ....T	7	détériorer ....T
7	désodoriser ....T	36	se desservir ....P	7	se détériorer ....P
7	désoler ....T	7	dessiller ....T	7	déterminer ....T
7	se désoler ....P	7	se dessiller ....P	7	se déterminer ....P
7	désolidariser ....T	7	dessiner ....T	7	déterrer ....T
7	se désolidariser ....P	7	se dessiner ....P	7	détester ....T
7	désoperculer ....T	7	dessoler ....T	7	se détester ....P
7	désopiler ....T	7	dessouder ....T	7	détirer ....T
7	se désopiler ....P	7	se dessouder ....P	7	se détirer ....P
7	désorber ....T	7	dessouffler québ. ....T	7	détisser ....T
7	désorbiter ....T	7	dessoûler ....I,T	7	détoner I
7	se désorbiter ....P	7	se dessoûler ....P	12	détonneler ....T
7	désordonner ....T	7	dessuinter ....T	7	détonner I
7	désorganiser ....T	7	déstabiliser ....T	58	détordre ....T
7	se désorganiser ....P	7	destiner ....T	7	détortiller ....T
7	désorienter ....T	7	se destiner ....P	7	détourer ....T
7	se désorienter ....P	7	destituer ....T	7	détourner ....T
7	désosser ....T	7	destocker ....I,T	7	se détourner ....P
7	se désosser ....P	7	destructurer ....T	7	détoxiquer ....T
7	désouffler québ. ....T	7	se destructurer ....P	7	détracter ....T
7	désoxyder ....T	7	désulfiter ....T	7	détrancher I
11	désoxygéner ....T	7	désulfurer ....T	7	détransposer ....T
7	desquamer ....I,T	20	désunir ....T	7	détraquer ....T
7	dessabler ....T	20	se désunir ....P	7	se détraquer ....P
20	dessaisir ....T	7	désynchroniser ....T	7	détremper ....T
20	se dessaisir ....P	7	détacher ....T	7	détresser ....T
7	dessaler ....I,T	7	se détacher ....P	7	détricoter ....T
7	se dessaler ....P	7	détailler ....T	7	détromper ....T
7	dessangler ....T	7	détaler I	7	se détromper ....P
7	se dessangler ....P	7	détaller ....T	7	détroncher I
7	dessaouler ....I,T	7	détapisser ....T	7	détrôner ....T
7	se dessaouler ....P	7	détartrer ....T	7	détroquer ....T
7	dessaper ....T	7	détaxer ....T	7	détrousser ....T

T : transitif direct (p. p. variable) — Ti : transitif indirect (p. p. invariable) — I : intransitif (p. p. invariable) —
P : construction pronominale — imp. : verbe impersonnel — D : verbe défectif — être : verbe conjugué
avec l'auxiliaire être — être ou avoir : verbe se conjuguant avec les deux auxiliaires

16	disqualifier .... T	8	divorcer ....I, être ou avoir	7	dracher belg. imp. : il drache
16	se disqualifier .... P	7	divulguer .... T	16	dragéifier .... T
7	disséminer .... T	7	se divulguer .... P	7	drageonner I
7	se disséminer .... P	7	djibser afr. I	7	draguer .... I, T
11	disséquer .... T	7	documenter .... T	7	drainer .... T
7	disserter I	7	se documenter .... P	7	dramatiser .... I, T
7	dissimuler .... T	7	dodeliner I	12	drapeler .... T
7	se dissimuler .... P	7	dogmatiser I	7	draper .... T
7	dissiper .... T	7	doigter .... I, T	7	se draper .... P
7	se dissiper .... P	7	doguer belg. .... I, T	7	draver québ. .... I, T
16	dissocier .... T	7	doler .... T	17	drayer .... T
16	se dissocier .... P	7	domestiquer .... T	7	dresser .... T
7	dissoner I	16	domicilier .... T	7	se dresser .... P
78	dissoudre .... T, D	7	dominer .... I, T	7	dribbler .... I, T
78	se dissoudre .... P, D	7	se dominer .... P	7	driller .... T
7	dissuader .... T	7	dompter .... T	7	driver .... I, T
8	distancer .... T	7	donner .... I, T	7	droguer .... I, T
8	se distancer .... P	7	se donner .... P	7	se droguer .... P
16	distancier .... T	7	doper .... T	7	droper .... I, T
16	se distancier .... P	7	se doper .... P	7	drosser .... T
58	distendre .... T	7	dorer .... T	16	dulcifier .... T
58	se distendre .... P	7	se dorer .... P	7	duper .... T
7	distiller .... I, T	7	dorloter .... T	7	se duper .... P
7	distinguer .... I, T	7	se dorloter .... P	7	duplexer .... T
7	se distinguer .... P	33	dormir I	7	dupliquer .... T
58	distordre .... T	7	doser .... T	20	durcir .... I, T
58	se distordre .... P	7	doter .... T	20	se durcir .... P
66	distraire .... I, T, D	7	se doter .... P	7	durer I
66	se distraire .... P, D	7	doubler .... I, T	12	se duveter .... P
7	distribuer .... T	7	se doubler .... P	7	dynamiser .... T
7	se distribuer .... P	7	doublonner I	7	dynamiter .... T
7	divaguer I	7	doucher .... T		
9	diverger I	7	se doucher .... P		**e**
16	diversifier .... T	20	doucir .... T		
16	se diversifier .... P	7	douer .... T, D	20	ébahir .... T
20	divertir .... T		seulement au part. passé	20	s'ébahir .... P
20	se divertir .... P		et aux temps composés	7	ébarber .... T
7	diviniser .... T	7	douiller I	60	s'ébattre .... P
7	diviser .... T	7	douter .... I, Ti	20	s'ébaubir .... P
7	se diviser .... P	7	se douter .... P	7	ébaucher .... T
				7	s'ébaucher .... P

T : transitif direct (p. p. variable) — Ti : transitif indirect (p. p. invariable) — I : intransitif (p. p. invariable) —

P : construction pronominale — imp. : verbe impersonnel — D : verbe défectif — être : verbe conjugué

avec l'auxiliaire être — être ou avoir : verbe se conjuguant avec les deux auxiliaires

7	éduquer	T	9	égorger	T
7	éfaufiler	T	9	s'égorger	P
8	effacer	I,T	7	s'égosiller	P
8	s'effacer	P	7	égoutter	I,T
7	effaner	T	7	s'égoutter	P
7	effarer	T	7	égrainer	T
7	s'effarer	P	7	s'égrainer	P
7	effaroucher	T	7	égrapper	T
7	s'effaroucher	P	7	égratigner	T
7	effectuer	T	7	s'égratigner	P
7	s'effectuer	P	10	égrener	T
7	efféminer	T	10	s'égrener	P
7	effeuiller	T	7	égriser	T
7	s'effeuiller	P	9	égruger	T
7	effiler	T	7	égueuler	T
7	s'effiler	P	7	éjaculer	T
7	effilocher	T	7	éjarrer	T
7	s'effilocher	P	7	éjecter	T
7	efflanquer	T	7	s'éjecter	P
7	s'efflanquer	P	7	éjointer	T
7	effleurer	T	7	élaborer	T
20	effleurir	I	7	s'élaborer	P
7	effluver	I	7	élaguer	T
7	effondrer	T	8	élancer	I,T
7	s'effondrer	P	8	s'élancer	P
8	s'efforcer	P	20	élargir	I,T
9	effranger	T	20	s'élargir	P
9	s'effranger	P	16	électrifier	T
17	effrayer	T	7	électriser	T
17	s'effrayer	P	7	électrocuter	T
7	effriter	T	7	s'électrocuter	P
7	s'effriter	P	7	électrolyser	T
7	s'égailler	P	7	électroniser	T
7	égaler	T	20	élégir	T
7	égaliser	I,T	10	élever	T
7	égarer	T	10	s'élever	P
7	s'égarer	P	7	élider	T
17	égayer	T	7	s'élider	P
17	s'égayer	P	7	élimer	T
7	égnaffer	T			

7	éliminer	I,T
7	s'éliminer	P
7	élinguer	T
83	élire	T
7	éloigner	T
7	s'éloigner	P
9	élonger	T
7	élucider	T
7	élucubrer	T
7	éluder	T
7	éluer	T
16	émacier	T
16	s'émacier	P
7	émailler	T
7	émanciper	T
7	s'émanciper	P
7	émaner	I
9	émarger	I,T
7	émasculer	T
7	emballer	T
7	s'emballer	P
7	emballotter	T
7	emballuchonner	T
7	s'embaquer	P
7	embarbouiller	T
7	s'embarbouiller	P
7	embarder	T
7	s'embarder	P
7	embarquer	I,T
7	s'embarquer	P
7	embarrasser	T
7	s'embarrasser	P
7	embarrer	I,T
7	s'embarrer	P
7	embastiller	T
7	embastionner	T
60	embat(t)re	T
7	embaucher	I,T
7	s'embaucher	P
7	embaumer	I,T

embecquer — endetter

|---|---|---|
11 empiéter I	7 s'énamourer ....P	7 enchetarder ....T
7 s'empiffrer ....P	7 encabaner ....T	7 enchevaucher ....T
7 empiler ....T	7 encadrer ....T	7 enchevêtrer ....T
7 s'empiler ....P	7 s'encadrer ....P	7 s'enchevêtrer ....P
7 empirer ..I,T, être ou avoir,	9 encager ....T	10 enchifrener ....T
employé surtout aux 3ᵉˢ pers.	7 encagouler ....T	7 enchtiber ....T
7 s'empirer ᵃᶠʳ. ....P	7 encaisser ....T	7 enchtourber ....T
7 emplafonner ....T	7 encanailler ....T	7 encirer ....T
7 s'emplafonner ....P	7 s'encanailler ....P	7 enclaver ....T
7 emplâtrer ....T	7 encaper ....T	7 s'enclaver ....P
20 emplir ....I,T	7 encapuchonner ....T	7 enclencher ....T
20 s'emplir ....P	7 s'encapuchonner ......P	7 s'enclencher ....P
18 employer ....T	7 encapsuler ....T	12 encliqueter ....T
18 s'employer ....P	7 encaquer ....T	7 encloîtrer ....T
7 emplumer ....T	7 encarrer I	7 encloquer ....T
7 empocher ....T	7 encarter ....T	76 enclore ....T,D
7 empoigner ....T	7 encartonner ....T	7 enclouer ....T
7 s'empoigner ....P	7 encartoucher ....T	7 encocher ....T
7 empoisonner ....T	7 encaserner ....T	7 encoder ....T
7 s'empoisonner ....P	13 s'encasteler ....P	7 encoffrer ....T
7 empoisser ....T	7 encastrer ....T	7 encoller ....T
7 empoissonner ....T	7 s'encastrer ....P	7 encombrer ....T
7 emporter ....T	7 encaustiquer ....T	7 s'encombrer ....P
7 s'emporter ....P	7 encaver ....T	7 encorder ....T
7 empoter ....T	62 enceindre ....T	7 s'encorder ....P
7 empourprer ....T	7 enceinter ᵃᶠʳ. ....T	7 encorner ....T
7 s'empourprer ....P	7 encenser ....I,T	9 encourager ....T
11 empoussiérer ....T	7 encercler ....T	34 encourir ....T
11 s'empoussiérer ....P	7 enchaîner ....I,T	7 encrasser ....T
62 empreindre ....T	7 s'enchaîner ....P	7 s'encrasser ....P
62 s'empreindre ....P	7 enchanter ....T	7 encrêper ....T
7 s'empresser ....P	7 s'enchanter ....P	7 encrer ....I,T
7 emprésurer ....T	7 enchaperonner ....T	7 encrister ....T
7 emprisonner ....T	7 encharner ....T	7 s'encroumer ....P
7 emprunter ....I,T	7 enchâsser ....T	7 encroûter ....T
20 empuantir ....T	7 s'enchâsser ....P	7 s'encroûter ....P
7 émuler ....T	7 enchatonner ....T	7 encuver ....T
16 émulsifier ....T	7 enchausser ....T	7 endauber ....T
7 émulsionner ....T	7 enchemiser ....T	7 endenter ....T
7 s'enamourer ....P	20 enchérir I	7 endetter ....T

T : transitif direct (p. p. variable) — Ti : transitif indirect (p. p. invariable) — I : intransitif (p. p. invariable) —
P : construction pronominale — imp. : verbe impersonnel — D : verbe défectif — être : verbe conjugué
avec l'auxiliaire être — être ou avoir : verbe se conjuguant avec les deux auxiliaires

s'endetter – s'entre(-)détruire

8 énoncer ....T	7 ensacher ....T	7 entériner ....T
8 s'énoncer ....P	7 ensaisiner ....T	7 enterrer ....T
20 enorgueillir ....T	7 ensanglanter ....T	7 s'enterrer ....P
20 s'enorgueillir ....P	7 ensauvager ....T	7 entêter ....T
7 énouer ....T	7 s'ensauver ....P	7 s'entêter ....P
25 s'enquérir ....P	7 enseigner ....T	7 enthousiasmer ....T
7 enquêter I	7 s'enseigner ....P	7 s'enthousiasmer ....P
7 s'enquêter ....P	8 ensemencer ....T	7 s'enticher ....P
7 enquiller I	7 enserrer ....T	7 entifler ....T
7 enquiquiner ....T	20 ensevelir ....T	7 s'entifler ....P
7 s'enquiquiner ....P	20 s'ensevelir ....P	7 entoiler ....T
7 enraciner ....T	7 ensiler ....T	7 entôler ....T
7 s'enraciner ....P	7 ensoleiller ....T	7 entonner ....T
9 enrager I	12 ensorceler ....T	7 entorser afr. I
7 enrailler ....T	7 ensoufrer ....T	7 entortiller ....T
17 enrayer ....T	11 enstérer ....T	7 s'entortiller ....P
17 s'enrayer ....P	81 s'ensuivre ....P, D	7 entourer ....T
7 enrégimenter ....T	*seulement à l'inf., au part.*	7 s'entourer ....P
7 enregistrer ....T	*présent et aux 3es pers.*	7 entourlouper ....T
7 s'enregistrer ....P	*(il s'est ensuivi*	7 s'entraccorder ....P
7 enrêner ....T	*ou il s'en est ensuivi*	7 s'entraccuser ....P
7 enrésiner ....T	*ou encore il s'en est suivi)*	7 s'entradmirer ....P
7 enrhumer ....T		7 s'entraider ....P
7 s'enrhumer ....P	7 ensuquer ....T	7 s'entraimer ....P
20 enrichir ....T	7 entabler ....T	7 entraîner ....T
20 s'enrichir ....P	7 s'entabler ....P	7 s'entraîner ....P
7 enrober ....T	7 entacher ....T	40 entrapercevoir ....T
7 enrocher ....T	7 entailler ....T	40 s'entrapercevoir ....P
7 enrôler ....T	7 s'entailler ....P	7 entraver ....T
7 s'enrôler ....P	7 entamer ....T	7 entrebâiller ....T
7 enrouer ....T	7 entaquer ....T	7 s'entrebâiller ....P
7 s'enrouer ....P	7 entarter ....T	60 s'entrebattre ....P
7 enrouiller I	7 entartrer ....T	7 entrechoquer ....T
7 s'enrouiller ....P	7 s'entartrer ....P	7 s'entrechoquer ....P
7 enrouler ....T	7 entasser ....T	7 entrecouper ....T
7 s'enrouler ....P	7 s'entasser ....P	7 s'entrecouper ....P
7 enrubanner ....T	58 entendre ....I, T, Ti	7 entrecroiser ....T
7 ensabler ....T	58 s'entendre ....P	7 s'entrecroiser ....P
7 s'ensabler ....P	11 enténébrer ....T	7 s'entre-déchirer ....P
7 ensaboter ....T	11 s'enténébrer ....P	88 s'entre(-)détruire ....P
	7 enter ....T	

T : transitif direct (p. p. variable) — **Ti** : transitif indirect (p. p. invariable) — **I** : intransitif (p. p. invariable) —
P : construction pronominale — **imp.** : verbe impersonnel — **D** : verbe défectif — **être** : verbe conjugué
avec l'auxiliaire *être* — **être ou avoir** : verbe se conjuguant avec les deux auxiliaires

7	équivoquer	I	7	esquicher	I
7	éradiquer	T	7	esquinter	T
7	érafler	T	7	s'esquinter	P
7	s'érafler	P	7	esquisser	T
7	érailler	T	7	s'esquisser	P
7	s'érailler	P	7	esquiver	T
17	érayer	T	7	s'esquiver	P
7	éreinter	T	7	essaimer	I,T
7	s'éreinter	P	9	essanger	T
7	ergoter	I	7	essarter	T
9	ériger	T	17	essayer	T
9	s'ériger	P	17	s'essayer	P
7	éroder	T	7	essorer	T
7	s'éroder	P	7	s'essorer	P
7	érotiser	T	7	essoriller	T
7	errer	I	7	essoucher	T
7	éructer	I,T	7	essouffler	T
20	s'esbaudir	P	7	s'essouffler	P
7	s'esbigner	P	18	essuyer	T
7	esbroufer	T	18	s'essuyer	P
7	escalader	T	7	estamper	T
7	escamoter	T	7	estampiller	T
7	escarmoucher	I		ester	I, D, seulement à l'inf.
7	escarper	T	16	estérifier	T
16	escarrifier	T	7	esthétiser	I,T
7	escher	T	7	estimer	T
7	s'esclaffer	P	7	s'estimer	P
7	esclavager	T	7	estiver	I,T
16	escoffier	T	7	estomaquer	T
7	escompter	T	7	estomper	T
7	escorter	T	7	s'estomper	P
7	s'escrimer	P	7	estoquer	T
7	escroquer	T	20	estourbir	T
7	esgourder	T	7	estrapader	T
8	espacer	T	7	estrapasser	T
8	s'espacer	P	16	estropier	T
11	espérer	I,T	16	s'estropier	P
7	espionner	T	7	établer	T
7	espoliner	T	20	établir	T
7	espouliner	T	20	s'établir	P

9	étager	T
9	s'étager	P
9	étalager	T
7	étaler	I,T
7	s'étaler	P
7	étalinguer	T
7	étalonner	T
7	étamer	T
7	étamper	T
7	étancher	T
7	étançonner	T
7	étarquer	T
7	étatiser	T
17	étayer	T
17	s'étayer	P
62	éteindre	T
62	s'éteindre	P
58	étendre	T
58	s'étendre	P
7	éterniser	T
7	s'éterniser	P
7	éternuer	I
7	étêter	T
16	éthérifier	T
7	éthériser	T
7	éthniciser	T
12	étinceler	I
7	étioler	T
7	s'étioler	P
12	étiqueter	T
7	étirer	T
7	s'étirer	P
7	étoffer	T
7	s'étoffer	P
7	étoiler	T
7	s'étoiler	P
7	étonner	T
7	s'étonner	P
7	étouffer	I,T
7	s'étouffer	P

7 extérioriser ....T	7 se failler ....P	17 faseyer I
7 s'extérioriser ....P	31 faillir ....I, être ou avoir, D	7 fatiguer ....I,T
7 exterminer ....T	s'aligne sur finir pour le futur	7 se fatiguer ....P
7 externaliser ....T	et le conditionnel, employé	11 faubérer afr. I
7 externer afr. ....T	surtout au passé simple,	7 faucarder ....T
7 extirper ....T	à l'infinitif et aux temps	7 faucher ....I,T
7 s'extirper ....P	composés	7 fauconner I
7 extorquer ....T	7 fainéanter I	7 faufiler ....I,T
7 extourner ....T	7 fainéantiser I	7 se faufiler ....P
7 extrader ....T	67 faire ....I,T	7 fausser ....T
66 extraire ....T, D	67 se faire ....P	7 se fausser ....P
pas de passé simple	7 faisander ....T	7 fauter I
ni de subj. imparfait	7 se faisander ....P	7 favoriser ....T
66 s'extraire ....P	48 falloir ....T, imp.: il faut	7 faxer ....T
7 extrapoler ....I,T	48 s'en falloir ....P	7 fayoter I
7 extravaguer I	imp.: il s'en faut	7 féconder ....T
7 extravaser ....T	ou il s'en est fallu	7 féculer ....T
7 s'extravaser ....P	7 faloter I	7 fédéraliser ....T
7 extruder ....T	16 falsifier ....T	7 se fédéraliser ....P
11 exulcérer ....T	7 faluner ....T	11 fédérer ....T
7 exulter I	7 familiariser ....T	11 se fédérer ....P
	7 se familiariser ....P	7 feignanter I
f	7 fanatiser ....T	62 feindre ....I,T
	7 se fanatiser ....P	7 feinter ....I,T
7 fabriquer ....I,T	7 faner ....T	7 fêler ....T
7 se fabriquer ....P	7 se faner ....P	7 se fêler ....P
7 fabuler I	7 fanfaronner I	7 féliciter ....T
7 facetter ....T	7 fanfrelucher ....T	7 se féliciter ....P
7 fâcher ....T	7 fantasmer ....I,T	7 féminiser ....T
7 se fâcher ....P	7 se fantaliser afr. ....P	7 se féminiser ....P
7 faciliter ....T	20 farcir ....T	7 fendiller ....T
7 se faciliter ....P	20 se farcir ....P	7 se fendiller ....P
7 façonner ....T	7 farder ....I,T	58 fendre ....T
7 factoriser ....T	7 se farder ....P	58 se fendre ....P
7 facturer ....T	7 farfouiller ....I,T	7 fenestrer ....T
7 fader ....T	7 farguer ....T	7 fenêtrer ....T
7 fagoter ....T	7 fariner ....I,T	férir ....T, D
7 se fagoter ....P	7 farter ....T	seulement dans les
20 faiblir I	7 fasciner ....T	expressions sans coup férir
7 faignanter I	7 fasciser ....T	ou féru de

---

T: transitif direct (p. p. variable) — **Ti**: transitif indirect (p. p. invariable) — **I**: intransitif (p. p. invariable) —
P: construction pronominale — **imp.**: verbe impersonnel — **D**: verbe défectif — **être**: verbe conjugué
avec l'auxiliaire *être* — **être ou avoir**: verbe se conjuguant avec les deux auxiliaires

8	se forcer ....P	7	fouler ....T	7	se frapper ....P
20	forcir I	7	se fouler ....P	7	fraterniser I
	forclore ....T, D	7	fourailler ....I, T	7	frauder ....I, T
	seulement à l'infinitif et au	7	fourber ....I, T	17	frayer ....I, T
	part. passé (forclos, ose, oses)	20	fourbir ....T	17	se frayer ....P
7	forer ....T	7	fourcher ....I, T	7	fredonner ....I, T
67	forfaire ....I, T, Ti, D	7	fourgonner I	7	frégater ....T
	seulement à l'infinitif, au sing.	7	fourguer ....T	7	freiner ....I, T
	de l'ind. présent, au part.	7	fourmiller I	7	se freiner ....P
	passé et aux temps composés	20	fournir ....T, Ti	7	frelater ....T
9	forger ....I, T	20	se fournir ....P	20	frémir I
9	se forger ....P	9	fourrager ....I, T	7	fréquenter ....I, T
12	forjeter ....I, T	7	fourrer ....T	7	se fréquenter ....P
8	forlancer ....T	7	se fourrer ....P	11	fréter ....T
7	forligner I	18	fourvoyer ....T	7	frétiller I
7	forlonger ....T	18	se fourvoyer ....P	7	fretter ....T
7	formaliser ....T	58	foutre ....T, D	7	fricasser ....T
7	se formaliser ....P		ni passé simple, ni passé	7	fricoter ....I, T
7	formater ....T		antérieur de l'ind.,	7	frictionner ....T
7	former ....T		ni imparfait	7	se frictionner ....P
7	se former ....P		ni plus-que-parfait du subj.	16	frigorifier ....T
7	formicaliser afr. ....T	58	se foutre ....P, D	9	frigorifuger ....T
7	formoler ....T	7	fracasser ....T	7	frimer ....I, T
7	formuler ....T	7	se fracasser ....P	7	fringuer ....I, T
7	se formuler ....P	7	fractionner ....T	7	se fringuer ....P
7	forniquer I	7	se fractionner ....P	7	friper ....T
16	fortifier ....T	7	fracturer ....T	7	se friper ....P
16	se fortifier ....P	7	se fracturer ....P	7	friponner ....I, T
7	fossiliser ....T	7	fragiliser ....T	7	friquer afr. ....T
7	se fossiliser ....P	7	fragmenter ....T	87	frire ....I, T, D
18	fossoyer ....T	20	fraîchir I		seulement à l'infinitif,
7	fouailler ....T	7	fraiser ....T		au part. passé, au singulier
7	fouder afr. ....T	7	framboiser ....T		de l'ind. présent et futur,
18	foudroyer ....T	20	franchir ....T		du cond., de l'impératif
7	fouetter ....I, T	7	franchiser ....T		et aux temps composés
9	fouger I	7	franciser ....T	7	friser ....I, T
7	fouiller ....I, T	7	francophoniser québ. ....T	7	frisotter ....I, T
7	se fouiller ....P	9	franger ....T	7	frissonner I
7	fouiner I	7	fransquillonner belg. I	7	fristouiller belg. ....I, T
20	fouir ....T	7	frapper ....I, T	7	fritter ....I, T

T : transitif direct (p. p. variable) — Ti : transitif indirect (p. p. invariable) — I : intransitif (p. p. invariable) —
P : construction pronominale — imp. : verbe impersonnel — D : verbe défectif — être : verbe conjugué
avec l'auxiliaire être — être ou avoir : verbe se conjugant avec les deux auxiliaires

20 froidir I
7 froisser .... T
7 se froisser .... P
7 frôler .... T
7 se frôler .... P
8 froncer .... T
8 se froncer .... P
7 fronder .... I,T
7 frotter .... I,T
7 se frotter .... P
7 frouer I
7 froufrouter I
7 frousser afr. I
16 fructifier I
7 frusquer .... T
7 se frusquer .... P
7 frustrer .... T
7 fuguer I
37 fuir .... I,T
37 se fuir .... P
7 fuiter .... T
7 fulgurer .... I,T
7 fulminer .... I,T
7 fumer .... I,T
9 fumiger .... T
13 fureter I
12 fuseler .... T
7 fuser I
7 fusiller .... T
7 fusionner .... I,T
9 fustiger .... T

g

7 gabarier .... T
7 gabionner .... T
7 gâcher .... I,T
7 gadgétiser .... T
7 gaffer .... I,T
7 gafouiller .... T
9 gager .... T
7 gagner .... I,T
7 se gagner .... P

7 gainer .... T
7 galber .... T
11 galéjer I
7 galérer I
7 galipoter .... T
7 galonner .... T
7 galoper .... I,T
7 galvaniser .... T
7 galvauder .... I,T
7 se galvauder .... P
7 gambader I
9 gamberger .... I,T
7 gambiller I
12 gameler .... T
12 se gameler .... P
7 gaminer I
10 gangrener .... T
10 se gangrener .... P
11 gangréner .... T
7 ganser .... T
7 ganter .... I,T
7 se ganter .... P
8 garancer .... T
20 garantir .... T
7 garder .... T
7 se garder .... P
7 garer .... T
7 se garer .... P
7 se gargariser .... P
7 gargoter I
7 gargouiller I
20 garnir .... T
20 se garnir .... P
7 garrotter .... T
7 gasconner I
7 gaspiller .... T
7 gâter .... T
7 se gâter .... P
16 gâtifier I
20 gauchir .... I,T
20 se gauchir .... P
7 gaufrer .... T
7 gauler .... T
7 se gausser .... P

7 gaver .... T
7 se gaver .... P
16 gazéifier .... T
7 gazer .... I,T
7 gazonner .... I,T
7 gazouiller I
62 geindre I
7 gélatiner .... T
7 gélatiniser .... T
13 geler .... I,T
13 se geler .... P
16 gélifier .... T
16 se gélifier .... P
7 géminer .... T
20 gémir .... I,T
7 gemmer .... T
7 se gendarmer .... P
7 gêner .... T
7 se gêner .... P
7 généraliser .... T
7 se généraliser .... P
11 générer .... T
7 géométriser .... T
7 gerber .... I,T
8 gercer .... I,T
8 se gercer .... P
11 gérer .... T
7 germaniser .... I,T
7 se germaniser .... P
7 germer I
39 gésir .... I, D, ne s'emploie
qu'au part. présent, au présent
et à l'impft. de l'ind.
7 gesticuler I
18 giboyer .... T
7 gicler I
7 gifler .... T
7 gigoter I
7 gironner .... T
7 girouetter I
gît, il gît, ci-gît, gisant
.... → *gésir*
7 gîter I
7 givrer .... T

froidir – griller

7	se givrer	P	7	gonder	T	20	se grandir	P
8	glacer	I, T, imp. : il glace	7	gondoler	I	7	graniter	T
8	se glacer	P	7	se gondoler	P	7	granuler	T
7	glaglater	I	7	gonfler	I, T	7	graphiter	T
7	glairer	T	7	se gonfler	P	7	grappiller	I, T
7	glaiser	T	7	gongonner afr.	I	17	grasseyer	I, T
7	glander	I	7	se gorgeonner	P	7	graticuler	T
7	glandouiller	I	9	gorger	T	16	gratifier	T
7	glaner	I, T	9	se gorger	P	7	gratiner	I, T
20	glapir	I, T	7	gouacher	T	7	grat(t)ouiller	T
20	glatir	I	7	gouailler	I	7	gratter	I, T
7	glavioter	I	7	goualer	I, T	7	se gratter	P
7	glaviotter	I	7	gouaper	I	7	graver	I, T
7	gléner	T	7	goudronner	T	7	se graver	P
7	gletter belg.	I	7	gouger	T	7	gravillonner	T
7	glisser	I, T	7	gougnot(t)er	T	20	gravir	T, Ti
7	se glisser	P	7	goujonner	T	7	graviter	I
7	globaliser	T	7	goupiller	T	7	gréciser	T
16	glorifier	T	7	se goupiller	P	7	grecquer	T
16	se glorifier	P	7	goupillonner	T	14	gréer	T
7	gloser	I, T, Ti	7	se gourancer	P	7	greffer	T
7	glouglouter	I	7	se gourer	P	7	se greffer	P
7	glousser	I	7	gourmander	T	7	grêler	T, imp. : il grêle
7	gloutonner	I, T	7	goûter	I, T, Ti	7	grelotter	I
7	glycériner	T	7	goutter	I	7	grenailler	T
7	goaler afr.	T	7	gouttiner belg.	I, imp.	12	greneler	T
7	gober	T	7	gouverner	I, T	10	grener	I, T
9	se goberger	P	7	se gouverner	P	7	grenouiller	I
12	gobeter	T	16	gracier	T	11	gréser	T
7	godailler	I	7	graduer	T	7	grésiller	I, imp. : il grésille
7	goder	I	7	se graffer	P	10	grever	T
7	godiller	I	7	graffiter	I, T	11	gréver afr.	I
7	se godiner belg.	P	7	grafigner québ.	T	7	gribouiller	I, T
7	godronner	T	7	grailler	I, T	7	griffer	I, T
7	goguenarder	I	7	graillonner	I	7	griffonner	I, T
7	goinfrer	I	7	grainer	T	7	grigner	I
7	se goinfrer	P	7	graisser	I, T	7	grignoter	I, T
7	se gominer	P	7	grammaticaliser	T	7	grigriser afr.	T
7	gommer	T	7	se grammaticaliser	P	9	grillager	T
7	gomorrhiser	T	20	grandir	I, T, être ou avoir	7	griller	I, T

T : transitif direct (p. p. variable) — **Ti** : transitif indirect (p. p. invariable) — **I** : intransitif (p. p. invariable) —
P : construction pronominale — **imp.** : verbe impersonnel — **D** : verbe défectif — **être** : verbe conjugué
avec l'auxiliaire *être* — **être ou avoir** : verbe se conjuguant avec les deux auxiliaires

16	homogénéifier ....T
7	homogénéiser ....T
7	homologuer ....T
7	* hongrer ....T
18	* hongroyer ....T
20	* honnir ....T
7	honorer ....T
7	s'honorer ....P
12	* hoqueter I
16	horrifier ....T
7	horripiler ....T
7	hospitaliser ....T
7	* houblonner ....T
7	* houer ....T
7	* houpper ....T
7	* hourder ....T
20	* hourdir ....T
7	* houspiller ....T
7	* housser ....T
7	houssiner ....T
7	* hucher ....T
7	* huer ....I,T
7	huiler ....T
	* huir ....I, D
	seulement à l'inf., au présent
	et aux temps composés
7	hululer I
7	humaniser ....T
7	s'humaniser ....P
7	humecter ....T
7	s'humecter ....P
7	* humer ....T
16	humidifier ....T
16	humilier ....T
16	s'humilier ....P
7	* hurler ....I,T
7	hybrider ....T
7	s'hybrider ....P
7	hydrater ....T
7	s'hydrater ....P

9	hydrofuger ....T
11	hydrogéner ....T
7	hydrolyser ....T
16	hypertrophier ....T
16	s'hypertrophier ....P
7	hypnotiser ....T
7	s'hypnotiser ....P
16	hypostasier ....T
11	hypothéquer ....T

i

7	iconiser ....T
7	idéaliser ....T
7	s'idéaliser ....P
16	identifier ....T
16	s'identifier ....P
7	idéologiser ....T
7	idiotiser ....T
7	idolâtrer ....T
7	s'idolâtrer ....P
9	ignifuger ....T
7	ignorer ....T
7	s'ignorer ....P
7	illuminer ....T
7	s'illuminer ....P
7	illusionner ....T
7	s'illusionner ....P
7	illustrer ....T
7	s'illustrer ....P
9	imager ....T
7	imaginer ....T
7	s'imaginer ....P
7	imbiber ....T
7	s'imbiber ....P
7	imbriquer ....T
7	s'imbriquer ....P
7	imiter ....T
7	immatérialiser ....T
7	s'immatérialiser ......P

7	immatriculer ....T
9	immerger ....T
9	s'immerger ....P
7	immigrer I
8	s'immiscer ....P
7	immobiliser ....T
7	s'immobiliser ....P
7	immoler ....T
7	s'immoler ....P
7	immortaliser ....T
7	s'immortaliser ....P
7	immuniser ....T
7	s'immuniser ....P
7	impacter ....T
20	impartir ....T, D
	seulement à l'ind. présent,
	au part. passé et aux temps
	composés
7	impatienter ....T
7	s'impatienter ....P
7	impatroniser ....T
7	s'impatroniser ....P
7	imperméabiliser ....T
11	impétrer ....T
7	implanter ....T
7	s'implanter ....P
7	implémenter ....T
7	impliquer ....T
7	s'impliquer ....P
7	implorer ....T
7	imploser I
7	importer ....I,T,Ti
7	importuner ....T
7	imposer ....T
7	s'imposer ....P
11	imprégner ....T
11	s'imprégner ....P
7	impressionner ....T
7	imprimer ....T
7	s'imprimer ....P

T : transitif direct (p. p. variable) — Ti : transitif indirect (p. p. invariable) — I : intransitif (p. p. invariable) —
P : construction pronominale — imp. : verbe impersonnel — D : verbe défectif — être : verbe conjugué
avec l'auxiliaire être — être ou avoir : verbe se conjuguant avec les deux auxiliaires — *h = h aspiré

7 improuver ....T	7 indurer ....T	7 inoculer ....T
7 improviser ....I,T	7 industrialiser ....T	7 s'inoculer ....P
7 s'improviser ....P	7 s'industrialiser ....P	7 inonder ....T
7 impulser ....T	7 infantiliser ....T	7 s'inonder ....P
7 imputer ....T,Ti	7 infatuer ....T	11 inquiéter ....T
7 inactiver ....T	7 s'infatuer ....P	11 s'inquiéter ....P
7 inaugurer ....T	7 infecter ....T	86 inscrire ....T
11 incarcérer ....T	7 s'infecter ....P	86 s'inscrire ....P
7 incarner ....T	7 inféoder ....T	7 insculper ....T
7 s'incarner ....P	7 s'inféoder ....P	7 inséminer ....T
16 incendier ....T	11 inférer ....T	7 insensibiliser ....T
11 incinérer ....T	7 inferioriser ....T	11 insérer ....T
7 inciser ....T	7 infester ....T	11 s'insérer ....P
7 inciter ....T	7 infiltrer ....T	7 insinuer ....T
7 incliner ....I,T	7 s'infiltrer ....P	7 s'insinuer ....P
7 s'incliner ....P	7 infirmer ....T	7 insister I
77 inclure ....T	20 infléchir ....T	7 insoler ....T
7 incomber ....Ti	20 s'infléchir ....P	7 insolubiliser ....T
s'emploie aux 3es personnes	9 infliger ....T,Ti	7 insonoriser ....T
7 incommoder ....T	8 influencer ....T	7 inspecter ....T
7 incorporer ....T	7 influer I	7 inspirer ....I,T
7 s'incorporer ....P	7 informatiser ....T	7 s'inspirer ....P
7 incrémenter ....T	7 s'informatiser ....P	7 installer ....T
7 incriminer ....T	7 informer ....I,T	7 s'installer ....P
7 incruster ....T	7 s'informer ....P	7 instaurer ....T
7 s'incruster ....P	7 infuser ....I,T	7 s'instaurer ....P
7 incuber ....T	16 s'ingénier ....P	7 instiguer belg. ....T
7 inculper ....T	11 ingérer ....T	7 instiller ....T
7 inculquer ....T	11 s'ingérer ....P	7 instituer ....T
7 incurver ....T	7 ingurgiter ....T	7 s'instituer ....P
7 s'incurver ....P	7 inhaler ....T	7 institutionnaliser ....T
7 indaguer belg. I	7 inhiber ....T	7 s'institutionnaliser ..P
7 indemniser ....T	7 inhumer ....T	88 instruire ....T
7 s'indemniser ....P	7 initialer québ. ....T	88 s'instruire ....P
7 indexer ....T	7 initialiser ....T	7 instrumentaliser .....T
8 indicer ....T	16 initier ....T	7 instrumenter ....I,T
11 indifférer ....T	16 s'initier ....P	7 insuffler ....T
7 indigner ....T	7 injecter ....T	7 insulter ....I,T,Ti
7 s'indigner ....P	7 s'injecter ....P	7 s'insulter ....P
7 indiquer ....T	16 injurier ....T	7 insupporter ....T
7 indisposer ....T	16 s'injurier ....P	ne s'emploie qu'avec un
7 individualiser ....T	7 innerver ....T	pronom comme complément,
7 s'individualiser ....P	7 innocenter ....T	ex. : Paul m'insupporte
88 induire ....T	7 innover ....I,T	9 s'insurger ....P

j, k

T : transitif direct (p. p. variable) — Ti : transitif indirect (p. p. invariable) — I : intransitif (p. p. invariable) —
P : construction pronominale — imp. : verbe impersonnel — D : verbe défectif — être : verbe conjugué
avec l'auxiliaire être — être ou avoir : verbe se conjuguant avec les deux auxiliaires — *h = h aspiré

T : transitif direct (p. p. variable) — Ti : transitif indirect (p. p. invariable) — I : intransitif (p. p. invariable) —

P : construction pronominale — imp. : verbe impersonnel — D : verbe défectif — être : verbe conjugué

avec l'auxiliaire être — être ou avoir : verbe se conjuguant avec les deux auxiliaires

7 majorer	T	
7 malaxer	T	
malfaire	I, D,	
seulement à l'infinitif		
7 malléabiliser	T	
7 mallouser	T	
10 malmener	T	
7 malter	T	
7 maltraiter	T	
7 mamelonner	T	
9 manager	T	
7 manchonner	T	
7 mandater	T	
7 mander	T	
15 manéger	T	
7 mangeotter	T	
9 manger	T	
9 se manger	P	
16 manier	T	
16 se manier	P	
11 maniérer	T	
11 se maniérer	P	
7 manifester	I, T	
7 se manifester	P	
8 manigancer	T	
8 se manigancer	P	
7 manipuler	T	
7 mannequiner	T	
7 manœuvrer	I, T	
7 manoquer	T	
7 manquer	I, T, Ti	
7 se manquer	P	
7 mansarder	T	
7 manucurer	T	
7 manufacturer	T	
7 manutentionner	T	
7 mapper	T	
7 maquer	T	
7 se maquer	P	
7 maquetter	T	
7 maquignonner	T	
7 maquiller	T	
7 se maquiller	P	
7 marabouter afr.	T	

7 maratoner afr.	I	
7 marauder	I, T	
7 maraver	I, T	
7 marbrer	T	
7 marchander	I, T	
7 marcher	I	
7 marcotter	T	
7 margauder	I	
9 marger	I, T	
7 marginaliser	T	
7 se marginaliser	P	
7 marginer	T	
7 margot(t)er	I	
16 marier	T	
16 se marier	P	
7 mariner	I, T	
7 marivauder	I	
7 marmiter	T	
7 marmonner	T	
7 marmoriser	T	
7 marmotter	I, T	
7 marner	I, T	
7 maronner	I	
7 maroquiner	T	
7 maroufler	T	
7 marquer	I, T	
7 se marquer	P	
12 marqueter	T	
7 se marrer	P	
7 marronner	I	
7 marsouiner	I	
13 marteler	T	
7 martyriser	T	
7 marxiser	T	
7 masculiniser	T	
7 masquer	I, T	
7 se masquer	P	
7 massacrer	T	
7 se massacrer	P	
7 masser	T	
7 se masser	P	
7 massicoter	T	
16 massifier	T	
11 mastéguer	I, T	

7 mastiquer	I, T	
7 masturber	T	
7 se masturber	P	
7 matabicher afr.	T	
7 matcher	I, T	
7 matelasser	T	
7 mater	I, T	
7 mâter	T	
7 matérialiser	T	
7 se matérialiser	P	
7 materner	T	
7 materniser	T	
7 mathématiser	T	
7 mâtiner	T	
20 matir	T	
7 matouser	I, T	
7 matraquer	T	
8 matricer	T	
7 matriculer	T	
7 maturer	T	
20 maudire	T, p. p. maudit, e	
14 maugréer	I, T	
7 maximaliser	T	
7 maximiser	T	
7 mazouter	I, T	
7 mécaniser	T	
11 mécher	T	
7 se mécompter	P	
88 se méconduire belg.	P	
69 méconnaître	T	
7 mécontenter	T	
74 mécroire	T	
7 médailler	T	
7 médiatiser	T	
7 médicaliser	T	
7 médicamenter	T	
84 médire	Ti	
2e pers. du pluriel à l'ind.		
présent et à l'impératif		
présent : vous médisez		
7 médiser	I	
7 méditer	I, T	
7 méduser	T	
67 méfaire	I, D	

seulement à l'infinitif	au cond. présent	7 minéraliser ....T
5 se méfier ....P	et au part. présent	7 miniaturer ....T
20 mégir ....T	7 mesurer ....I,T	7 miniaturiser ....T
7 mégisser ....T	7 se mesurer ....P	7 minimiser ....T
7 mégoter ....I,T	7 mésuser ....Ti	7 minorer ....T
9 méjuger ....T,Ti	7 métaboliser ....T	7 minuter ....T
9 se méjuger ....P	7 métalliser ....T	7 mirer ....T
9 mélanger ....T	7 métamorphiser ....T	7 se mirer ....P
9 se mélanger ....P	7 métamorphoser .....T	7 miroiter I
7 mêler ....T	7 se métamorphoser ...P	7 miser ....I,T
7 se mêler ....P	7 métaphoriser ....T	11 misérer afr. I
7 mémoriser ....I,T	7 météoriser ....T	7 mitarder ....T
8 menacer ....I,T	7 métisser ....T	7 miter I
9 ménager ....T	11 métrer ....T	7 se miter ....P
9 se ménager ....P	61 mettre ....T	7 mithridatiser ....T
16 mendier ....I,T	61 se mettre ....P	7 se mithridatiser ....P
7 mendigoter ....I,T	7 meubler ....T	9 mitiger ....T
10 mener ....I,T	7 se meubler ....P	7 mitonner ....I,T
7 menotter ....T	7 meugler I	7 se mitonner ....P
7 mensualiser ....T	7 meuler ....T	7 mitrailler ....I,T
7 mensurer ....T	20 meurtrir ....T	7 mixer ....T
7 mentionner ....T	58 mévendre ....T	7 mixtionner ....T
26 mentir ....I,Ti	7 miauler I	7 mobiliser ....T
26 se mentir ....P	7 michetonner I	7 se mobiliser ....P
7 menuiser ....T	7 microfilmer ....T	13 modeler ....T
59 se méprendre ....P	7 microniser ....T	13 se modeler ....P
7 mépriser ....T	7 mignarder ....T	7 modéliser ....T
7 se mépriser ....P	7 mignoter ....T	11 modérer ....T
7 mercantiliser ....T	7 se mignoter ....P	11 se modérer ....P
7 merceriser ....T	7 migrer I	7 moderniser ....T
7 merder I	7 mijoler belg. I	7 se moderniser ....P
18 merdoyer I	7 mijoter ....I,T	16 modifier ....T
7 meringuer ....T	7 se mijoter ....P	16 se modifier ....P
7 mériter ....T,Ti	7 militariser ....T	7 moduler ....I,T
16 se mésallier ....P	7 militer I	7 mofler belg. ....T
7 mésestimer ....T	7 millésimer ....T	7 moirer ....T
53 messeoir ....I,D	7 mimer ....T	7 moiser ....T
seulement au présent,	7 minauder I	20 moisir I
à l'impft. et au futur simple	20 mincir I	7 moissonner ....T
de l'ind., au subj. présent,	7 miner ....T	7 moiter I

20 moitir ....T
7 molester ....T
12 moleter ....T
7 mollarder ....I,T
7 molletonner ....T
20 mollir ....I,T
16 momifier ....T
16 se momifier ....P
7 monder ....T
7 mondialiser ....T
7 se mondialiser ....P
7 monétiser ....T
17 monnayer ....T
7 monologuer I
7 monopoliser ....T
7 monter ...I,T, être ou avoir
7 se monter ....P
7 montrer ....T
7 se montrer ....P
7 moquer ....T
7 se moquer ....P
7 moquetter ....T
7 moraliser ....I,T
12 morceler ....T
8 mordancer ....T
7 mordiller ....I,T
7 mordorer ....T
58 mordre ....I,T,Ti
58 se mordre ....P
7 morfaler I
7 morfiler ....T
7 morfler ....T
58 se morfondre ....P
11 morigéner ....T
7 mornifler ....T
7 mortaiser ....T
16 mortifier ....T
16 se mortifier ....P
7 motamoter ^afr. I
7 motionner I
7 motiver ....T
7 motoriser ....T
7 se motter ....P
7 moucharder ....I,T

7 moucher ....I,T
7 se moucher ....P
7 moucheronner I
12 moucheter ....T
80 moudre ....T
13 moueter I
7 mouetter I
12 moufeter ....I,D
  à l'inf. et aux temps composés
7 moufter ....I,D
  à l'infinitif, à l'ind. imparfait
  et aux temps composés
7 mouiller ....I,T
7 se mouiller ....P
7 mouler ....I,T
7 mouliner ....I,T
7 moulurer ....T
35 mourir ....I, être
35 se mourir ....P,D
  seulement au présent
  et à l'imparfait de l'indicatif
  et au part. présent
  (se mourant)
7 mouronner I
7 se mouronner ....P
7 mousser I
7 moutonner I
7 mouvementer ....T
7 mouver I
7 se mouver ....P
46 mouvoir ....T
46 se mouvoir ....P
7 moyenner ....I,T
7 mucher ....T
7 muer ....I,T
7 se muer ....P
20 mugir I
12 mugueter ....T
7 muloter I
7 multiplexer ....T
16 multiplier ....I,T
16 se multiplier ....P
7 municipaliser ....T
20 munir ....T

20 se munir ....P
7 munitionner ....T
7 murailler ....T
7 murer ....T
7 se murer ....P
20 mûrir ....I,T
7 murmurer ....I,T
7 musarder I
7 muscler ....T
12 museler ....T
7 muser I
7 se muser ....P
7 musiquer ....I,T
7 musquer ....T
7 musser ....T
7 se musser ....P
7 muter ....I,T
7 mutiler ....T
7 se mutiler ....P
7 se mutiner ....P
7 mutualiser ....T
16 mystifier ....T
16 mythifier ....I,T

n

7 nacrer ....T
7 se nacrer ....P
9 nager ....I,T
70 naître ....I, être
7 nanifier ....T
20 nantir ....T
20 se nantir ....P
7 napper ....T
7 narguer ....T
7 narrer ....T
7 nasaliser ....T
7 se nasaliser ....P
7 nasiller ....I,T
7 natchaver I
7 nationaliser ....T
7 natter ....T
7 naturaliser ....T
9 naufrager I

7	se navaler ....P	8	nocer I	7	objecter ....T	
7	naviguer I	20	noircir ....I,T	7	objectiver ....T	
7	navrer ....T	20	se noircir ....P	7	s'objectiver ....P	
7	néantiser ....T	7	noliser ....T	7	objurguer I	
7	se néantiser ....P	7	nomadiser I	9	obliger ....T	
7	nécessiter ....T	7	nombrer ....T	9	s'obliger ....P	
7	nécroser ....T	7	nominaliser ....T	7	obliquer I	
7	se nécroser ....P	7	nommer ....T	11	oblitérer ....T	
9	négliger ....T	7	se nommer ....P	7	obnubiler ....T	
9	se négliger ....P	8	noncer afr. I	7	obombrer ....T	
16	négocier ....I,T	7	noper ....T	20	obscurcir ....T	
16	se négocier ....P	20	nordir I	20	s'obscurcir ....P	
7	négrifier afr. ....T	7	normaliser ....T	11	obséder ....T	
7	neigeoter .imp.: il neigeotte	7	se normaliser ....P	7	observer ....T	
9	neiger........... imp.: il neige	7	noter ....T	7	s'observer ....P	
7	nervurer ....T	16	notifier ....T	7	s'obstiner ....P	
18	nettoyer ....T	7	nouer ....I,T	7	obstruer ....T	
7	neutraliser ....T	7	se nouer ....P	7	s'obstruer ....P	
7	se neutraliser ....P	20	nourrir ....I,T	11	obtempérer ....I,Ti	
7	niaiser I	20	se nourrir ....P	24	obtenir ....T	
7	nicher ....I,T	7	nover ....I,T	24	s'obtenir ....P	
7	se nicher ....P	7	noyauter ....T	7	obturer ....T	
12	nickeler ....T	18	noyer ....T	24	obvenir ....I, être	
7	nicotiniser ....T	18	se noyer ....P	16	obvier ....Ti	
16	nidifier I	8	nuancer ....T	7	occasionner ....T	
7	nieller ....T	7	nucléariser ....T	7	occidentaliser ....T	
16	nier ....I,T	14	nucléer ....T	7	s'occidentaliser ....P	
7	nigérianiser afr. ....T	7	nuer ....T		occire ..D, seulement à l'inf.,	
7	nimber ....T	88	nuire ....Ti		aux temps composés	
7	se nimber ....P	88	se nuire ....P, p. p. invariable		et au part. passé: occis, e	
7	nipper ....T, P	7	numériser ....T	77	occlure ....T	
7	se nipper ....P	7	numéroter ....T	7	occulter ....T	
7	nitrater ....T	7	se numéroter ....P	7	occuper ....T	
7	nitrer ....T			7	s'occuper ....P	
16	nitrifier ....T			7	ocrer ....T	
16	se nitrifier ....P		**O**	16	octavier ....I,T	
7	nitrurer ....T	20	obéir ....Ti	18	octroyer ....T	
7	nivaquiner afr. I		accepte la voix passive	18	s'octroyer ....P	
12	niveler ....T	11	obérer ....T	7	octupler ....T	
7	nobscuriter afr. I	11	s'obérer ....P	7	œilletonner ....T	

T: transitif direct (p. p. variable) — **Ti**: transitif indirect (p. p. invariable) — **I**: intransitif (p. p. invariable) —
P: construction pronominale — **imp.**: verbe impersonnel — **D**: verbe défectif — **être**: verbe conjugué
avec l'auxiliaire *être* — **être ou avoir**: verbe se conjuguant avec les deux auxiliaires

16 panifier ....T	67 parfaire ....T, D	7 pasteuriser ....T
7 paniquer ....I, T	surtout employé à l'infinitif,	7 pasticher ....T
7 se paniquer ....P	au part. passé	7 pastiller ....T
7 panneauter ....I, T	et aux temps composés	7 pastiquer I
7 panner ....T	7 parfiler ....T	7 patafioler ....T
7 panner ....T	58 parfondre ....T	9 patauger I
7 panoramiquer I	7 parfumer ....T	7 pateliner ....I, T
12 panteler I	7 se parfumer ....P	7 patenter ....T
7 pantoufler I	16 parier ....I, T	7 pâter I
7 papillonner I	7 se parjurer ....P	7 patienter I
7 papilloter ....I, T	7 parkériser ....T	7 se patienter afr. ....P
7 papoter I	7 parlementer I	7 patiner ....I, T
7 papouiller ....T	7 parler ....I, T, Ti	7 se patiner ....P
10 parachever ....T	7 se parler ....P	20 pâtir I
7 parachuter ....T	p. p. invariable	7 pâtisser I
7 parader I	7 parloter I	7 patoiser I
7 parafer ....T	16 parodier ....T	7 patouiller ....I, T
7 paraffiner ....T	7 parquer ....I, T	7 patronner ....T
7 paraisonner ....T	12 parqueter ....T	7 patrouiller I
69 paraître .....I, être ou avoir	7 parrainer ....T	7 patter ....T
7 paralléliser ....T	10 parsemer ....T	7 pâturer ....I, T
7 paralyser ....T	9 partager ....T	7 paumer ....T
7 paramétrer ....T	9 se partager ....P	7 se paumer ....P
7 parangonner ....T	7 participer ....Ti	18 paumoyer ....T
7 parapher ....T	7 particulariser ....T	7 paupériser ....T
7 paraphraser ....T	7 se particulariser ....P	7 pauser I
7 parasiter ....T	26 partir ....I, être	7 se pavaner ....P
7 parcellariser ....T	26 partir ....T, D	7 paver ....T
7 parceller ....T	seulement à l'infinitif dans	7 pavoiser ....I, T
7 parcelliser ....T	l'expression avoir maille	17 payer ....I, T
7 se parcelliser ....P	à partir	17 se payer ....P
7 parcheminer ....T	7 partouzer I	7 peaufiner ....T
7 se parcheminer ....P	24 parvenir ....I, Ti, être	7 peausser I
34 parcourir ....T	7 passementer ....T	11 pécher I
7 pardonner ....I, T	7 passepoiler ....T	7 pêcher ....I, T
7 se pardonner ....P	7 passer .....I, T, être ou avoir	7 se pêcher ....P
7 paremented ....T	7 se passer ....P	7 pecquer afr. I
7 parer ....T, Ti	7 passionner ....T	7 pédaler I
7 se parer ....P	7 se passionner ....P	7 peigner ....T
7 paresser I	7 pasteller ....I, T	7 se peigner ....P

62	peindre	I,T	7	périphraser	I
62	se peindre	P	20	périr	I
7	peiner	I,T	7	perler	I,T
7	peinturer	T	7	permanenter	T
7	peinturlurer	T	7	perméabiliser	T
13	peler	I,T	61	permettre	T
13	se peler	P	61	se permettre	P
7	peller	T	7	permuter	I,T
12	pelleter	T	7	se permuter	P
7	peloter	I,T	7	pérorer	I
7	pelotonner	T	7	peroxyder	T
7	se pelotonner	P	11	perpétrer	T
7	pelucher	I	11	se perpétrer	P
7	pembeniser afr.	T	7	perpétuer	T
7	pénaliser	T	7	se perpétuer	P
7	pencher	I,T	7	perquisitionner	I
7	se pencher	P	7	persécuter	T
7	pendiller	I	11	persévérer	I
7	pendouiller	I	7	persi(f)fler	T
58	pendre	I,T	7	persiller	T
58	se pendre	P	7	persister	I
7	penduler	I	7	personnaliser	T
11	pénétrer	I,T	16	personnifier	T
11	se pénétrer	P	7	persuader	T
7	penser	I,T,Ti	7	se persuader	P
7	pensionner	T	7	perturber	T
16	pépier	I	20	pervertir	T
8	percer	I,T	20	se pervertir	P
40	percevoir	T	7	pervibrer	T
7	percher	I,T	10	peser	I,T
7	se percher	P	10	se peser	P
7	percuter	I,T	7	pessigner	T
58	perdre	I,T	7	pesteller belg.	I
58	se perdre	P	7	pester	I
7	perdurer	I	11	pestiférer	T
7	pérégriner	I	7	pétarader	I
7	pérenniser	T	7	pétarder	I,T
7	péréquater belg.	T	11	péter	I,T
7	perfectionner	T	11	se péter	P
7	se perfectionner	P	7	pétiller	I
7	perforer	T	7	petit-déjeuner	I
7	perfuser	T	7	pétitionner	I
7	péricliter	I	7	pétocher	I
7	se périmer	P	7	pétrarquiser	I

16	pétrifier	T
16	se pétrifier	P
20	pétrir	T
7	pétuner	I
7	peupler	T
7	se peupler	P
7	phagocyter	T
7	phantasmer	I,T
7	phaser afr.	I
7	philosopher	I
7	phosphater	T
7	phosphorer	I
16	photocopier	T
16	photographier	T
7	phraser	I,T
7	phrasicoter	I
7	piaffer	I
7	piailler	I
7	pianoter	I,T
7	piauler	I
7	picoler	I,T
7	picorer	I,T
7	picoter	I,T
7	picter	I,T
15	piéger	T
7	pierrer	T
11	piéter	I
11	se piéter	P
7	piétiner	I,T
7	se pieuter	P
7	pif(f)er	T
7	pigeonner	T
9	piger	I,T
7	pigmenter	T
7	pignocher	I,T
7	piler	I,T
7	pîler belg.	I
7	piller	T
7	pilonner	T
7	piloter	T
7	piluler afr.	I
7	pimenter	T
7	pimer afr.	T
7	pinailler	I

8 pincer ..... I, T
8 se pincer ..... P
7 pindariser I
7 pindouler afr. I
7 pingler ..... T
7 pinter I
7 se pinter ..... P
7 piocher ..... I, T
9 pioger I
8 pioncer I
7 pionner I
7 piper ..... I, T
7 pique-niquer I
7 piquer ..... I, T
7 se piquer ..... P
12 piqueter ..... T
7 piquouser ..... T
7 pirater ..... I, T
7 pirouetter I
7 pisser ..... I, T
7 pissoter I
7 se pistacher ..... P
7 pister ..... T
7 pistonner ..... T
7 pitancher ..... T
7 piter belg. I
7 pitonner I
7 pivoter I
7 placarder ..... T
8 placer ..... T
8 se placer ..... P
7 placoter québ. I
7 plafonner ..... I, T
16 plagier ..... I, T
7 plaider ..... I, T
64 plaindre ..... T
64 se plaindre ..... P
7 plainer ..... T
68 plaire ..... I, Ti
68 se plaire ..... P, p. p. invariable
7 plaisanter ..... I, T
16 planchéier ..... T
7 plancher I
7 planer ..... I, T
16 planifier ..... T
7 planquer ..... I, T
7 se planquer ..... P
7 planter ..... T
7 se planter ..... P
7 plaquer ..... T
7 se plaquer ..... P
16 plasmifier ..... T
16 plastifier ..... T
7 plastiquer ..... T
7 plastronner ..... I, T
7 platiner ..... T
7 platiniser ..... T
7 plâtrer ..... T
7 plébisciter ..... T
7 plecquer belg. I
7 pleurer ..... I, T
7 pleurnicher I
7 pleuvasser ..... imp. : *il pleuvasse*
7 pleuviner ... imp. : *il pleuvine*
7 pleuvioter imp. : *il pleuviote*
47 pleuvoir ... I, T, imp. : *il pleut*
7 pleuvoter . imp. : *il pleuvote*
16 plier ..... I, T
16 se plier ..... P
7 plisser ..... I, T
7 se plisser ..... P
7 plomber ..... T
7 se plomber ..... P
9 plonger ..... I, T
9 se plonger ..... P
7 ploquer ..... T
7 se ploquer ..... P
18 ployer ..... I, T
7 plucher I
7 plumer ..... I, T
7 se plumer ..... P
7 pluviner .... I, imp. : *il pluvine*
7 se pocharder ..... P
7 pocher ..... I, T
7 podzoliser ..... T
7 poêler ..... T
7 poétiser ..... T
7 pogner ..... T
7 poignarder ..... T
7 se poiler ..... P
7 poinçonner ..... T
63 poindre ..... I, T, D
seulement à l'infinitif, aux 3es personnes de l'ind. présent, impft. et futur, et au part. présent
7 pointer ..... I, T
7 se pointer ..... P
7 pointiller ..... I, T
7 poireauter I
7 poiroter I
7 poisser ..... I, T
7 poivrer ..... T
7 se poivrer ..... P
7 se poivroter ..... P
7 polariser ..... T
7 se polariser ..... P
7 polémiquer I
8 policer ..... T
20 polir ..... T
20 se polir ..... P
7 polissonner I
7 politiquer I
7 politiser ..... T
7 se politiser ..... P
7 polluer ..... I, T
16 polycopier ..... T
7 polymériser ..... T
7 pommader ..... T

T : transitif direct (p. p. variable) — **Ti** : transitif indirect (p. p. invariable) — **I** : intransitif (p. p. invariable) — **P** : construction pronominale — **imp.** : verbe impersonnel — **D** : verbe défectif — **être** : verbe conjugué avec l'auxiliaire *être* — **être ou avoir** : verbe se conjuguant avec les deux auxiliaires

7	présumer	T,Ti	7	profiter	Ti	7	prosterner	T

7 présumer .... T,Ti
7 présupposer .... T
7 présurer .... T
58 prétendre .... T,Ti
58 se prétendre .... P
7 prêter .... I,T
7 se prêter .... P
7 prétexter .... T
49 prévaloir I
49 se prévaloir .... P
7 prévariquer I
24 prévenir .... T
41 prévoir .... T
16 prier .... I,T
7 primariser .... T
7 primer .... I,T
7 priser .... I,T
7 privatiser .... T
7 priver .... T
7 se priver .... P
16 privilégier .... T
7 prober belg. .... T
11 procéder .... I,Ti
7 processionner I
7 proclamer .... T
7 se proclamer .... P
14 procréer .... T
7 procurer .... T
7 se procurer .... P
7 prodiguer .... T
7 se prodiguer .... P
88 produire .... I,T
88 se produire .... P
7 profaner .... T
11 proférer .... T
7 professer .... I,T
7 professionnaliser ..... T
7 se professionnaliser .P
7 profiler .... T
7 se profiler .... P

7 profiter .... Ti
7 programmer .... I,T
7 progresser I
7 prohiber .... T
12 projeter .... T
12 se projeter .... P
7 prolétariser .... T
11 proliférer I
9 prolonger .... T
9 se prolonger .... P
10 promener .... T
10 se promener .... P
61 promettre .... I,T
61 se promettre .... P
7 promotionner .... T
46 promouvoir .... T
  surtout employé à l'infinitif,
  au part. passé
  (promu, ue, us, ues), aux temps
  composés et à la voix passive
7 promulguer .... T
7 prôner .... I,T
8 prononcer .... I,T
8 se prononcer .... P
7 pronostiquer .... T
9 propager .... T
9 se propager .... P
7 prophétiser .... I,T
7 proportionner .... T
7 se proportionner ..... P
7 proposer .... I,T
7 se proposer .... P
7 propulser .... T
7 se propulser .... P
9 proroger .... T
9 se proroger .... P
86 proscrire .... T
16 prosodier .... T
7 prospecter .... I,T
11 prospérer I

7 prosterner .... T
7 se prosterner .... P
7 prostituer .... T
7 se prostituer .... P
15 protéger .... T
15 se protéger .... P
7 protester .... I,T,Ti
7 prouter I
7 prouver .... T
7 se prouver .... P
24 provenir .... I, être
7 proverbialiser .... T
7 provigner .... I,T
7 provisionner .... T
7 provoquer .... T
7 se provoquer .... P
7 pruner .... T
16 psalmodier .... I,T
7 psychanalyser .... T
7 psychiatriser .... T
16 publier .... I,T
7 puddler .... T
7 puer .... I,T
7 puiser .... I,T
7 pulluler I
7 pulser .... T
7 pulvériser .... T
7 punaiser .... T
20 punir .... T
9 purger .... T
9 se purger .... P
16 purifier .... T
16 se purifier .... P
16 putréfier .... T
16 se putréfier .... P
7 pyramider I
7 pyrograver .... T

q, r

7	rallumer ....I,T	7 se rapetisser ....P	20 rassortir ....T
7	se rallumer ....P	8 rapiécer ....T	7 rassurer ....T
9	ramager ....I,T	13 rapiéceter ....T	7 se rassurer ....P
7	ramailler ....T	7 rapiner I	7 ratatiner ....T
7	ramander ....I,T	7 rapipoter belg. I	7 se ratatiner ....P
7	ramarrer ....T	20 raplatir ....T	7 ratatouiller I
7	ramasser ....T	20 rap(p)ointir ....P	12 râteler ....T
7	se ramasser ....P	7 rappareiller ....T	7 rater ....I,T
7	ramastiquer ....T	16 rapparier ....T	7 se rater ....P
7	rambiner I	12 rappeler ....I,T	7 ratiboiser ....T
7	ramender ....T	12 se rappeler ....P	16 ratifier ....T
10	ramener ....T	7 rapper I	7 ratiner ....T
10	se ramener ....P	7 rappliquer I	7 ratiociner I
7	ramer ....I,T	20 rappointir ....T	7 rationaliser ....T
12	rameter belg. I	7 rapporter ....I,T	7 rationner ....T
7	rameuter ....T	7 se rapporter ....P	7 se rationner ....P
7	se rameuter ....P	59 rapprendre ....T	7 ratisser ....T
16	ramifier ....T	7 rapprocher ....I,T	7 rattacher ....T
16	se ramifier ....P	7 se rapprocher ....P	7 se rattacher ....P
20	ramollir ....T	7 rapproprier ....T	7 rattraper ....T
20	se ramollir ....P	7 rapprovisionner ......T	7 se rattraper ....P
7	ramoner ....I,T	7 se rapprovisionner ..P	7 raturer ....T
7	ramper I	7 raquer ....I,T	7 raugmenter ....I,T
7	rancarder ....T	16 raréfier ....T	7 rauquer I
7	se rancarder ....P	16 se raréfier ....P	9 ravager ....T
20	rancir I	11 raser ....T	7 ravaler ....T
20	se rancir ....P	11 se raser ....P	7 se ravaler ....P
7	rançonner ....T	16 rassasier ....T	7 ravauder ....I,T
7	randonner I	16 se rassasier ....P	7 ravigoter ....T
9	ranger ....T	7 rassembler ....T	20 ravilir ....T
9	se ranger ....P	7 se rassembler ....P	7 raviner ....T
7	ranimer ....T	51 rasseoir ....I,T	20 ravir ....T
7	se ranimer ....P	part. passé *rassis, ise, ises*	7 se raviser ....P
7	raouster ....T	51 se rasseoir ....P	7 ravitailler ....T
7	rapapilloter ....T	11 rasséréner ....T	7 se ravitailler ....P
16	rapatrier ....T	11 se rasséréner ....P	7 raviver ....T
16	se rapatrier ....P	rassir ....I, D	7 se raviver ....P
7	râper ....T	rare, et surtout à l'infinitif et	ravoir T, D, seulement à l'inf.
7	rapetasser ....T	au part. passé (*rassi, e, is, ies*)	17 rayer ....T
7	rapetisser ....I,T	se rassir ....P	17 se rayer ....P

T : transitif direct (p. p. variable) — **Ti** : transitif indirect (p. p. invariable) — **I** : intransitif (p. p. invariable) —
P : construction pronominale — **imp.** : verbe impersonnel — **D** : verbe défectif — **être** : verbe conjugué
avec l'auxiliaire *être* — **être ou avoir** : verbe se conjuguant avec les deux auxiliaires

88 reconduire ....T	7 recreuser ....T	84 redire ....T,Ti
7 recondamner ....T	16 se récrier ....P	7 rediscuter ....T
7 réconforter ....T	7 récriminer I	7 redistribuer ....T
7 se réconforter ....P	86 récrire ....T	7 redonder I
13 recongeler ....T	7 recristalliser ....T	7 redonner ....I,T
69 reconnaître ....T	7 recroiser ....T	7 se redonner ....P
69 se reconnaître ....P	73 recroître I	7 redorer ....T
7 reconnecter ....T	p. p. : recrû, ûe, ûs, ûes	7 redoubler ....I,T,Ti
7 se reconnecter ....P	7 recoller belg. I	7 redouter ....T
25 reconquérir ....T	7 se recroqueviller ......P	7 redresser ....T
11 reconsidérer ....T	7 recruter ....I,T	7 se redresser ....P
7 reconsolider ....T	7 se recruter ....P	88 réduire ....T
7 reconstituer ....T	16 rectifier ....T	88 se réduire ....P
7 se reconstituer ....P	29 recueillir ....T	86 réécrire ....T
88 reconstruire ....T	29 se recueillir ....P	16 réédifier ....T
20 reconvertir ....T	88 recuire ....I,T	7 rééditer ....T
20 se reconvertir ....P	7 reculer ....I,T	7 rééduquer ....T
16 recopier ....T	7 se reculer ....P	83 réélire ....T
7 recoquiller ....T	7 reculotter ....T	7 réembaucher ....T
7 se recoquiller ....P	7 se reculotter ....P	18 réemployer ....T
7 recorder ....T	11 récupérer ....T	7 réemprunter ....T
9 recorriger ....T	7 récurer ....T	9 réengager ....T
7 recoucher ....T	7 récuser ....T	9 se réengager ....P
7 se recoucher ....P	7 se récuser ....P	8 réensemencer ....T
79 recoudre ....T	7 recycler ....T	58 réentendre ....T
79 se recoudre ....P	7 se recycler ....P	7 rééquilibrer ....T
7 recouper ....T	28 redécouvrir ....T	14 réer I
7 se recouper ....P	67 redéfaire ....T	7 réescompter ....T
7 recouponner ....T	20 redéfinir ....T	17 réessayer ....T
7 recourber ....T	7 redemander ....T	7 réévaluer ....T
7 se recourber ....P	7 redémarrer I	7 réexaminer ....T
34 recourir ....T,Ti	20 redémolir ....T	16 réexpédier ....T
7 recouvrer ....T	58 redescendre ....I,T	7 réexporter ....T
28 recouvrir ....T	être ou avoir	7 refaçonner ....T
28 se recouvrir ....P	24 redevenir ....I, être	67 refaire ....T
7 recracher ....I,T	44 redevoir ....T	67 se refaire ....P
14 recréer ....T	7 rediffuser ....T	58 refendre ....T
14 récréer ....T	9 rédiger ....I,T	8 référencer ....T
14 se récréer ....P	7 rédimer ....T	11 référer ....Ti
20 recrépir ....T	7 se rédimer ....P	11 se référer ....P

T : transitif direct (p. p. variable) — Ti : transitif indirect (p. p. invariable) — I : intransitif (p. p. invariable) —
P : construction pronominale — imp. : verbe impersonnel — D : verbe défectif — être : verbe conjugué
avec l'auxiliaire être — être ou avoir : verbe se conjuguant avec les deux auxiliaires

7	remâcher .... T	7	se remilitariser .... P	7	renâcler I
7	remailler .... T	7	remiser .... T	70	renaître .... I, Ti
9	remanger .... T	7	se remiser .... P		être, rare au part. passé
16	remanier .... T	7	remmailler .... T		et aux formes composées
7	remaquiller .... T	7	remmailloter .... T	7	renarder I
7	se remaquiller .... P	7	remmancher .... T	7	renauder I
7	remarcher I	10	remmener .... T	7	rencaisser .... T
16	remarier .... T	13	remodeler .... T	7	rencarder .... T
16	se remarier .... P	7	remonter I, T, être ou avoir	7	renchaîner .... T
7	remarquer .... T	7	se remonter .... P	20	renchérir .... I, T
7	se remarquer .... P	7	remontrer .... I, T, Ti	7	rencogner .... T
7	remastiquer .... T	7	se remontrer .... P	7	se rencogner .... P
7	remballer .... T	58	remordre .... T	7	rencontrer .... T
7	rembarquer .... I, T	7	remorquer .... T	7	se rencontrer .... P
7	se rembarquer .... P	7	remoucher .... T	33	rendormir .... T
7	rembarrer .... T	7	se remoucher .... P	33	se rendormir .... P
7	rembaucher .... T	80	remoudre .... T	7	rendosser .... T
7	rembiner I	7	remouiller .... I, T	58	rendre .... I, T
7	se rembiner .... P	7	rempailler .... T	58	se rendre .... P
7	remblaver .... T	12	rempaqueter .... T	9	reneiger I
17	remblayer .... T	7	remparder .... T		imp.: il reneige
7	rembobiner .... T	7	remparer .... T	7	renfaîter .... T
7	remboîter .... T	11	rempiéter .... T	7	renfermer .... T
9	rembouger .... T	7	rempiler .... I, T	7	se renfermer .... P
7	rembourrer .... T	8	remplacer .... T	7	renfiler .... T
7	rembourser .... T	8	se remplacer .... P	7	renflammer .... T
7	rembroquer .... T	16	remplier .... T	7	renfler .... I, T
20	rembrunir .... T	20	remplir .... T	7	se renfler .... P
20	se rembrunir .... P	20	se remplir .... P	7	renflouer .... T
7	rembucher .... I, T	18	employer .... T	8	renfoncer .... T
7	se rembucher .... P	7	remplumer .... T	8	renforcer .... T
16	remédier .... Ti	7	se remplumer .... P	8	se renforcer .... P
7	remembrer .... T	7	rempocher .... T	20	renformir .... T
7	remémorer .... T	7	rempoissonner .... T	7	se renfrogner .... P
7	se remémorer .... P	7	remporter .... T	9	rengager .... I, T
16	remercier .... T	7	rempoter .... T	9	se rengager .... P
61	remettre .... T	7	remprunter .... T	7	rengainer .... T
61	se remettre .... P	7	remuer .... I, T	9	se rengorger .... P
7	remeubler .... T	7	se remuer .... P	16	rengracier I
7	remilitariser .... T	11	rémunérer .... T	10	rengrener .... T

20 se resalir ....P	7 resserrer ....T	7 retapisser ....T
7 resaluer ....T	7 se resserrer ....P	7 retarder ....I,T
7 rescinder ....T	36 resservir ....I,T	7 retâter ....T,Ti
7 resemer ....T	36 se resservir ....P	62 reteindre ....T
7 se resemer ....P	26 ressortir (sortir à nouveau) .I,T	7 retéléphoner ....Ti
11 réséquer ....T	être ou avoir	58 retendre ....T
7 réserver ....T	20 ressortir (être du ressort de) .Ti	24 retenir ....I,T
7 se réserver ....P	être	24 se retenir ....P
7 résider I	7 ressouder ....T	7 retenter ....T
7 résigner ....T	7 se ressouder ....P	20 retentir I
7 se résigner ....P	8 ressourcer ....T	8 retercer ....T
16 résilier ....T	8 se ressourcer ....P	7 reterser ....T
7 résiner ....T	24 se ressouvenir ....P	7 réticuler ....T
16 résinifier ....T	7 ressuer ....I,T	7 retirer ....T
7 résister ....Ti	20 ressurgir I	7 se retirer ....P
7 résonner I	7 ressusciter .I,T,être ou avoir	7 retisser ....T
7 résorber ....T	18 ressuyer ....T	7 retomber ....I, être
7 se résorber ....P	18 se ressuyer ....P	58 retondre ....T
78 résoudre ....T	7 restaurer ....T	7 retoquer ....T
78 se résoudre ....P	7 se restaurer ....P	58 retordre ....T
7 respecter ....T	7 rester ....I, être	7 rétorquer ....T
7 se respecter ....P	7 restituer ....T	7 retoucher ....T,Ti
7 respirer ....I,T	62 restreindre ....T	7 retourner ....I,T
20 resplendir I	62 se restreindre ....P	être ou avoir
7 responsabiliser ....T	7 restructurer ....T	7 se retourner ....P
7 resquiller ....I,T	7 restyler ....T	8 retracer ....T
7 ressaigner ....I,T	7 résulter I	7 rétracter ....T
20 ressaisir ....T	être ou avoir,	7 se rétracter ....P
20 se ressaisir ....P	seulement aux 3es personnes,	88 retraduire ....T
7 ressasser ....T	part. présent et passé	66 retraire ....T
7 ressauter ....I,T	7 résumer ....T	7 retraiter ....T
17 ressayer ....T	7 se résumer ....P	7 retrancher ....T
7 ressembler ....Ti	20 resurgir I	7 se retrancher ....P
7 se ressembler ....P	20 rétablir ....T	86 retranscrire ....T
p. p. invariable	20 se rétablir ....P	61 retransmettre ....T
12 ressemeler ....T	7 retailler ....T	7 retravailler ....I,T,Ti
7 ressemer ....T	7 rétamer ....T	7 retraverser ....T
7 se ressemer ....P	7 se rétamer ....P	20 rétrécir ....I,T
26 ressentir ....T	7 retaper ....T	20 se rétrécir ....P
26 se ressentir ....P	7 se retaper ....P	62 retreindre ....T

T : transitif direct (p. p. variable) — Ti : transitif indirect (p. p. invariable) — I : intransitif (p. p. invariable) —
P : construction pronominale — imp. : verbe impersonnel — D : verbe défectif — être : verbe conjugué
avec l'auxiliaire être — être ou avoir : verbe se conjuguant avec les deux auxiliaires

20	rôtir .... I,T	7	rutiler I
20	se rôtir .... P	7	rythmer .... T
7	roucouler .... I,T		
7	rouer .... T		**S**
7	roufler belg. .... I,T		
18	rougeoyer I	7	sabler .... I,T
20	rougir .... I,T	7	sablonner .... T
7	rougnotter I	7	saborder .... T
7	rouiller .... I,T	7	se saborder .... P
7	se rouiller .... P	7	saboter .... I,T
20	rouir .... I,T	7	sabouler .... T
7	rouler .... I,T	7	se sabouler .... P
7	se rouler .... P	7	sabrer .... I,T
7	roulotter .... T	7	sacagner .... T
7	roupiller I	7	saccader .... T
7	rouscailler I	9	saccager .... T
11	rouspéter I	16	saccharifier .... T
20	roussir .... I,T	7	sacquer .... T
20	roustir .... T	7	sacraliser .... T
7	router .... T	7	sacrer .... I,T
28	rouvrir .... I,T	16	sacrifier .... T
28	se rouvrir .... P	16	se sacrifier .... P
7	rubaner .... T	7	safraner .... T
16	rubéfier .... T	7	saietter .... T
7	rucher .... T	7	saigner .... I,T
7	rudenter .... T	7	se saigner .... P
18	rudoyer .... T	30	saillir (sortir, s'élancer) .... I, D
7	ruer I		sur le modèle du verbe
7	se ruer .... P		assaillir mais seulement à
20	rugir .... I,T		l'infinitif et aux 3es pers.
7	ruiler .... T	20	saillir (s'accoupler) .... T, D
7	ruiner .... T		sur le modèle du verbe finir
7	se ruiner .... P		mais seulement à l'inf.,
12	ruisseler I		aux 3es pers. et au part.
7	ruminer .... I,T		présent (saillissant)
7	rupiner I	20	saisir .... T
7	ruser I	20	se saisir .... P
16	russifier .... T	7	saisonner I
7	rustiquer .... T	7	salarier .... T
7	rûter belg. I	7	saler .... T

7	salifier .... T
7	saligoter .... T
20	salir .... T
20	se salir .... P
7	saliver I
7	salonguer afr. I
7	saloper .... T
7	salpêtrer .... T
7	saluer .... T
7	se saluer .... P
16	sanctifier .... T
7	sanctionner .... T
7	sanctuariser .... T
7	sandwicher .... T
7	sangler .... T
7	se sangler .... P
7	sangloter I
7	santer afr. I
7	santonner .... T
7	saouler .... T
7	se saouler .... P
7	saper .... T
7	se saper .... P
16	saponifier .... T
7	saquer .... T
7	sarcler .... T
7	sarter .... T
7	sasser .... T
7	sataner .... T
7	sataniser .... T
7	satelliser .... T
7	se satelliser .... P
7	satiner .... T
7	satiriser .... T
67	satisfaire .... T, Ti
67	se satisfaire .... P
7	satonner .... T
7	saturer .... I,T
8	saucer .... T
7	saucissonner .... I,T

T : transitif direct (p. p. variable) — Ti : transitif indirect (p. p. invariable) — I : intransitif (p. p. invariable) —
P : construction pronominale — imp. : verbe impersonnel — D : verbe défectif — être : verbe conjugué
avec l'auxiliaire être — être ou avoir : verbe se conjuguant avec les deux auxiliaires

9	singer	T	7	sombrer	I	
7	singulariser	T	7	sommeiller	I	
7	se singulariser	P	7	sommer	T	
7	siniser	T	7	somnoler	I	
7	se siniser	P	7	sonder	T	
7	siphonner	T	9	songer	I, Ti	
7	siroter	T	7	sonnailler	I	
7	situer	T	7	sonner	I, T, Ti, être ou avoir	
7	se situer	P	7	sonoriser	T	
16	skier	I	7	sonrer belg.	I	
7	slalomer	I	7	sophistiquer	T	
7	slaviser	T	7	se sophistiquer	P	
7	slicer	T	12	soqueter belg.	I	
7	smasher	I	26	sortir	I, T, être ou avoir	
7	smurfer	I	26	se sortir	P	
7	smiller	T	20	sortir (terme juridique)	T, D	

9 singer .... T
7 singulariser .... T
7 se singulariser .... P
7 siniser .... T
7 se siniser .... P
7 siphonner .... T
7 siroter .... T
7 situer .... T
7 se situer .... P
16 skier I
7 slalomer I
7 slaviser .... T
7 slicer .... T
7 smasher I
7 smurfer I
7 smiller .... T
7 snif(f)er .... T
7 snober .... T
7 socialiser .... T
7 socratiser I
7 sodomiser .... T
7 soigner .... I, T
7 se soigner .... P
7 soirer belg. I
7 solariser .... T
7 solder .... T
7 se solder .... P
7 solenniser .... T
16 solfier .... T
7 solidariser .... T
7 se solidariser .... P
16 solidifier .... T
16 se solidifier .... P
7 solifluer I
7 soliloquer I
7 solliciter .... T
7 solmiser .... T
7 solubiliser .... T
7 solutionner .... T
7 somatiser .... I, T

7 sombrer I
7 sommeiller I
7 sommer .... T
7 somnoler I
7 sonder .... T
9 songer .... I, Ti
7 sonnailler I
7 sonner .... I, T, Ti, être ou avoir
7 sonoriser .... T
7 sonrer belg. I
7 sophistiquer .... T
7 se sophistiquer .... P
12 soqueter belg. I
26 sortir .... I, T, être ou avoir
26 se sortir .... P
20 sortir (terme juridique) .... T, D
   seulement aux 3es pers.
   (sortissait)
60 soubattre .... T
7 soubresauter I
12 soucheter .... T
10 souchever .... T
16 soucier .... T
16 se soucier .... P
7 souder .... T
7 se souder .... P
18 soudoyer .... T
7 souffler .... I, T
12 souffleter .... T
28 souffrir .... I, T
28 se souffrir .... P
7 soufrer .... T
7 souhaiter .... T
7 souiller .... T
9 soulager .... T
9 se soulager .... P
7 soûler .... T
7 se soûler .... P
10 soulever .... T
10 se soulever .... P

7 souligner .... T
61 soumettre .... T
61 se soumettre .... P
7 soumissionner .... I, T
7 soupçonner .... T
7 souper I
10 soupeser .... T
7 soupirer .... I, T
7 souquer .... I, T
7 sourciller I
7 sourdiner .... T
   sourdre .... I, D
   seulement aux 3es pers.
   de l'indicatif (sourd/sourdent,
   sourdait/sourdaient)
85 sourire .... I, Ti
85 se sourire .. P, p. p. invariable
7 sous-alimenter .... T
86 souscrire .... I, T, Ti
18 sous-employer .... T
58 sous-entendre .... T
7 sous-estimer .... T
7 sous-évaluer .... T
7 sous-exploiter .... T
7 sous-exposer .... T
20 sous-investir I
7 sous-louer .... T
7 sous-payer .... T
7 sous-rémunérer .... T
58 sous-tendre .... T
7 sous-titrer .... T
7 sous-utiliser .... T
66 soustraire .... T, D
   inusité au passé simple
   et au subj. imparfait
66 se soustraire .... P
7 sous-traiter .... I, T
7 sous-virer I
7 soutacher .... T
24 soutenir .... T

T : transitif direct (p. p. variable) — Ti : transitif indirect (p. p. invariable) — I : intransitif (p. p. invariable) —
P : construction pronominale — imp. : verbe impersonnel — D : verbe défectif — être : verbe conjugué
avec l'auxiliaire être — être ou avoir : verbe se conjuguant avec les deux auxiliaires

7	surajouter ....T	13	surgeler ....T	7	sursouffler ....T
7	se surajouter ....P	7	surgeonner I	7	surtailler ....T
7	suralimenter ....T	20	surgir I	7	surtaxer ....T
7	se suralimenter ....P	8	surglacer ....T	58	surtondre ....T
7	suraller I	7	surgreffer ....T	7	surveiller ....T
7	surarmer ....T	7	surhausser ....T	7	se surveiller ....P
7	surbaisser ....T	7	surimposer ....T	24	survenir .... I, être
7	surboucher ....T	7	se surimposer ....P	27	survêtir ....T
7	surbroder ....T	7	suriner ....T	7	survirer ....T
9	surcharger ....T	7	surinterpréter ....T	82	survivre ....I,T,Ti
7	surchauffer ....T	20	surinvestir I	82	se survivre ..P, p.p. invariable
7	surclasser ....T	20	surir I	7	survoler ....T
7	surcoller belg. I	7	surjaler I	7	survolter ....T
7	surcomprimer ....T	12	surjeter ....T	7	susciter ....T
7	surcontrer ....T	16	surlier ....T	7	suspecter ....T
7	surcoter ....T	7	surligner ....T	7	se suspecter ....P
7	surcouper I	7	surmédicaliser ....T	58	suspendre ....T
7	surcreuser ....T	10	surmener ....T	58	se suspendre ....P
7	surdorer ....T	10	se surmener ....P	7	sustenter ....T
16	surédifier ....T	7	surmonter ....T	7	se sustenter ....P
10	surélever ....T	7	se surmonter ....P	7	susurrer ....I,T
20	surenchérir I	7	surmouler ....T	7	suturer ....T
7	surentraîner ....T	9	surnager I	7	swinguer I
7	suréquiper ....T	7	surnommer ....T	7	syllaber ....T
7	surestimer ....T	7	suroxyder ....T	7	symboliser ....T
7	se surestimer ....P	7	surpasser ....T	7	symétriser ....I,T
7	surévaluer ....T	7	se surpasser ....P	7	sympathiser I
7	surexciter ....T	17	surpayer ....T	7	synchroniser ....T
7	surexploiter ....T	7	surpiquer ....T	7	syncoper ....I,T
7	surexposer ....T	7	surplomber ....I,T	7	syncristalliser I
8	surfacer ....I,T	59	surprendre ....T	7	syndicaliser ....T
7	surfacturer ....T	59	se surprendre ....P	7	syndiquer ....T
67	surfaire ....T, D	88	surproduire ....T	7	se syndiquer ....P
	surtout à l'infinitif et au sing.	9	surprotéger ....T	7	synthétiser ....I,T
	du présent de l'ind., au part.	7	sursaturer ....T	7	syntoniser ....T
	passé et aux temps composés	7	sursauter I	7	systématiser ....I,T
7	surfer I	10	sursemer ....T	7	se systématiser ....P
20	surfleurir ....T	54	surseoir ....T, Ti		
7	surfiler ....T		pas de féminin		
7	surfrapper ....T		au part. passé : sursis		

T : transitif direct (p. p. variable) — **Ti** : transitif indirect (p. p. invariable) — **I** : intransitif (p. p. invariable) —

P : construction pronominale — **imp.** : verbe impersonnel — **D** : verbe défectif — **être** : verbe conjugué

avec l'auxiliaire *être* — **être ou avoir** : verbe se conjuguant avec les deux auxiliaires

t

20	tiédir .... I,T	7	toper I	7	tourniller I
8	tiercer .... I,T	7	topicaliser .... T	7	tourniquer I
7	tigrer ....T	7	toquer I	18	tournoyer I
7	tiller ....T	7	se toquer .... P	7	toussailler I
7	timbrer ....T	7	torcher ....T	7	tousser I
7	tinter................. I,T,Ti	7	se torcher .... P	7	toussoter I
7	tintinnabuler I	7	torchonner ....T	7	touter afr. I
7	tiquer I	58	tordre ....T	7	trabouler I
7	tirailler .... I,T	58	se tordre .... P	7	tracaner .... I,T
7	tire(-)bouchonner ..I,T	14	toréer I	7	tracasser ....T
7	se tire(-)bouchonner ..P	7	toronner ....T	7	se tracasser .... P
7	tirer .... I,T,Ti	7	torpiller ....T	8	tracer .... I,T
7	se tirer .... P	16	torréfier ....T	7	tracter ....T
7	tisaner ....T	7	torsader ....T	88	traduire ....T
7	tiser ....T	7	tortiller .... I,T	88	se traduire .... P
7	tisonner .... I,T	7	se tortiller .... P	7	traficoter I
7	tisser ....T	7	tortorer ....T	7	trafiquer .... T,Ti
	ti(s)tre ..... T, D, p. p. *tissu, e,*	7	torturer ....T	20	trahir ....T
	et temps composés	7	se torturer .... P	20	se trahir .... P
7	titiller .... I,T	7	tosser I	7	traînailler I
7	titrer ....T	7	totaliser ....T	7	traînasser .... I,T
7	tituber I	7	toubabiser afr. ....T	7	traîner .... I,T
7	titulariser ....T	7	toucher .... T,Ti	7	se traîner .... P
7	toaster .... I,T	7	se toucher .... P	66	traire ....T, D
7	togoliser afr. ....T	7	touer ....T		pas de passé simple
7	toiler ....T	7	se touer .... P		ni de subj. imparfait
7	toiletter ....T	7	touiller ....T	7	traiter .... T,Ti
7	se toiletter afr. ....P	7	toupiller .... I,T	7	se traiter .... P
7	toiser ....T	7	toupiner I	7	tramer ....T
7	se toiser .... P	7	tourber I	7	se tramer .... P
11	tolérer ....T	7	tourbillonner I	7	tranchefiler ....T
11	se tolérer .... P	7	tourillonner I	7	trancher .... I,T
7	tomber ....I,T, être ou avoir	7	tourmenter ....T	7	tranquilliser ....T
7	tomer ....T	7	se tourmenter ....P	7	se tranquilliser .... P
58	tondre ....T	7	tournailler I	7	transbahuter ....T
16	tonifier ....T	7	tournasser ....T	7	transborder ....T
7	tonitruer I	7	tournebouler ....T	7	transcender ....T
7	tonner I	7	tourner ...I,T, être ou avoir	7	se transcender .... P
7	tonsurer ....T	7	se tourner .... P	7	transcoder ....T
7	tontiner ....T	7	tournicoter I	86	transcrire ....T

T : transitif direct (p. p. variable) — Ti : transitif indirect (p. p. invariable) — I : intransitif (p. p. invariable) —

P : construction pronominale — imp. : verbe impersonnel — D : verbe défectif — être : verbe conjugué

avec l'auxiliaire *être* — être ou avoir : verbe se conjuguant avec les deux auxiliaires

7	viabiliser	....................T
7	viander	I
7	se viander	....................P
7	vibrer	....................I,T
7	vibrionner	I
16	vicier	....................I,T
9	vidanger	....................T
7	vider	....................T
7	se vider	....................P
7	vidimer	....................T
20	vieillir	....I,T, être ou avoir
20	se vieillir	....................P
7	vieller	I
7	vigiler afr.	....................T
7	vilipender	....................T
7	villégiaturer	I
7	vinaigrer	....................T
7	viner	....................T
16	vinifier	....................T
8	violacer	....................T
8	se violacer	....................P
7	violenter	....................T
7	violer	....................T
7	violoner	....................I,T
20	vioquir	I
7	virer	....................I,T,Ti
7	virevolter	I
7	virguler	....................T
7	viriliser	....................T
7	viroler	....................T
7	viser	....................I,T,Ti
7	visionner	....................T
7	visiter	....................T
7	visser	....................T
7	se visser	....................P
7	visualiser	....................T
7	vitrer	....................T
16	vitrifier	....................T
7	vitrioler	....................T
11	vitupérer	....................I,T
16	vivifier	....................T

7	vivoter	I
82	vivre	....................I,T
7	vocaliser	....................I,T
11	vociférer	....................I,T
7	voguer	I
7	voiler	....................I,T
7	se voiler	....................P
41	voir	....................I,T,Ti
41	se voir	....................P
7	voisiner	I
7	voiturer	....................T
7	volatiliser	....................T
7	se volatiliser	....................P
7	volcaniser	....................T
7	voler	....................I,T
7	se voler	....................P
12	voleter	I
9	voliger	....................T
17	volleyer	I
7	volter	I
9	voltiger	I
20	vomir	....................I,T
7	voter	....................I,T
7	vouer	....................T
7	se vouer	....................P
50	vouloir	....................I,T,Ti
50	se vouloir	....................P
50	s'en vouloir	....................P
	p. p. invariable	
18	vous(s)oyer	....................T
18	se vous(s)oyer	....................P
7	voûter	....................T
7	se voûter	....................P
18	vouvoyer	....................T
18	se vouvoyer	....................P
9	voyager	I
7	vriller	....................I,T
20	vrombir	I
7	vulcaniser	....................T
7	vulganiser afr.	....................T
7	vulgariser	....................T

W, X, Y, Z

7	warranter	....................T
7	week-ender afr.	I
7	wolophiser afr.	....................T
7	yailler afr.	....................T
7	yodiser	....................T
7	yoper afr.	....................T
7	yoyoter	I
7	zaïrianiser afr.	....................T
7	zapper	....................I,T
11	zébrer	....................T
7	zerver	....................T
7	zester	....................T
17	zézayer	I
7	ziber	....................T
7	zieuter	....................T
7	zigouiller	....................T
7	ziguer	....................T
7	zigzaguer	I
7	zinguer	....................T
7	zinzinuler	I
7	zipper	....................T
7	zoner	....................I,T
7	se zoner	....................P
7	zonzonner	I
7	zoomer	....................T,Ti
7	zouaver afr.	....................T
7	zouker	I
7	zozoter	I
7	zûner belg.	I
7	zwanzer belg.	I
7	zyeuter	....................T

Cet ouvrage est composé en Gill Sans et en *Perpetua*.
Le Gill Sans est un caractère « bâton » ; son dessin associe la simplicité
des formes géométriques à une vivacité du trait
qui rend sa lecture fluide et agréable.
Il est utilisé pour le texte courant, pour énoncer « la règle »
et pour la commenter.

ABCDEFGHIJKLMNOPQRSTUVWXYZ
abcdefghijklmnopqrstuvwxyz

ABCDEFGHIJKLMNOPQRSTUVWXYZ
abcdefghijklmnopqrstuvwxyz

Le *Perpetua* est un caractère « à empattement » ; son italique, raffiné,
rappelle l'écriture et la littérature.
Il est utilisé pour les exemples et dans les listes.

ABCDEFGHIJKLMNOPQRSTUVWXYZ
abcdefghijklmnopqrstuvwxyz

ABCDEFGHIJKLMNOPQRSTUVWXYZ
abcdefghijklmnopqrstuvwxyz

Ces deux caractères, bien que très différents, furent créés
par le même dessinateur, Éric Gill, dans les années 20.
Ils se complètent ainsi grâce à certaines caractéristiques
communes dues à la main de leur créateur.

Conception graphique et réalisation :
c-album — Laurent Ungerer, Jean-Baptiste Taisne, Muriel Bertrand, Bruno Charzat

Flashage :
Touraine Compo

Achevé d'imprimer par
Grafica Editoriale Printing, Bologna - Italie
Dépôt légal n° 18924 - Janvier 2003